K. O. Schmidt: Der Weg zur Vollendung
durch Meditation und Kontemplation

K. O. SCHMIDT

DER WEG
ZUR
VOLLENDUNG

durch Meditation und Kontemplation

DREI EICHEN VERLAG

D–8300 Ergolding

Die französische Ausgabe erschien unter dem Titel:
»La Voie de la Perfection«
im Verlag »Editions Astra«, Paris

Die Deutsche Bibliothek – CIP-Einheitsaufnahme

Schmidt, Karl O.:
Der Weg zur Vollendung durch Meditation und Kontemplation /
K. O. Schmidt. – 5. erw. Aufl., 15.–16. Tsd. –
Ergolding : Drei-Eichen-Verl., 1991
ISBN 3-7699-0510-5

ISBN 3-7699-0510-5
Verlagsnummer: 510

5. erw. Auflage 1991

Druck und Verarbeitung: Ebner Ulm

DER WEG ZUR VOLLENDUNG

„Vom *Geiste* geh'n die Dinge aus", so erkannte der größte Weise des Ostens, — und vom Geiste werden sie auch gemeistert. Die wenigsten allerdings wissen, *wie* die Dinge und Geschicke vom Geiste aus zu lenken und zu meistern sind. Dazu muß man erst zum Geist gefunden und gelernt haben, statt von außen von innen her zu wirken. Wer aber zum Geist in sich fand, der hat damit den Weg zu sich selbst, den *Weg zur Vollendung und Lebensmeisterung* betreten.

Ist dieser Weg lehrbar und von jedem mit Erfolg beschreitbar?

Er ist es. Hier wird er — in Kenntnis aller bedeutenden psychologischen und psychodynamischen Methoden und Schulen des Westens wie des Ostens — erstmals in einem geschlossenen Lehrgang in den entscheidenden Stufen der *Meditation* und *Kontemplation* sichtbar gemacht, wobei die Kenntnis der Grundstufe der *Konzentration* oder Sammlung als bekannt vorausgesetzt wird. Wer sie noch nicht beherrscht, sollte sich zuvor an Hand des Lebensbuches *„Wie konzentriere ich mich?"**)* mit ihr vertraut machen. Die steigende Benutzung dieses Wegweisers für die innere Arbeit und die dabei gemachten positiven Erfahrungen ließen es zweckmäßig erscheinen, die Grundstufe der Konzentration für sich zu behandeln. —

Es ist fast Mode geworden, von *Meditation* zu spre-

---

*) *„Wie konzentriere ich mich?"* Praktische Anleitung zur Ausbildung der Denkkraft und zur Ausübung des Kraftdenkens. Von K. O. Schmidt. (8. erweiterte Auflage, Drei Eichen Verlag)

chen und sich mit ihr zu befassen. Trotzdem ist die Kenntnis der *Meditationspraxis* und dessen, was durch sie bewirkt und erreicht wird, erstaunlich gering.

In diesem nun in dritter erweiterter Ausgabe vorliegenden Lehrgang wird aus jahrzehntelanger praktischer Erfahrung heraus die Praxis der Meditation und die Dynamik der Kontemplation als ein lebendiges *Ganzes* zur unmittelbaren Lebenshilfe und Wegweisung für den mitten im Daseinskampf stehenden Menschen erhoben, der nicht mehr von seinen Stimmungen und Wünschen hin- und hergerissen und von den Dingen und Umständen getrieben werden möchte, sondern sein Leben selbst zu bestimmen und ihm zugleich einen über den Alltag hinausweisenden Sinn und Inhalt zu geben wünscht.

Es ist kein welt- und lebensfremder Mystizismus, der hier anempfohlen, kein schöne Träume verheißendes Opium für die Seele, das hier dargeboten wird, — sondern eine *Lebensweisheit und Lebenskunst* wird hier vermittelt, die statt zu Zerstreuung und Selbstvergessen zu Selbst-Besinnung, Selbst-Bestimmung und Selbst-Verwirklichung führt!

Einzelne Stufen dieses Höhenpfades wurden auch früher schon aufgezeigt, aber nur als Bruchstücke, nicht als zusammenhängende Teile des ganzen.

Zu sagen, was *Meditation* ist und wie sie vor sich geht, genügt hier nicht. Mit Gewinn meditieren kann nur, wer sich an Hand von Beispielen gewöhnt, Meditationsobjekte festzuhalten, in sich lebendig zu gestalten und mit ihnen eins zu werden.

Den Weg der *Kontemplation* bloß anzudeuten, ist ebenfalls keine Hilfe. Hier gilt es, die bewährten Wegleitungen derer zu vermitteln, die den steilen Pfad bis zum Gipfel des Kosmischen Bewußtseins erklommen haben.

Lebenspraktischen Wert hat nur eine Wegweisung, die die Etappen, Merkmale und Kennzeichen der einzelnen Teile des Weges zur Vollendung so sichtbar macht, daß sie dem, der den Weg geht, helfen, sich selbst zu helfen, *sich selbst zum Weg zu werden,* so daß er keiner ferneren Führung und Hilfe mehr bedarf.

Dies hohe Ziel erreicht der nie, der sich nur gelegentlich der Meditation und Kontemplation befleißigt, wohl aber der, der sie durch tägliche Übung und *Gewöhnung* zu bestimmenden Kräften seines ferneren Lebens macht. Geschieht das, dann wächst der Vorwärtsschreitende ohne Hast und Gewalt gleich einem Baum um die Jahresringe der *Herrschaft und Überlegenheit* über den Körper, die Nerven, die Gedanken, über die Stimmungen und Hemmungen, über das Unbewußte, die Zeit, die Umwelteinflüsse und die Lebensbedingungen — und schließlich und alles in allem über das Schicksal.

Damit der Weg zur Vollendung Dich zum inneren Wachwerden und Wachstum und über die Stufen der Harmonie mit Dir selbst, mit der Umwelt und mit dem Ewigen zu zunehmender *Lebensüberlegenheit* führt, wurde hier auf Behandlung aller Neben- und Seitenwege verzichtet, die nur zu müßiger Spekulation verführen und in die Irre leiten. Was über das rein Lebenspraktische hinaus in diesem Zusammenhang zu wissen förderlich ist — die Erkenntnis der Bedeutung des Weges zur Vollendung gerade für den Menschen der *Gegenwart* als der Zeit des Aufgangs eines *neuen Zeitalters* —, ist im Folgenden gesagt.

IM AUFGANG DES NEUEN ZEITALTERS

„Fern im Osten wird es helle,
Graue Zeiten werden jung!"
Novalis

In wirbelndem Tanz dreht sich die Erde um ihre Achse
— Wechsel von Tag und Nacht —, umkreist sie in ewigem Fluge mit geneigtem Pol die Sonne — Wechsel der
Jahreszeiten —, schwirrt sie mit ihrer Mutter, dem Son-
nenball durch das All. Unendlich langsam verschiebt
sich in ewiger Wiederkehr auf dieser Bahn die Richtung ihrer Achse zur Ebene des Tierkreises; Jahrhundert für Jahrhundert schreitet so der kosmische Frühlingspunkt um ein weniges vor. Über fünfundzwanzig
Jahrtausende müssen von der Unendlichkeit verfließen,
bis eine solche Wanderung der Erdachse beendet ist und
sie wieder den alten Stand einnimmt, — Wechsel von
Zeitaltern auf der Erde —.

In ewigem Gleichmaß verfolgt der Frühlingspunkt
seine unendliche Spur am lebendigen Himmel; zwei
Jahrtausende und ein Jahrhundert währt es, bis er eines
der zwölf Zeichen des ‚Tierkreises' durchwandert; — ein
kosmisches Jahr —. — Und gerade wir leben in einer
Zeit, wo ein altes Jahr sich seinem Ende zuneigt und
ein neuer kosmischer Frühling anhebt, wo an die Stelle
des sterbenden Fischezeitalters das Geisteszeitalter des
Wassermann tritt.

≈

Kosmisch ist unser Wesen und Leben. Wohl sind wir
für die Dauer des Daseins in diesem Körper an unseren

Planeten gefesselt, und sind doch Kinder des Alls. Betrachte mit kosmischen Augen der Menschheit Entwicklung, und unsere zerrissene Zeit erscheint Dir in neuem Licht:

... Aus grauen Urzeiten kommt uns Kunde von Zeitaltern, die über unsere Erde gegangen, in denen der Mensch mehr Geist war als Stoff. Die Tierkreiszeichen *Krebs* und *Löwe* herrschten und der Mensch mag eins gewesen sein mit den geistigen Energiequellen des Universums. Heute ist selbst die Kunde von diesen Zeiten verblaßt, erloschen ... Die sagenhafte Lemuria und die alte Atlantis sind Schatten aus diesen verklungenen Zeiten ...

Kaum acht Jahrtausende reicht unser Wissen zurück, in jene im Dämmer der Geschichte erwachende Zeit der *Zwillinge,* die 6450 Jahre vor Christi Geburt begann und einundzwanzig Jahrhunderte später endete. Es ist die Zeit der höchsten Blüte von Atlantis, das Zeitalter lebendiger äußerer Entfaltung der in verflossenen Weltenjahren im Menschen gesammelten kosmischen Kräfte. Das Ende dieser Periode ist wie das jedes kosmischen Jahres eine Zeit innerer und äußerer Verwirrung. Alle Kräfte liegen brach, niemand weiß, was werden will ...

Um das Jahr 4350 vor Christi Erscheinen zog ein neuer Frühling über die Erde; der Geist des *Stier*zeitalters zog herauf und brachte mit sich neue Impulse, schuf neue Kulturen, eine neue Welt. Und die alte versank ...

An die Stelle der Erdbeherrscherin Atlantis waren Ägypten, Babylon und Asiens Osten getreten, bis an die fernen Gestade des Kontinents Amerikas pulste die neue Kultur — jene seltsame Mischung von Irrtum und

Wahrheit, von Astronomie und magischer Weisheit, von strebendem Suchen nach den letzten Dingen und dem Hängen an der Maya, an der Welt, eine Mischung von Göttlicher Weisheit und erdverhaftetem Geheimwissen, die durch spätere Zeitalter in wenigen Geistern fortlebte und erst heute ihre Lösung zu finden scheint...

≈

Ein anderes Gepräge hatte das um 2250 anbrechende Zeitalter des *Widder,* das etwa hundert Jahre vor Christi Geburt verklang. Hans Künkel nennt es in seiner Schrift „Das Große Jahr" das Zeitalter des „Herrschens, der Selbstsucht und der Gewalt". Ägypter, Perser, Assyrer, Phönizier, Griechen und — im letzten wirren Abschnitt dieser Periode — die Römer sind Marksteine in dieser Zeit ewigen Kampfes.

Und doch regte sich im Winter dieses kosmischen Jahres ein Neues, Gewaltiges, dessen Einflüsse noch heute wirksam sind. Es war die Neue Zeit, die aufdämmerte und ihr Licht, einigen Himmelsstürmern sichtbar, weit vorausstrahlen ließ über die Lande. Wir finden in ihr unsere jetzige, ganz ähnliche kosmische Winterzeit keimhaft angedeutet: eine Zeit mit gleichen Fragen, mit gleichem Sehnen, gleichen Lösungen; nur die Verwirklichung sollte damals noch nicht kommen ...

Am klarsten wuchs dieses Ahnen des Geistes der neuen Zeit wohl in Plato (428—348 v. Chr.) empor. Zwar schaute sein Riesengeist das Neue, aber es war ihm nicht vergönnt, seinen Zeitgenossen den Weg zu dieser lebendigen Schau des allem zugrundeliegenden Seins zu weisen. Wohl spricht er von dem am Ende des

Widderzeitalters ausbrechenden, aber erst im kommenden Fischezeitalter voll sich auswirkenden Fluche des „Gegensatzes zwischen Ideal und Wirklichkeit", wohl lehrt er wie kurz vor ihm im Osten Gautama Buddha, daß es gelte, die Unwissenheit zu töten, um Schein vom Sein zu trennen, wohl erkennt er, daß es notwendig ist, die geistigen Urbilder zu schauen, damit der Mensch, von ihrem Geiste durchflutet, sein Leben den urewigen kosmischen Harmoniegesetzen gemäß einrichte; aber die Zeit war noch nicht gekommen. Zwei Jahrtausende mußten dahinrollen, bis man die Brücke über diesen Abgrund zu bauen vermochte.

Wohl war das erste Ahnen eines metaphysischen Idealismus da, aber das Erkennen, das das *Fische*-Zeitalter brachte, und die Verwirklichung, die der kommenden, Materialismus durch Spiritualismus, Stoff durch Geist ersetzenden Zeit angehört, war dem Widder-Zeitalter nicht gegeben.

Zwar versuchte nach Plato noch einmal Aristoteles (384—322 v. Chr.), diese Kluft zwischen Ideal und Wirklichkeit, zwischen den platonischen Urbildern und der Sinnenwelt, zu überbrücken; er predigte sogar die Notwendigkeit „Gott im Menschen zu erkennen", da nur durch das Schauen der Wahrheit, das heißt, durch die mystische Einsenkung in das Wesen Gottes, der Mensch sich mit dem Leben Gottes verbindet und teilhat an der Seligkeit Seines Seins. Aber auch sein Ruf verhallte in der Wirrnis einer sterbenden Zeit.

An dieser Tatsache hat auch der spätere Neuplatonismus, der zwischen den beiden Zeitaltern steht, der auf den „Daimon", den „Gott in der Brust" des Sokrates zurückgriff und die Lehren der griechischen Weisen

11

noch zu vertiefen suchte, nichts ändern können; nur daß dieser Innen-Gott in der christlichen Mystik bald wieder auflebte als der „Christus in uns". Aber das eine hatte man klar erkannt: Der Mensch hat seine Seele verloren, ist heimatlos geworden... Und es begann eine Zeit rastlosen Suchens...

≈

Eingeleitet wurde das Zeitalter der *Fische* durch das Erscheinen des Weltenlehrers *Christus,* der — wie in früheren Weltenjahren andere Weltenlehrer — seiner Zeit ihr geistiges Gepräge verleiht.

Das Zeitalter der Fische (150 vor Chr. bis etwa 1950 nach Chr.) ist das Zeitalter des Suchens nach der verlorengegangenen Seele, eine Zeit des Sehnens und Drängens nach einem geistigen Lebensinhalt, nach religiöser Vertiefung, nach dem Sich-Zurückziehen vom Äußeren und Hineindrängen ins Innere. Es ist unsere Zeit, deren wirren Ausklang wir heute erleben...

Der neue Rhythmus der Fischezeit setzte ein mit dem Erscheinen Christi, dem Urbild mystischen Erlebens und Gotteinsseins, von dem Paulus mit seinem „Nicht ich lebe, sondern Christus lebt in mir!" ein schwacher Abglanz ist. Der Bann war gebrochen, die Quelle hatte sich ihren Weg ans Licht gebahnt. Ob sie stark genug ist, ihren Weg bis zum Weltmeer zu finden, wird die Zukunft erweisen...

Durch die ganze Fischezeit bis auf den heutigen Tag zieht sich das Sehnen der unzähligen Tropfen der Quelle nach der Rückkehr zum Meer, „zu Gott, aus dem alle Dinge erflossen sind und zu dem alle zurückkehren", wie Dionysius Areopagita sagt, der als die „Wege zur mystischen Einigung und zur Rückkehr" die der „Reinigung, Erleuchtung und Vollendung" bezeichnet.

Ein erst heute in seiner vollen Bedeutung erkannter Geistesriese war *Plotin* (204—269 nach Chr.), der noch einmal die ganze archaische Philosophie zusammenfaßt und sie, gedrängt vom Geiste der Neuen Zeit, aus innerem Erleben neu gestaltet. In ihm glutete Weltverbundenheit, Welterlebnis, Welterkenntnis; aus wahrer Verinnerlichung und Vergeistigung schwang er sich auf zum Kosmischen Bewußtsein. In ihm glühte der Drang, „das Göttliche im Menschen zum Göttlichen im All emporzuführen". Der Weg zum ‚Einssein mit dem Einen' ist der durch das innere Schauen … Aber erst das Wassermann-Äon wird dieses Erlebnis Einzelner in einen Zustand wandeln, der für jeden erreichbar wird.

In gleicher Weise predigte *Augustinus* (354—430) das Erleben Gottes, die „Berührung des Menschen mit Gott im Bewußtsein, aus welcher Einheit allein wahres Erkennen erwächst", da „das unruhige Herz des Menschen erst in Gott wahren Frieden findet". Dies Sehnen nach dem Gott-Schauen und Gott-Werden (deificatio) erklingt in seinen „Confessiones" (Bekenntnissen) immer von neuem, und dieses Sehnen zieht sich durch das ganze Mittelalter hindurch bis in unsere Zeit hinein. Ja, ein ganz moderner Gedanke taucht bei Roger *Bacon* (1220—1294) auf, der den Riß zwischen Ideal und Wirklichkeit überbrücken wollte, indem er die „irdische Wirklichkeit durch den Glauben an ihren göttlichen Ursprung und Endzweck zu vergeistigen" suchte. —

≈

Am Beginne der zweiten Hälfte des Fische-Zeitalters steht Meister *Eckehart* (1260—1328), der diesen Pfad bis zu Ende geht und sich zur geistbewußten Tat bekennt mit seinem Satz: „Ein Lebemeister gilt mehr als tausend Lehrmeister!" In ihm glüht der All-Einheits-Gedanke, das Bewußtsein des ewigen Jetzt der Gottheit. Gottes Wirken kann in jedem Augenblick erkannt werden, denn „alles, was ist, ist Verkündigung Seines Seins" und „alles Leben drängt zurück zu Gott, seinem Quell und Ursprung. In der Ruhe und Stille verschmelzen Gott und Mensch, Gott wird in der Seele des Menschen geboren", Gott verwirklicht sich in der Seele des Menschen. Diese Gottgeburt im Menschen ist Entwerden des Niederen; der innere Mensch übernimmt statt des äußeren die Führung.

Auch die diesem Pfad folgende Lehre des Nicolaus *Cusanus* (1401—1464) atmet die gleiche mystische Gott-Einheit. Seine Schrift „Über das Schauen Gottes" zeigt ihn als Panentheisten, nicht als Pantheisten, und man könnte von ihm bis auf unsere Zeit eine gerade Linie ziehen. Seine „Mystische Theosophie" in ein System zu fassen wird ebenso unmöglich sein, wie der Versuch scheitern wird, die Gottesweisheit eines Jakob Boehme in Formeln zu zwängen. Über Jakob Boehme in diesem Zusammenhang mehr zu sagen, erübrigt sich, voll erfassen wird diesen Geistes-Heros, ebenso wie seine Zeitgenossen Giordano Bruno, Valentin Weigel, Angelus Silesius, Sebastian Frank und zahlreiche andere, wohl auch erst das neue Zeitalter, in dessen Anfang wir stehen.

≈

Immer wenn die Sonne auf ihrer Bahn ein neues kosmisches Zeichen berührt, entbrennt auf Erden ein heißer Kampf der Kinder einer sterbenden Zeit wider die Vorkämpfer des neuen Geistes des aufsteigenden Äons. In einem solchen Weltenkampf steht die Menschheit heute: Das Zeitalter der Fische ist im Vergehen.

Das Zeitalter des Glaubens und der Gewalt geht brennend zugrunde, beleuchtet vom Flammenpilz der Atombombe, in der die neue Kraft des Wassermann-Zeitalters noch vom alten Geist der Fische-Zeit mißbraucht wird. Es verbrennt im Feuer des Hasses und der Ungerechtigkeit, des Neids und des Krieges wie der Gier, der Lieblosigkeit und des Sinnentaumels. Und seine zusammengeraubten Schätze verbrennen und vergehen mit.

In diesen wie in den kommenden Stürmen werden die Unerwachten noch lauter jammern: „Nun geht die Welt zugrunde!" Doch die Erwachten wissen: Die Welt geht nicht zugrunde, wir Menschen gehen zugrunde, soweit wir nicht uns selbst auf den Grund gehen, auf den Gottgrund unseres Seins, damit der Gottquell in den Tiefen unserer Seelen sprudelnd aufquillt, um uns stark zu machen.

Denn das ist gewiß: Soweit der Mensch Maske ist, wird er schwach und zerbricht. Was faul an ihm ist, wird verwehen. Nackt wird er dastehen, alles Verweslichen entkleidet — ein Gericht für die, die nur der Sinnenlust und Besitzgier frönten, aber eine Erlösung für alles, was sich lichtwärts wendete! Niemand entgeht dem läuternden Schmelztiegel dieser Wendezeit.

Doch wer sich reif und für die Neue Zeit bereitet weiß, braucht nichts zu fürchten. In der Stunde, da er sich am schwächsten wähnt, wird der Riese in ihm erwachen und seine Unbesiegbarkeit und Größe offenbaren.

≈

Hin- und Herpendeln zwischen äußerem Schein und innerem Seelenfrieden, zwischen innerem und äußerem Zerrissensein und dem Sehnen nach etwas, das sich gestalten will — das ist das Kennzeichen unserer Übergangszeit.

Es ist das Zeitalter des *Wassermann* (1950—4050), das an unserem Innern zerrt; es ist der kosmische Frühling, dessen geistige Wellen unsere Seelen beunruhigen. — Wir stehen mitten im Übergang, die Zerrissenheit hat ihren höchsten Punkt erreicht, die alten Ideale werden kraftlos und sterben; doch in schweigender Stille blüht unter der Eisdecke des Winters die neue Zeit der Verinnerlichung, Vergeistigung und Vollendung empor . . .

Aber Wassermann ist nicht die Zeit, die diese Verinnerlichung, Vergeistigung und Vollendung als Ziel hat, sondern als Erfüllung. Der Geist wird Herr sein des Stoffes und die Liebe die Kraft, die die Bewohner der Erde hinauseilen läßt zu Brüdern auf fernen Gestirnen. Und ein neuer Weltenlehrer wird das Gott-Erleben bringen, die dynamische Religion des kosmischen Bewußtseins.

≈

In vielen ward der neue Geist des Wassermann-Zeitalters bereits lebendig. Manche schon erwachten zur Erkenntnis des Sinnes seines Zeichens: ≈

16

Zwei Wellen sind sein Symbol: die neue Geisteswelle und die neue Kulturwelle, Sinnbild geistiger Wandlung, Verwandlung und Erneuerung, wie auch der Name kündet: *Wassermann:*

Das *Wasser* ist der Lebensbringer, der Ausgang aller Schöpfung. Wie das Wasser der Urmeere, biologisch gesehen, die Mutter organischen Lebens und ältestes Sinnbild der *Weisheit* im menschlichen Denken ist, so sind, biokosmisch gesehen, die Erkenntniswasser des Kosmos, in der Erde und Menschheit sinnbildlich und wirklich leben, die Urmutter des geistigen Lebens.

Vor Jahrtausenden verschlangen die Wasser des Ozeans, nach den Sagen der Alten, die weltbeherrschende Atlantis, die ,an den Wassern Gelegene'. Im Zeichen des ,Wassermann' steigt sie, erlöst und wahnentbunden, als ,neue Atlantis' aus den Wassern der Tiefe wieder empor, gleichwie sich aus den Urwassern des Innen-Alls das Zeitalter des Mannes — ,man' von ,manas', der denkende Geist —, des *Neuen Menschen*, erhebt, der der Weisheit Meister sein wird.

In dieser Deutung des ,Wasser-Mann' vereinigt sich uraltes esoterisches Wissen mit kollektiv-unbewußtem Ahnen zur Erkenntnis einer ungeheuren Gezeitenwelle, die vor über zehntausend Jahren — im ,Krebs-Zeitalter' — mit der Entfaltung des astralen Elements im Menschen begann und über die des mineralischen, vegetabilen, animalischen und menschlichen bis zu dem des göttlichen Elements im Menschen im Wassermann-Zeitalter führt.

Diese Gezeitenwelle führte vom Mysterien-Menschen des Krebs-Äons über den magischen Menschen des Zeitalters der Zwillinge, den suchenden Menschen des Stier-Äons und den Willens-Menschen des Widder-Zeitalters zum Glaubens-Menschen des Fische-Zeitalters, der seine höchste Entfaltung im Geist- und Gottmenschen des Wassermann-Äons finden wird.

In jedem von uns ist dieser Gottmensch keimhaft vorhanden; und es hängt von uns allein ab, ob wir ihn zu wecken wissen — durch rechte innere Arbeit auf dem Vollendungspfade der Meditation und Kontemplation . . .

Wassermann — ≈ — das ist das Zeitalter eines neuen Geistes — nicht jenes Geistes der Willkür und Gewalt, der bisher die Erde beherrschte, sondern eines neuen, stoffbefreiten Geistes der Freundschaft und Harmonie. Nicht Macht und Masse herrschen, sondern der Geist!

Wassermann — das ist das Zeitalter der *Einheit,* die die Menschheit bisher vergeblich erstrebte. Der Materialismus weicht einem neuen Idealismus, die Gewalt der Gewaltlosigkeit, der Herrschaft des Herzens, die Ichsucht der Liebe — einer Liebe, die hart macht und stark. Der Wassermann-Mensch weiß, daß Ichsucht Nicht-Sein, Liebe All-Sein ist.

Wassermann — das ist das Zeitalter der Intuition, der Herrschaft der seelischen Mächte über die stofflichen; des klaren Erfassens der Wahrheit und der Wirklichkeit von innen her, und des Frei- und Ledigseins von äußeren Führern und Verführern.

Wassermann — das ist das Zeitalter eines neuen Geistmenschentums, eines „neuen Himmels" und einer „neuen Erde", das Reich der Stillen und der genialen Menschen, denen „genial" und „göttlich" eins ist.

Wassermann — das ist das Zeitalter einer neuen Geisteskultur, eines Kosmischen Bewußtseins, das sich auf

Gottunmittelbarkeit und Freiheit gründet und dessen grenzenlose Weiten heute noch niemand zu umfassen vermag.

Wassermann!

Der Brunnquell eines größeren Lebens und Seins tut sich den Tiefen der Seele auf. Der Mensch tritt in eine neue lebendige Verbindung mit dem All. Er erkennt die Kräfteströmungen, die die Welteninsel Erde von fernher umspülen, und lernt, sie in den Dienst seiner Vollendung zu stellen. Ein neues Sternen-Weistum — nicht irrtum- und erdverhaftet wie der Sternenglaube der Alten —, das um die Seele der Sterne und um die geistverwandten Bewohner anderer Welten weiß, erschließt sich dem Einwärtslauschenden. Und ein uralter Menschheitstraum findet Erfüllung: Zum ersten Male werden Menschenbrüder die Küste der Erde verlassen, um über die Ozeane des Raums hinweg fernen All-Gestaden mit anderem Leben entgegenzueilen ...

≈

Wer den Geist des Wassermann lebendiger erfassen will als in diesem schwachen Echo, der wende sich nach innen, um in Stille und Schweigen den Rhythmus des Neuen zu erlauschen.

Je tiefer wir nach innen lauschen und die Antenne unserer Seele in schweigender Abgeschiedenheit zur Aufnahme der kosmischen Wassermann-Wellen bereiten, desto mehr wachsen wir über die Grenzen des Ich hinaus — hinauf in jene Höhen des Innen-Alls, da uns die Strahlen der Sonne des neuen Tages entgegenleuchten, während unter uns noch alles in tiefem Schlafe dem kommenden Morgen entgegendämmert ...

Auf diesen neuen Menschheitsmorgen heißt es sich bereiten! Denn von ihm gilt das Wort: „Es werden zwei auf dem Felde sein; einer wird angenommen und der andere wird verlassen werden" ... Wer sich in den Rhythmus des Neuen Zeitalters einfügt, der überschreitet die Schwelle zum Wassermann bewußt und wird hinfort in keinem Sturm mehr untergehen. Wer seine schlummernden Innenkräfte weckt und den neuen Geist der neuen Zeit in seinem Leben zur Entfaltung führt, der wird überwinden.

In einer Stunde vor der Wende erfüllt sich Christi Wort: „Ich bin gekommen, ein Feuer zu entzünden; was wollte ich lieber, denn es brennete schon!"

Diese Stunde ist da! Hellauf schon lodern die Flammen! Darum auf! Bereite Dich zur Wandlung, auf daß die Zeit erfüllt werde!

≈

... Kosmische Wintersonnenwende ist vorüber, die letzten Stunden des alten Weltenjahres sind verklungen, und alles harrt des Kommenden. Die Morgenröte des neuen Kreises ahnen und begrüßen wir alle, aber die Erntezeit dieses kosmischen Jahres ist einem anderen Leben vorbehalten ...

Würden wir unseren Blick vom Abendland abziehen und ihn auch auf die asiatischen Kulturen und auf die des nahen Ostens richten und würden wir ihn gar noch über die früh-amerikanischen Kulturen hinschweifen lassen, so würden wir das Wandern der kosmischen Gezeiten-Welle auf unserer Erde noch deutlicher schauen.

Wir würden erkennen, wie sie — kosmischen Gesetzen folgend — sich auf unsere Zeit erfüllungsehnend zusammendrängt und wie alles wirkt und schafft, daß der Neue Mensch geboren werde, der die Kulturen der Vergangenheit in geläuterter Form in die kommende Zeit hinüberträgt; jener neue Mensch, von dem Rudolf Steiner ahnend sagt, daß er bereits „als Anlage in dem geistig-seelischen Wesen, das in uns steckt", enthalten ist.

Der vorliegende Lebensführer will die seelisch Suchenden und geistig Strebenden über diese Zeit des „Weder-tot-noch-lebend-Seins", der inneren und äußeren Zerspaltenheit, hinübertragen in die lichtere Welt des neuen Dynamischen Zeitalters. Was in den hier vermittelten Übungen geboren wird, ist dieser Neue Mensch der Neuen Zeit, und was die Praxis der *Meditation* und die Dynamik der *Kontemplation* vor allem bewirken, ist das innere Erleben unseres Einsseins mit der Einen Kraft alles Seins.

Wir erkennen, wenn wir tief in uns dem Werden des Neuen lauschen, daß wir zwei Welten angehören, der niederen, vergänglichen durch unseren Körper, der höheren und ewigen durch den uns innewohnenden göttlichen Funken, unser Selbst. Wir erkennen, daß diesem unserem Selbst unendliche Kräfte zugehören, und wie wir sie durch Meditation und Kontemplation zu wecken imstande sind.

Wir erkennen, daß Meditation und Kontemplation den uns innewohnenden Gott-Funken zu herrlicher Entfaltung zu erwecken und uns in die höchsten Reiche des Geistes hinaufzutragen vermögen. Je größer unsere Hingabe an das Unendliche, desto gewaltiger, nachhaltiger unser Erleben des Eins-Seins, bis es schließlich aus dem bloßen *zeitweiligen* Erleben in die *Dauer* erhoben wird.

Jenen Menschen wird das Wassermann-Zeitalter bringen: Er wird in steter Einheit mit Gott und dadurch mit allen Brüdern sein, mit allem Leben; er ist ein Kraftzentrum im All, seiner All-Einheit bewußt, sein eigener Priester, dem alles, was ist, Ausdruck Gottes ist. Dieser Mensch soll in uns geboren werden.

≈

Damit der neue Mensch in uns geboren werden kann, damit die neuen Kräfte und Möglichkeiten, die in uns nach Betätigung und Wirklichkeit verlangen, die uns stärker und größer machen, als wir heute ahnen, sich lebendig entfalten können, gilt es den Weg nach innen zu betreten, den *Weg zur Vollendung,* auf dem allein wir zum Bewußtsein unserer Geistigkeit, Lebensüberlegenheit und Unvergänglichkeit erwachen.

Ziel der inneren Arbeit, wie sie hier dargelegt wird, ist es, dem, der über sich hinauswachsen will, den Zugang zum inneren Leben zu öffnen, zum Bewußtsein, daß er seinem Wesen nach sternenhaft, göttlich ist. Es ist der Goldene Pfad der Selbst-Verwirklichung, den schon die Mysterienweisheit der Alten wies, wenn auch stets nur für Einzelne und in mannigfach verhüllter Form, der Pfad, der heute, im Aufgang des Neuen Zeitalters, für *jeden* erkennbar und beschreitbar werden soll.

Dieser Pfad beginnt mitten im Alltag und führt schrittweise über die Stufen der Stille, des Schweigens und der *Meditation,* auf denen der Wahrheitssucher zur seelischen und geistigen Wiedergeburt, zur Selbstbesinnung und zur Erkenntnis seines inneren Einsseins mit dem Ewigen erwacht, zu der höheren Stufe der *Kontemplation,* der mystischen Versenkung, die ihre Krönung im Erleben der Harmonie mit dem Unendlichen findet, in der Selbstverwirklichung, in der Erleuchtung durch die unio mystica, im Erleben des *Kosmischen Bewußtseins.* Damit wird der Weg zur Vollendung in seiner Ganzheit sichtbar.

I. Teil

PRAXIS DER MEDITATION

*Durch Selbst-Besinnung
zum Geist-Erleben*

WESEN DER MEDITATION

„Die Meditation ist der kürzeste Weg zur Vollkommenheit."

Ignatius v. Loyola

Meditation — vom lateinischen ‚meditatio' — meint wörtlich *Nachsinnen,* Überlegen, Überdenken im Sinne geistiger Verarbeitung und besinnlicher Erfassung des Wesentlichen, *Betrachtung* im Sinne dynamischer Selbstschau und geistiger Erhebung, und im letzten: wesenhaftes, vertieftes Gebet.

Psychodynamisch gesehen, ist Meditation kein diskursives Hirn-Denken, sondern lebendig-schöpferisches *Herz-Denken.*

Was heißt das? Was *denken* bedeutet, nämlich richtig, bewußt, kraftbetont, positiv, bejahend und konzentriert denken, wurde bei Darlegung der Technik der *Konzentration* gezeigt. Meditation ist als Herz-Denken darüber hinaus innerliches, inniges, inbrünstiges Verschmelzen und schließlich erkennendes Einswerden mit dem Gegenstand der Betrachtung.

Praktisch geht der Meditation demgemäß die Konzentration mit ihren Stufen der Entspannung von Körper und Gedanken, der Stille, des Schweigens und der inneren Sammlung voraus. Und wie die Meditation aus der Konzentration, so wird aus der Meditation die *Kontemplation* herausgeboren, die schweigende Einsenkung in die letzten Dinge, in das überseiende Lichtreich des Absoluten.

Das klingt schwierig, ohne es zu sein.

Denn *in Wirklichkeit meditieren wir alle häufig un-*

bewußt, wenn wir aus irgendeinem Grunde innerlich von der Umwelt oder von uns selbst Abstand nehmen, wenn wir etwa bei einer mechanischen Tätigkeit über etwas, das uns bewegt, nachdenken, wenn wir uns einer frohen Stimmung überlassen oder auf einsamen Wanderungen die Natur so hingebend genießen, daß wir förmlich in ihr aufgehen.

Ebenso meditieren wir *unbewußt,* wenn wir auf einen Menschen mit liebevoller Aufmerksamkeit so eingehen, daß wir ihn als unser anderes Ich in uns aufnehmen und plötzlich tiefer denn je erkennen und verstehen, oder wenn wir ,tagträumend' über ein Problem nachsinnen und in der spannungsfreien Hingabe unversehens einer befreienden Eingebung bewußt werden; ebenso, wenn wir ein Kunstwerk mit innerer Sammlung betrachten oder uns von schönen Erinnerungen, einem Buch, einem Vortrag oder einem Kirchenbesuch über den Alltag hinausheben lassen ...

... Aber die befreienden Wirkungen und segensreichen Nachwirkungen solcher Meditationen sind naturgemäß weit größer und tieferreichend, wenn sie nicht hier und da unbewußt, sondern *bewußt, planvoll und regelmäßig* geschehen. Dann stellt sich der Gewinn der Meditation meist unmittelbar ein — auch als spürbares Wachstum unserer Immunität und Überlegenheit gegenüber der Außenwelt, der Reizüberflutung durch Lärm, Sensationen und Beeinflussungen durch die Massenmedien und die zunehmende Technisierung des Daseins wie auch gegenüber ihren Auswirkungen: der wachsenden Ruhelosigkeit, Nervosität, leibseelischen Haltlosigkeit und Anfälligkeit ...

Nichts verhilft sicherer und leichter als die *Medi-*

tation zu dem, was den meisten Menschen verlorenging: zum inneren Frieden, zur Kraftsammlung in Stille und Schweigen, zu Besinnlichkeit und Besonnenheit, zur Selbsterkenntnis und zur Verwesentlichung des Lebens.

≈

Bei alledem ist die Meditation kein „Geheimpfad, der nur für Eingeweihte gangbar ist und ihnen hilft, übersinnliche Fähigkeiten zu entfalten und Erkenntnisse höherer Welten zu erlangen", sondern ein *Weg nach innen* für jeden, der ihn zu gehen Verlangen hat.

Ebenso ist die Meditation weder ein Geschenk des Ostens noch des Westens, sondern *Gemeingut der Menschheit,* das jedermann sich dienen lassen kann.

Zu ihrer Erlernung und segenbringenden Anwendung bedarf es weder eines akademischen Studiums noch des Besuchs einer Meditationsschule oder eines persönlichen Lehrers und Führers, sondern nur des ‚Gangs in den eigenen Grund', des willigen Beschreitens des *eigenen Weges nach innen.*

Dazu werden hier einfache, leicht faßliche Anleitungen gegeben, die lediglich Anregungen sein wollen und *alles* vermitteln, was über die Praxis der Meditation zu wissen nötig ist. Sie machen deutlich, daß Meditation deshalb *leicht* zu vollziehen ist, weil es hier letztlich nicht aufs *Tun,* sondern auf *Lassen* ankommt: auf das besinnlich-beschauliche Sich-Lassen und dem Frieden des Innern Überlassen, also darauf, im *Innehalten* zum *Inneren Halt* zu finden und zum Kraftschöpfen aus der Fülle des inneren Lebens.

. . . Schon wer beim Lesen dieser Worte innehält, um

beim Aufgenommenen zu verweilen und darüber nach-
zusinnen, betritt das Reich der Meditation und gelangt
aus dem Hasten und Jagen des Alltags in den stillen
Frieden des ‚inneren Tages‘, aus dem er erfrischt, erneuert, gestärkt und mit erhöhter Schaffenslust an sein
Tagewerk zurückkehrt.

≈

Schließlich sei gleich eingangs klargestellt, daß Meditation kein träges gedankliches Vegetieren oder ‚Dö-
sen‘, also passives Verträumtsein ist, sondern höchste
geistige Wachheit und Aktivität bedeutet und bewirkt.

Weiter hat Meditation nichts mit Mystizismus, Eso-
terik, Magie oder ‚Geheimwissenschaft‘ zu tun. Sie ist
vielmehr der natürliche Weg der Einkehr und Selbst-
besinnung, der mitten im Alltag beginnt und bis zur
Gipfelerfahrung des ‚Reiches Gottes in uns‘ hinan-
führt.

Der Weg der Meditation wird hier weder von der
Warte der Psychotherapie noch von der konfessionel-
ler Seelsorge aufgezeigt, sondern im Sinne der praktischen *Psychodynamik* — im Blick auf das dreifache Ziel
allen Menschentums: Selbst-Besinnung, Selbsterkraftung, Selbstverwirklichung.

Diese Stufen kann *jeder* ohne fremde Hilfe und Führung erreichen, weil er auf dem Wege inneren Erwachens, Wachstums und Reifens von selbst zur Partnerschaft mit der inneren Führung gelangt: mit dem inneren ‚Kybernetes‘ (Steuermann), dem inneren Helfer
und Schicksalslenker, dem göttlichen *Selbst*.

Auf dem Wege nach innen gelangt der Meditierende

zur Mitte seines Wesens und damit zu den geistigen Quellen seiner Gesundheit, seiner Lebenskraft und seiner schöpferischen Gaben. Er lernt, alle positiven Tendenzen im Unterbewußtsein und alle genialen Potenzen im Überbewußtsein schrittweise zu aktivieren. Er wird im Zuge meditativer Betrachtung gewissermaßen geistig ‚trächtig' und zur Geburtsstätte neuer Gedanken, Einsichten, Eingebungen, intuitiver Gewißheiten und wachsender Lebensfülle.

Praktisch führt der Weg der Meditation über die Verinnerlichung zu fortschreitender Vergeistigung und Vervollkommnung, zur Erfahrung der Wirklichkeit und zu immer bewußterem Leben aus dem Geiste — und das meint: zu unerschütterlicher Selbstgegründetheit und Selbstsicherheit, zu schöpferischer Tatkraft und Lebenstüchtigkeit und zugleich zur Erfüllung der höchsten Aufgabe allen Menschseins, zur vollen Entfaltung unserer Menschlichkeit.

≈

Was in der Meditation lebendig wird, sind Innen-Kräfte kosmischen Ursprungs, die wir zu unserem Fortschritt und steten geistigen Aufstieg in unser Tagleben hineinfließen lassen können. Zu diesen spirituellen Kräften uns hinzulenken, mit ihrer Hilfe des göttlichen Ursprungs und der Geistigkeit unseres inneren Wesens bewußt zu werden und das in uns Denkende mit unserem innersten, geistig-göttlichen Wesenskern zu verschmelzen — das ist Sinn und Ziel der Meditation.

Der Gegenstand der Meditation kann sehr verschieden sein, das Ergebnis ist immer das gleiche. Im einen

Fall führt Dich die Meditation von der bloßen Betrachtung eines äußeren Dinges zur intuitiven Erkenntnis seines Wesen, zur Einswerdung mit der ihm zugrundeliegenden „Idee", seinem geistigen Wesenskern, den Du als von Deinem eigenen innersten Sein nicht getrennt erkennst; im anderen Falle mag es ein inniges Eingehen sein in ein geistiges Ideal oder eine Kraft, mit der die Meditation Dich verbindet im Sinne eines Angelus Silesius:

> „Das edelste Gebet ist, wenn der Beter sich
> in das, vor dem er kniet, verwandelt inniglich",

wo aus der Meditation Einswerdung wird; im dritten Falle ist es vielleicht ein schweigendes Versenken und seliges Lauschen auf die Innere Stimme, die Stimme des inneren Helfers; immer aber ist es ein Schwingen in neuen geistigen Impulsen, das weit über die Anregung, die Meditationsübung, hinaus fortdauert, dessen Grundstimmung tagelang in Dir bleibt, ja bei fortgesetzter Übung zu einer dauernden wird.

Wie sehr durch Meditationen der innere Mensch und als Folge davon auch der äußere von Grund auf gewandelt, durchlichtet, veredelt, vergeistigt, vervollkommnet wird, zeigen oft schon die ersten Übungen; und dieses innere Wachstum erfolgt um so schneller, je mehr sich der Übende dabei seines Fortschritts lebendig bewußt bleibt.

Dieses innere Wach- und Bewußtwerden ist Anfang und erstes Ziel der Meditation. Bewußtwerden heißt nicht nur, etwas klarer erkennen, sondern es in sich gestalten, sein Inneres um das schöpferisch Gestaltete bereichern und hinauswachsen über die eigene Begrenztheit. Über sich hinauswachsen heißt wiederum nichts anderes als: langsam in jenes höhere Bewußtsein und kosmische Sein hineinwachsen, das die Erwachten als ‚Leben aus dem Geiste' bezeichnen.

Letztes Ziel aller Meditation und Kontemplation ist die Einswerdung mit dem Göttlichen und die damit einhergehende Verwesentlichung unseres Lebens. All unser Sein ist ja ein Sehnen zurück zum Ursprung. Im Gegensatz zum Wort-Gebet, dem der innere Sinn im Trubel äußeren Lebens zumeist verlorenging, ist die Meditation die höchste, reinste und ursprünglichste Form der Hinneigung zum Göttlichen, aus der die lebendige Gewißheit der steten Gegenwart des Göttlichen in uns erfließt.

Dieses heiße, in jeder Menschenbrust glühende Sehnen ist es, das der Mystiker Christian *Morgenstern* in die Worte kleidete: „Wer das Gebet in irgend einer Form wieder in unser Leben zurückbringt, der wird uns Ungeheueres wiedergegeben haben."

Nun, die Meditation ist dieser verlorene Schatz, sie vermag in Wahrheit auch Dir zum Wege vom Sehnen nach Gott zur Einheit mit Ihm zu werden, vom *Gott-Verlangen* zur *Gott-Geburt* im Menschenherzen, zur Gottunmittelbarkeit.

NOTWENDIGKEIT DER MEDITATION

„Nimm Dich selbst oft wahr und hüte Dein Gemüt, laß keine Unordnung von außen hineinkommen und keinen unguten Gedanken und kein unfreundliches Wort von Dir ausgehen, dann bleibst Du in Frieden inmitten Deines Wirkens in der Welt."

Tauler

Nicht von ungefähr übt die Meditation auf den Menschen von heute eine wachsende Anziehungskraft aus. Denn mit der zunehmenden Spannung und seelischen Verkümmerung wächst das Verlangen nach Entspannung, Selbstbesinnung und Selbsterkraftung. Je größer die Betriebsamkeit und Getriebenheit, die Unrast und Zerrissenheit, desto stärker drängt es den Menschen von innen her nach Stille, Frieden, Einheit. Und desto beglückter erfährt er, wenn er diesem Drängen folgt, die *Heilkraft der Meditation*.

Die Meditation hilft ihm, Albert *Schweitzers* Forderung zu entsprechen, nicht nur äußere, sondern auch *innere Kultur* anzustreben, nicht nur äußerlich fortzuschreiten, sondern auch innerlich zu wachsen und vollkommener zu werden.

Die größte Organisation der Menschheit, die *UN*, hat das erkannt, wenn sie in Regel 64 ihrer Sitzungsrichtlinien vorsieht, daß „unmittelbar nach Eröffnung der ersten Vollsitzung und unmittelbar vor Abschluß der letzten Vollsitzung der Generalversammlung der Präsident die Vertreter der Nationen einlädt, eine dem Gebet oder der *Meditation* gewidmete Minute des Schweigens einzuhalten."

34

Die Erfahrung lehrt, daß solche gemeinsame Einstimmung in die Meditation die Übereinstimmung erleichtert und der Herbeiführung der Einstimmigkeit bei
entscheidenden Beschlüssen dient.

Weit mehr noch dient die Meditation der rechten
Einstimmung, inneren Ordnung und Harmonisierung
des *Einzelnen* — und damit seinem Zufriedener- und
Glücklicherwerden. Daß dies schon die Stoiker erkannten, zeigen Senecas Worte:

„Glücklich zu leben wünschen alle. Aber die meisten
wissen nicht, wie sie dazu gelangen. Solange sie in Suche
des Glücks in der Welt herum jagen, anderen nachlaufen, sich an äußeren Besitz klammern, bleibt ihr Leben
ein Irrweg. Ein glückliches Leben besteht im Besitz eines
freien, hochgemuten, standhaften Geistes, der über
Furcht und Hoffnung erhaben ist. Glücklich ist, wer zu
denken und zu handeln gelernt hat, wer mit der Gegenwart und seiner Lage, wie immer sie sei, übereinstimmt, also zu seinem Schicksal Ja! sagt. Nur das
Glück, das *in uns* gegründet ist, ist unerschütterlich und
beständig, wächst und bleibt uns bis ans Ende."

Dazu verhilft die Meditation. Sie verwandelt das
Bewußtsein in einen magischen Spiegel, der alles, was
wir bejahen, als lebendige Wirklichkeit sichtbar werden läßt.

Die Meditation ist die Wünschelrute, mit deren Hilfe
wir den verborgenen Lebensquell in uns finden und uns
mit ihm zu vereinen vermögen. Jede Meditation ruft
neue Kräfte aus diesem unerschöpflichen Quell hervor;
jede Meditation schafft in uns ein positivmagnetisches
Feld, das gleiche Kräfte aus dem All in uns hineinzieht
und mit uns eint!

Alles, was je an großen Gedanken entstand, wurde in der Stille geboren, aus diesem Kraft-Quell in uns. Die Stille ist die Schöpferin alles Schönen, sei es Bild, Wort, Bau oder Ton; die Stille ist die große Erfinderin, die der vorwärtsstrebenden Menschheit neue Wege wies und weist; sie ist die Geburtsstätte aller bedeutenden philosophischen und wissenschaftlichen Gedankengebäude, aller großen Religionen, aller menschlichen Erkenntnis.

Schon beim Eintritt in die Meditation erwacht in uns die große Stille, die zur Seelenstillung führt. Im letzten läuft ja, wie *Hans Thoma* sagt, „all unsere Unruhe auf ein Gestilltwerden hinaus: unsere Sehnsucht geht nach der Stille, aus der die Ewigkeit uns ihre Arme entgegenstreckt."

Um das zu erfahren, um aus dieser Stille — und das heißt: aus der Mitte unseres Wesens — zu leben, genügt es nicht, hier und da zu meditieren. Es gilt vielmehr, die Meditation täglich zu vollziehen, um über die einzelnen Meditationsakte mehr und mehr dahin zu gelangen, *daß die Meditation zum Fundament unseres Lebens und unser Leben zur Meditation wird, Tun und NichtTun, Arbeit und Stille, höchste Lebenstüchtigkeit und echte Menschlichkeit eine harmonische Einheit bilden.*

≈

Wo Meditation in diesem Geiste vollzogen wird, stellen sich alsbald die *Früchte der Meditation* ein.

Die erste dieser Früchte ist die spürbare Zunahme der geistigen Wachheit und Ansprechbarkeit, Spannkraft und Lebendigkeit. Das Aufnahme- und Erinnerungsvermögen, also das Gedächtnis, wächst ebenso wie die

Klarheit, mit der die Fäden des Geschehens und der Zusammenhang der Dinge überschaut werden. Der geistige Sehkreis erweitert sich, so daß man nicht mehr in den Dingen auf- und untergeht, sondern über ihnen steht, sie als ihr Herr bestimmt und meistert.

Ist aber durch die aus der Meditation erfließende geistige Klarheit und dynamische Bewußtheit die Unterscheidungs- und Urteilskraft eine stärkere geworden, wächst ihnen entsprechend auch die Entschlußkraft. Die Entscheidungen entspringen schöpferischer Sammlung und können nicht mehr zu Fehlschlägen führen. Voreingenommenheit und Bedrücktheit durch äußere Dinge sind unmöglich geworden; mit der umfassenderen Übersicht geht die leichtere Bewältigung und damit die allmähliche innere Loslösung von den Dingen einher.

Der Meditierende lernt ein neues Wissen kennen, das nicht aus Büchern, sondern aus seinem eigenen Innern kommt und schließlich, alle Fesseln sprengend, in uneindämmbarer Fülle aus seinen tiefsten Tiefen lebendig hervorquillt. Der Born wahren Erkennens erwacht in ihm, menschliches Wissen weicht göttlicher Weisheit.

Aus stiller Meditation wächst Schritt für Schritt als natürliche Frucht die Licht und Klarheit spendende Gabe der *Intuition*, des schöpferischen Erkennens.

Mit dieser Kraft bewältigt der Mensch die Dinge des Lebens: Er *betrachtet* das an ihn Herangetragene nicht mehr, sondern *erkennt* es in seinem wahren Wesen. Diese meditative Bewältigung ist das Neue, das die Übungen vermitteln. Und sein äußeres Leben zeigt jeweils, wie weit er seine Einheit mit der Kraft im Innern und, worauf alles hinausläuft, mit dem Unendlichen bereits verwirklicht hat.

Das zweite ist die zunehmende Tendenz, die erwachenden Kräfte des Innern immer freudiger zu bejahen und *sie* so zu ständig größerer Entfaltung zu bringen. Aus dieser Bejahung erwächst gleichbleibende innere Glückseligkeit, die den im Alltag Dahinlebenden unbegreifbar ist.

Man fühlt, daß man, wie *Maeterlinck* sagt, „glücklich sein muß, um glücklich zu machen, und daß man glücklich machen müsse, um glücklich zu bleiben. Versuchen wir, zuerst zu lächeln, damit unsere Brüder auch lächeln lernen, so werden wir viel wirklicher lächeln, wenn wir auch sie lächeln sehen."

Es ist jene Glückseligkeit, die ihre höchste Erfüllung darin sieht, anderen Freude zu bereiten. Der Mensch hat erkannt, daß er nur so ein Glück gewinnt, das unerschöpflicher wird, je mehr er es auch auf den Bruder überstrahlen und dessen Herz mit durchsonnen läßt.

Diese Durchsonnung und Durchkraftung von innen her meint *Jesajas* Forderung (30, 15): „*Wenn ihr euch umwendet (nach innen wendet) und stille werdet, wird euch geholfen. Durch Stillesein und Vertrauen werdet ihr stark werden.*"

Wir werden stärker und gesunder, weil die Meditation zur Aktivierung und Steigerung der gesunden Heiltendenzen der Seele führt, die sich auch auf den Körper heilungsfördernd auswirken. Aus diesem Grunde nimmt die Meditation in den heutigen psychotherapeutischen Verfahren mit Recht einen immer größeren Raum ein. Ihre Wirkung reicht aber über die psychotherapeutischen Erfolge weit hinaus.

Denn sie aktiviert ja die positiven Kräfte und Tendenzen nicht nur im Unterbewußtsein und Kollektiven

Unbewußten, sondern auch im Überbewußtsein. Sie führt zur Berührung mit dem Seelengrund und schließlich zum Einswerden mit dem ‚inneren Menschen‘, dem *Selbst*.

In der Stille der Meditation werden wir eins mit unserem wahren Selbst und dadurch wiederum mit den unendlichen Kräften des Universums. Und je mehr wir in der Stille aus diesen gewaltigen Energien in uns schöpfen, desto reicher sprudelt der Quell, desto mächtiger wird der Strom geistiger Gaben, der uns zufließt, unaufhörlich, immer neu, unerschöpflich.

Und der Schlüssel: Geh' mit Vertrauen in die Stille, in die Meditation. *Vertrauen* meint jene gläubige Hingabe an die innewohnenden kosmischen Kräfte, die allen großen Geistern eigen war. Von ihnen sprach *Kepler:* „Glücklich diejenigen, denen es gegeben ist, sich zum Himmel zu erheben! Sie lernen gering schätzen, was ihnen einst vortrefflich erschien, sie lernen die Werke Gottes über alle Dinge setzen und in deren Betrachten alle ihre Freude und ihr Ergötzen finden."

Bist Du erwacht zu Deinem wahren, unsterblichen Selbst, zum Göttlichen in Dir, bist Du eins geworden mit dem Ewigen in Dir, so bist Du, wer und was Du im Alltagsleben auch sein magst, ein Herrscher in den geistigen Welten, ein König im Reich der Seele.

Denn das einzig Beständige im Weltgetriebe ist der in Dir wachsende, nach Entfaltung und Selbstverwirklichung strebende Gottgeist, der frei ist von Stoff und Form. Er ist der wahre Quell Deiner Kraft. „Was kümmerst Du Dich also um Fremdes? Zieh' Dich lieber in Dich selbst zurück, wo Du allein Ruhe und Frieden findest", fordert *Mark Aurel,* „besinne Dich auf Dich selbst, pflege Deinen Genius, den Gottfunken in Dir, befreie Dein wahres Selbst, Deine Geistseele, von allem, was ihr äußerlich anhängt, und bedenke, daß nichts Äußeres Dir die Seele zu berühren vermag, daß es nur Deine eigenen Vorstellungen sind, die Dich belästigen, daß in Deinem Innern ein unversiegbarer Quell wahren Glückes strömt . . ."

Der Alltagsmensch vermag sich nicht in jene Reiche hinaufzuschwingen, die sich dem Wahrheitssucher mit all ihren Schätzen erschließen; der konzentrierte Mensch wird ein wenig hineindringen; der Meditierende dringt noch tiefer hinein in die Rätsel des Seins und sein Leben wird mit jeder Meditation um ein weniges mehr vom Leben des Geistes durchflutet; der kontemplative Mensch gar eint sich höheren, umfassenderen Stufen des Seins; und in dem das kosmische Bewußtsein berührenden Mystiker wird die Meditation zu einem Dauerzustand; doch erst auf der Christus-Stufe ist das volle Kosmische Bewußtsein aus der Zeit in die Dauer erhoben.

Der meditierende Mensch ist ein geist-bewußter Mensch, denn er ist angeschlossen an Kräfteströme des kosmischen Lebens und kosmischer Weisheit. Ihn zeichnen Ruhe und Ausgeglichenheit aus, ein Rhythmus, der über die Meditation hinaus weiter-schwingt, so daß ein feiner Schimmer selbst durch die äußere Hülle hindurchstrahlt und ihn Harmonie und Ruhe ausstrahlen läßt.

Mit der Zeit tritt als Folge der unaufhörlichen Läuterung des Gedankenlebens und seiner steten Durchtränkung mit spirituellen Gedankenströmen an die Stelle des Sinnenmenschen der höhere, kosmische

Mensch. Das Unterbewußtsein verfließt mit dem Überbewußtsein, der Geist wird Herr des Körpers, die Banden des Stoffes fallen, die ‚Persönlichkeit‘, das vergängliche Erdentier im Menschen, stirbt und die wahre Individualität, der gottgeeinte Innen-Mensch, tritt seine
Herrschaft an . . .

≈

Bei jeder Meditations-Übung werden je nach dem Ziel
drei Erscheinungsformen unterschieden:

Die *erste* ist die der *Schweige-Meditation,* mit deren
Hilfe der Meditierende aus der schweigenden Stille
und Versenkung Kraft schöpft und sich innerlich erneuert;

die *zweite,* die der *reinen Meditation,* kennt zwei
Gruppen:

Die erste ist die *Ziel-Meditation,* die der Überwindung äußerer Hindernisse und der Lösung schwieriger
Fragen dient, also auf bestimmte Ziele gerichtet ist und
um so vollkommener gelingt, je restloser das Blickfeld
des Bewußtseins geleert und Raum geschaffen wird für
das Angesprochen-, Beraten-, Geführt- und Erleuchtet-
werden von innen her. Das geschieht im Maße der willigen Hingabe an die Stille des Innern, im ‚*Warten auf
den Geist*“, wie der Quäker es nennt, dessen Stimme
uns vernehmbar und bewußt wird, wenn nicht mehr
das Ich meditiert, sondern wenn ‚es in uns meditiert‘,
wenn wir ganz zur Stille und meditativen Versunken-
heit geworden sind.

Zur zweiten Gruppe gehört die *Objekt-Meditation,*
die der Betrachtung, Klärung und Erkenntnis eines bestimmten Objekts oder Begriffs dient. Die erste Stufe

ist hier die der Einstellung auf den Begriff oder Gegenstand, die zweite die der Betrachtung und Beharrung in dieser Betrachtung, die dritte die der Lebendig-Werdung des Objekts der Betrachtung im Innern des Meditierenden und die Verschmelzung mit ihm. Diese Stufe führt über in

die *dritte* Form der *religiösen Meditation,* deren letztes Ziel die *Einswerdung* ist. Sie geht über in die *Kontemplation,* die Versenkung in das Wesen Gottes, deren Ergebnis wiederum das Erlangen des kosmischen Bewußtseins darstellt, die Selbstverwirklichung oder Realisation.

VORBEDINGUNGEN DER MEDITATION

> *„Ich suchte vormals Ort und Zeit*
> *Zum Beten und zur Einsamkeit.*
> *Jetzt bet' ich stets in stillem Sinn,*
> *Jetzt bin ich einsam, wo ich bin."*
>
> Tersteegen

Die antiken Mysterien-Schulen in Ägypten wie in Griechenland verlangten vor dem Eintritt des Schülers in die Meditation dreierlei:

Das erste, die *Reinigung,* die sowohl innerlich-gedanklich wie auch äußerlich-körperlich zu geschehen hatte, ist eine Selbstverständlichkeit.

Das zweite war die *Segnung,* das willige Sich-Weihen den göttlichen Kräften, das die richtige Einstellung zum Geheimnis der Meditation gab. Heute besteht sie im Sprechen eines *Mantrams,* bei dessen bewußter rhythmischer Aussprache man sich der dabei erwachenden spirituellen Kräfte bewußt zu werden hat.

Das dritte war die *Bejahung* der steten Gegenwart der göttlichen Kräfte im Menschen einerseits und die feste Richtung auf das Ziel der Meditation andererseits. Der Übende einte sich mit dem Allwillen im Sinne des „Nicht, wie *ich* will, sondern wie *Du,* Gott in mir, willst!"

Reinigung, Segnung und Bejahung! Was damit gemeint ist, sei näher erläutert. Jede Meditation verlangt als erstes *rechte Vorbereitung,* vor allem die Abstellung und das Meiden von Ablenkungen und Zerstreuungen, das Freisein von Zeitdruck, Ungeduld, Rastlosigkeit, Getriebenheit und sonstigen Spannungen. Es gilt, auf *Lassen,* auf Nicht-Tun, Geduld und Gelassenheit umzuschalten, um für den Frieden des Innern aufgeschlossen zu werden. Die geistige Welt erwacht nur, wenn das Irdische für Dein Bewußtsein in Nacht gehüllt ist.

Auch mit negativen Stimmungen gehe nicht in die Meditation, denn auch diese tragen Frucht in Deinem Innern, andere, als Du beabsichtigst. Am gefährlichsten ist es, mit Haßgedanken in das Schweigen einzutreten; mehr als irgendwo ist hier liebende, von Ich- und Eigensucht freie, hingebende Einstellung geboten, die allein dem Wohl des Menschen, aller Menschen dient. Mit Recht sagt die Bhagavad Gita hierüber: „Der Hölle Tor ist dreifach; dreifach der Weg, der zu ihm führt: Gier, Zorn und Geiz. Vermeide sie! Wer diese meidet, geht den rechten Weg und findet wahren Frieden!"

≈

Um in der Meditation zum Frieden und zur Kraft des Innern zu gelangen, brauchen wir uns weder in ein

Kloster oder in die Wüste zurückzuziehen noch nach Indien oder Tibet zu gehen. Meditieren können wir jederzeit dort, wo wir leben und wirken. Die einzige Richtung, die es einzuschlagen gilt, ist die nach *innen*. *Meditatives Leben ist überall möglich und von nichts Äußerem abhängig. Es kann und soll mitten im Getriebe der Welt verwirklicht werden.* Das ist eine frohe Botschaft für alle, die nach Halt und Hilfe ausschauen. Was sie bisher außer sich vergeblich suchten, werden sie in sich finden.

Um das zu erreichen, wähle man als erstes eine Stätte, die man von da an ständig zur Meditation benutzt. Dieser *Meditationsraum* sei so einfach wie möglich in der Ausstattung. Auch sollte er von anderen Personen wenig oder gar nicht benutzt werden, damit die durch die Meditationsübungen hier entstehende positive geistige Atmosphäre durch nichts getrübt, der Meditationsraum vielmehr zu einer Stätte gesammelter Kraft wird, zu einer ‚*Insel des Friedens*‘.

Dieser Raum kann das Arbeitszimmer oder das Schlafzimmer sein oder ein kleiner Nebenraum. Entscheidend ist, daß wir während der Meditation in ihm ungestört bleiben. Wir spüren dann nach einiger Zeit der Übung, wie die spirituelle Aura dieses Raumes schon beim Eintreten alle sorgenden oder sonstwie negativen Gedanken und Stimmungen zum Abklingen und Verschwinden bringt und mehr oder minder unmittelbar Abstand von der Außenwelt ermöglicht, Ruhe, Stille und Frieden vermittelt.

Wer will, mag sich in diesem Raum einen Altar einrichten mit einem Christus- oder Buddha-Bild, vor dem eine Kerze brennt oder eine Räucherkerze entzündet wird. Oder mag er ein zur Selbstbesinnung anregendes Bild oder Sinnbild an die sonst leere Wand hängen. Weiter braucht er in diesem Raum nur einen weichen Teppich und ein kleines Kissen oder eine Liege oder einen bequemen Stuhl.

Hingegen bleibt hier alles fort, was die Abstandnahme von der Außenwelt erschwert. Auch die Schuhe werden hier abgelegt, ebenso die Kleidung, soweit sie beengt und die körperliche Entspannung behindern könnte.

≈

Die *günstigsten Zeiten für die Meditation* sind abends und morgens.

Morgens, weil die Seele unmittelbar vorher aus ihrer eigenen Welt zurückkehrte und der schöpferisch-meditative Zustand leichter erreichbar ist, und weil der Geist der Morgen-Meditation dem ganzen Tag seinen besonderen Rhythmus gibt und seine spirituellen Schwingungen allen Arbeiten des Tages mitteilt.

Abends, weil die Seele sich während des Körperschlafes in der Nacht weiter mit dem Gegenstand der Meditation beschäftigt und gegebenenfalls bis zum Morgen die Lösung bereit hat.

Auch die Zeiten des Sonnenauf- und Untergangs sind wegen der Einschaltung in den Sonnenrhythmus förderlich. Die Zeit unmittelbar nach einer Mahlzeit hingegen ist für die Meditation ungünstig.

Praktiker ziehen für ihre Meditationen die *Stunde vor Sonnenaufgang* vor, weil der Körper durch den Schlaf erfrischt, das Denken noch nicht durch Alltagseindrücke getrübt, das Bewußtsein ungehindert für schöpferische Inspirationen empfänglich ist und weil sich der Sonnenrhythmus dann am günstigsten auswirkt.

Weiter kommt die *9-Uhr-Abendstunde* für die Meditation infrage, weil in dieser Zeit eine Vielzahl gleichgestimmter Menschen in die *Gemeinsame Meditation* eintritt, auf die im weiteren eingegangen wird.

Am Anfang wird die Meditation nicht über fünf Minuten ausgedehnt, um zu vermeiden, daß noch ungebändigte Gedanken das Bewußtsein überschwemmen, Langeweile oder Angst vor der Stille der Einsamkeit zur Flucht aus dem Schweigen des Innern treibt.

Zunächst ist die Einhaltung einer bestimmten Zeitdauer für die einzelne Meditationsübung gut. Im übrigen hängt es von der individuellen Entwicklung, vom Alter und dem inneren Wachstum des Übenden ab, wie lang er seine Meditationen ausdehnt. Wer oft in die Stille geht, weiß, daß ein inneres Gefühl ihm anzeigt, ob er eine Meditation jeweils über eine viertel oder halbe Stunde ausdehnen kann.

Sind die Innenkräfte einmal erwacht, ist der Meditierende an keine Zeit mehr gebunden. Der Zustand der Meditation tritt schließlich nach einigen Augenblicken von selbst ein und erfüllt dann den ganzen Tag mit dem Geist der Besinnlichkeit und Besonnenheit. Der Meditierende weiß dann, daß wichtiger als die Länge der Zeit die *Regelmäßigkeit* der Übung ist.

≈

Sind Ort und Zeit bestimmt, ist die nächste Voraussetzung rechten Eintretens in die Meditation die *Ent-*

spannung des Körpers. Denn ohne Körperentspannung kein Zurruhebringen der Gedanken, und ohne diese keine Sammlung, keine Inspiration und Erkraftung von innen her.

Der Entspannung des Körpers, über die alles Nötige im Lehrgang der Konzentration („Wie konzentriere ich mich?") gesagt wurde, dient die Einnahme entweder einer möglichst bequemen *Rückenlage* auf einer Decke oder einem Teppich auf dem Fußboden, oder eines entspannten *Sitzes* auf einem breiten Stuhl oder, am besten, der *Schneidersitz* in der hierfür geeignetsten Form.

In der *Rückenlage* werden die Beine gestreckt nebeneinander gelegt, die Arme an den Körper bei ausgestreckten Fingern. Dann folgt die Große Entspannung durch Hinwendung auf das *Schwere*-Erlebnis in den Armen, den Beinen und im Rumpf, danach in gleicher Weise die Hinwendung auf das *Wärme-Erlebnis,* bis der Körper wie ein Ballon, aus dem die Luft entwichen ist, in sich zusammengesunken daliegt und das Gefühl entsteht, als ob man keinen Körper mehr habe. Für die Meditation im *Sitz* auf einem Stuhl gilt gleiches.

Für den *Schneidersitz,* der an sich schon Ausdruck der Gelassenheit und Ruhe, der körperlichen Geschlossenheit und Harmonie ist, gilt die in der Bhagavad Gita (6, 10 f.) gegebene allgemeine Regel:

> „Wer Yoga übt, der setze sich
> in stiller Abgeschiedenheit
> allein, seiner Gedanken Herr,
> nichts Irdisches, nur Gott im Sinn,
>
> Entspannten Körpers hin bequem
> an einem Platz, da nichts ihn stört.

Damit die Sammlung wohl gelingt,
sei nicht zu weich, zu hart sein Sitz.

Rumpf, Kopf und Hals sei unbewegt
und aufgerichtet wie ein Baum.
Nach innen sammle sich der Blick,
nicht schweif' er in die Außenwelt.

In solchem Schweigen, selbst-versenkt,
wunschlos verweilend, gott-gestillt,
geht er in Meinen Frieden ein,
vom Sondersein und Schein erlöst.«

Um das zu erreichen, achten wir darauf, daß beim
Schneidersitz Hände und Füße mit dem Rumpf eine
geschlossene Einheit bilden. Die Sitzrichtung gehe nach
Osten.

Um beliebig lange im Schneidersitz verharren zu
können, setzen wir uns so auf ein kleines Kissen, daß
das Körpergewicht durch den hinten etwas gehobenen
Sitz leicht nach vorn verlagert ist. Dann legen wir das
eine Bein flach angewinkelt so auf den Boden, daß die
Ferse als Stütze für den Körper dient. Das andere Bein
wird noch etwas stärker angewinkelt so mit der Fuß-
sohle an das erste Bein gelegt, daß der Fuß auf der Knö-
chelgegend liegt. Man probiere das aus, bis man fühlt,
wie angenehm, spannungsfrei und wohltuend dieser
Sitz ist. Der Oberkörper wird kerzengerade aufrecht
gehalten, der Kopf ist ganz leicht vorgeneigt.

Sitz und Haltung sind in Ordnung, wenn wir spüren, daß Oberkörper und Atemgang freier sind als beim
Sitzen auf einem Stuhl. Die Hände liegen entspannt
auf den Schenkeln, die Finger auf den Kniescheiben. Die
Augen sind geschlossen.

Dieser Sitz ist dem ‚Lotossitz' des Yoga verwandt und hat die gleiche entspannende Wirkung.

≈

Der Körperentspannung folgt die Sammlung auf den *Atemrhythmus*, wobei man vom anfänglichen ‚Ich atme' auf das „Es atmet in mir" umschaltet, bis man spürt, daß das innerste Selbst in einem und durch einen atmet.

Um das zu erreichen, wird bei jedem Aus- und Einatmen der Gedanke bejaht:

> *„Ich atme! Der göttliche Funke in mir atmet. Gott in mir atmet! Ich atme den Atem Gottes. Gott in mir atmet. Ich bin der Atem Gottes. Gott in mir atmet!"*

Dieses Atmen des Göttlichen in Dir mußt Du lebendig fühlen, und schließlich muß sich in Dir das Bewußtsein entwickeln, daß nicht mehr der äußere Mensch, sondern der innere atmet und pulst; daß der Rhythmus des Atems Gottes in Dir schwingt.

Allein diese Übung, einige Zeit durchgeführt, kann Dich aus einem müden, kranken Menschen in ein Ebenbild göttlicher Kraft und Gesundheit verwandeln.

Der zweite Schritt zu diesem kosmischen Atmen ist der folgende:

Stelle Dir die in Dir atmende göttliche Kraft als ein flammendes Licht in Deinem Innern vor. Vergegenwärtige Dir, wie diese in Dir lodernde Flamme sich bei jedem Einatmen mit den einströmenden kosmischen Kräften eint und zu hellerer Glut entfacht wird und wie beim Ausatmen die Flamme in Dir sich zu neuer Kraft-

Aufnahme vorbereitet. Fühle dieses strahlende Lichtzentrum in Dir aufflammen und gluten, und fühle, wie aus der Flamme in Dir immer mehr ein flutendes Lichtmeer wird. Nicht lange, und Du wirst bei allem, was Du tust, das anfeuernde Wirken dieser Flamme in Dir verspüren. Und was dann eines Tages urgewaltig in Deinen Meditationen aufflammt und Dich nicht wieder läßt, ist die *Geburt des Inneren Lichts*.

≈

Die Hingabe an den Atemrhythmus ist wichtig, weil wir durch die Atembeherrschung zur *Gedankenberuhigung* gelangen, die uns erst den Eintritt in den Zustand der eigentlichen *Meditation* und des inneren Friedens ermöglicht. —

Die hier für die einzelne Meditation genannten Vorbedingungen gelten sinngemäß für die Gemeinsamen Meditationen, die entweder dem ‚schweigenden Dienst' der Quäker gleichen oder bei denen, etwa in der 9-Uhr-Abend-Meditation, jeder für sich meditiert und doch zugleich alle Teilnehmer ein gemeinsames spirituelles Kraftfeld bilden.

Abschließend sei bemerkt, daß alle äußeren Maßnahmen lediglich Hilfen auf dem Wege nach innen sind, die an sich noch keinen inneren Fortschritt bewirken. Dazu führt erst das geistige Rüstzeug der Meditation, das uns im weiteren beschäftigen wird und uns die Segnungen der Meditation erschließt.

Wen einmal der Hauch des Inneren Lebens streifte, der wird diese Stunden der Meditation nie mehr missen wollen; er wird auch während der täglichen Arbeit vom Bewußtsein der steten Gegenwart des Ewigen in ihm getragen und geleitet. Er wird nicht alle Wochen einmal in die Stille gehen und im übrigen weiter in den Tag hineinleben, sondern ein unstillbares Drängen wird ihn überkommen, ein beständiger Bewohner der geistigen Welten, zu denen er in der Stille empordrang, zu werden und von dieser hohen geistigen Warte aus sein ferneres Leben zu meistern.

VORGANG DER MEDITATION

> *„Halt an, wo läufst du hin? Der Himmel ist in dir.*
> *Suchst du ihn anderswo, du fehlst ihn für und für."*
> Angelus Silesius

Der Entspannung des Körpers und der Zuruhebringung der Gedanken durch Hingabe an den Atemrhythmus folgt das Innewerden der *Stille* des Innern, von der Meister Eckehart sagt: „Wer ungetrübt und lauter werden will, muß eins erlangen: die innere Einsamkeit."

In der schweigenden Einsamkeit des Innern spüren wir das leise Wehen des Geistes, und mit der Zeit fühlen wir uns immer stärker von innen her durchkraftet, ermutigt, geleitet, beschützt, beraten, inspiriert und erleuchtet.

Die Quäker sprechen von dieser Stille als der Stätte des *„Wartens auf die Stimme des Geistes"*, auf die Inspirationen und Intuitionen von innen und oben her. Nichts anderes meinte der Rat der Psalmen (37, 7):

„Sei stille dem Herrn und warte auf ihn." „Seid stille und erkennt, daß Ich, Gott, bin." (46, 11) und das Bekenntnis (62, 2): *„Meine Seele ist stille zu Gott, der mir hilft."*

Der gleichen Erfahrung der Menschen des Ostens gab Hari Prasad Shastri Ausdruck: „In der Stille der Meditation versuchen wir, auf dem Wege nach innen zur ‚Großen Ursache' zu gelangen. Wie ein Strom lauterer ist an seiner Quelle als in seiner Mitte oder an der Mündung, so wird die Meditation immer reiner und klarer, je weiter wir in der Stille aufwärts zu ihrer Quelle vordringen. Alsdann setzt die Meditation die Intuition in Tätigkeit — jenen Sinn, der uns befähigt, uns der absoluten Wahrheit zu nähern, die latent in jedem von uns vorhanden ist." —

An die Stille wiederum schließt sich die *Sammlung* oder Konzentration an, die dazu dient, das kleine Ich zum schweigen zu bringen, weil wir nur, wenn das Niedere schweigt, die leise Stimme des Höheren Selbstes in uns vernehmen und zu lebendiger Bewußtheit gelangen.

Mit dieser Bewußtheit hängt die bejahende Einstellung und rechte Meditationshaltung zusammen:

Unbedingte Notwendigkeit ist hier das *Schweigen* auch nach *außen* hin. Rede möglichst wenig mit anderen über Gott, Unendlichkeit, Seele, Unsterblichkeit und andere Dinge, die Dir heilig sind. Du entweihst sie nicht nur durch zweckloses Diskutieren, Du erniedrigst das, was über allem „Begreifen" steht, wenn Du Absolutes in endliche Begriffe wandelst, Unendliches in endliche Formen zwängst. Das Göttliche gehört der Stille an, nicht dem lauten Getriebe des Alltags; dort, im äußeren Leben, mögen Deine *Werke* offenbaren, wie weit Du das Göttliche in Dir bereits verwirklicht hast. Wird das beachtet, fällt uns der Eintritt in die Meditation von Mal zu Mal leichter, bis das äußere Milieu bedeutungslos geworden ist.

Wer so weit vorgeschritten ist, vermag in jeder Situation zu meditieren. Sitzt er in der Eisenbahn, wird ihm nach kurzer Entspannung das regelmäßige Geratter des Zuges zum rhythmischen Selbstbefehl: „Vorwärts gleit' ich! Aufwärts will ich! Vorwärts gleit' ich! Aufwärts will ich!", und er versteht nicht, wie ein Mensch durch das Reisen ermüdet werden kann; denn ihm ist alles, was er tut, zu einem Quell der Kraft und der Freude geworden. Muß er irgendwo warten, benutzt er auch diese Zeit, um sich im „Stille-Sein" zu üben oder im Zehnsekunden-Rhythmus das Kraftwort *Ruhe* in sich schwingen zu lassen. Hat er einen Gang zu erledigen, erfrischt ihn nicht nur die Luft und lächelt ihm nicht nur die Sonnigkeit der Natur entgegen, sondern er wird selbst zu einem lebendig schwingenden Kraftzentrum: Sein Gang kommt durch einen positiven Kraftgedanken in einen Rhythmus, der mit dem des Atems und Denkens in Harmonie steht, das heißt: Gehen, Atmen und Denken sind *ein* Rhythmus. Und in ihm singt es: „Leicht schwebe ich, mein Gehen ist ein Gleiten!", sein Atem hebt ihn mit jedem Schritt empor. Gleich wo er ist und was er tut, so oft wie möglich überläßt er sich diesem inneren Rhythmus und schöpft bewußt Kraft aus allem, was er tut ...

≈

Doch zurück zum Meditations-Vorgang: Ist die Stufe des Stilleseins und der Sammlung erreicht, folgt entweder das *Mantram,* dessen Form und Anwendung im weiteren erläutert wird, oder die Hinwendung auf das Ziel oder den Gegenstand der Meditation mit Hilfe einer entsprechenden Meditationsformel oder -Vorlage.

In der Betrachtung derselben verschmilzt das Bewußtsein des Meditierenden allmählich mit dem inneren Wesen des Betrachteten. Meditations-Objekt und meditierendes Subjekt werden *eins.* Das heißt: Das Betrachtete wird im Innern lebendig. Das vollkommene Idealbild des Betrachteten wird zu einem lebendigen Bestandteil der Seele. Diese Verschmelzung von Denker und Denkobjekt ist der wichtigste Vorgang der Meditation. In diesem Zustand lebendig-schöpferischen Gestaltens und Kristallisierens verharre man einige Zeit.

Die Verschmelzung wird gefördert durch eine entsprechende *Bejahung: „Das Gestaltete möge zu einem lebendigen Bestandteil meiner Seele werden. Es möge sich in meinem Leben verwirklichen und auswirken. Es möge sich verwirklichen, es möge Tat werden!"*

Damit ist der höchste Punkt der Meditation erreicht; bei weiterem Verweilen würde die Hinwendung zur Kontemplation eingeleitet.

Es folgt die Rückkehr aus der Meditation, die aus dem Stillesein hervorgeht. Man verharrt in der Stille eine Minute, wobei man die Aufmerksamkeit erneut auf den Atemrhythmus richtet. Man fühlt, daß jeder Atemzug ein Kräfteholen aus dem All ist zur Festigung und Verwirklichung des Gestalteten. Danach langsam Augen öffnen und bewußt in den Tag und das Wirken hinübergehen.

≈

Selbstverständlich sind mit dieser schematischen Andeutung die Möglichkeiten der Meditation nicht erschöpft; hundert Menschen werden hundert verschiedene Arten der Meditation entwickeln. Im großen und ganzen aber ist der Weg bei *Objekt-Meditationen* so, wie eben gezeigt. Auf die *Ziel*-Meditation und die religiöse Meditation kommen wir noch zu sprechen.

Es ist jedoch nicht so, daß der Übende sich nun sklavisch an die hier gegebenen Muster halte und danach seine Übungen gestalte. Jeder hat einen anderen inneren Rhythmus; in jedem spielen sich die inneren Werde- und Wandlungs-Prozesse anders ab. Es sei daher noch einmal wiederholt, daß alle Beispiele nur aus der Praxis erflossene *Anregungen* darstellen, die ihren Zweck erfüllt haben, wenn sie dem Übenden zum Anreiz wurden, es — besser zu machen.

Von der geistigen Seite des Lebens aus betrachtet hat jene Einstellung, die wahren Frieden und Fortschritt in sich birgt, einen dreifachen Aspekt: *Vertrauen, Hingabe* und *Beharrlichkeit*.

Dein *Vertrauen* auf Deine Innen-Kräfte, auf die unendliche Macht Gottes in Dir, muß absolut und unerschütterlich werden. Erwecke dies Vertrauen in Dir, glaube unbeirrbar an die Kräfte der Seele, lausche oft nach innen, und Du wirst fühlen, wie als Antwort Sorge und Zweifel schwinden.

Hingabe heißt, das, was Du bist, ganz, rein und aufrichtig zu sein. Wahre Hingabe ist Demut und schweigendes Sich-Neigen dem Ewigen gegenüber, stilles Verlangen nach dem Einswerden mit dem Ewigen, frohe Erwartung der Offenbarung Seiner Liebe und ruhiges

Lauschen auf Seine Stimme. Nur dem, der sich Gott ganz hingibt, wird auch Gott sich ganz hingeben.

Beharrlichkeit sei das dritte. „Wisse, wage, wolle!" ist ein uralter magischer Spruch, der sich auch hinter diesen drei Forderungen verbirgt: Das Wissen ist der Mut, das Vertrauen, das in Dir mit jedem Schritt vorwärts mit neuer Kraft emporlodert; das *Wagen* ist das unbedingte Hinneigen zum Göttlichen, geboren aus dem Vertrauen auf seine Kraft und Hilfe; das *Wollen* ist das feste Beharren auf dem einmal beschrittenen Pfade. Nicht ermüden, immer neue Kräfte aus dem Innern schöpfen und beharrlich betätigen, das ist es, was der Übende lernen muß. Unablässig muß er sich der Richtung seines Strebens bewußt sein. Er muß sich stets von neuem vergegenwärtigen, daß alles, was er sucht, in seinem Innern schlummert, und daß er mit diesem Lebensquell in ihm im Schweigen der Meditation eins wird. Wird die Meditation durch regelmäßige Übung zur Gewohnheit, dann entfallen mit der Zeit die hier genannten Vorbedingungen und Vorstufen von selbst. Der Übende findet dann früher oder später *seinen eigenen Weg nach innen*. Und eben darauf kommt es an!

Alle im weiteren gegebenen *Meditations-Beispiele und -Anregungen* wollen einzig und allein der Findung des eigenen Weges durch den Meditierenden dienen.

≈

Um gleich ein Beispiel zu geben, sei die Meditationsübung einer Weisheits-Schule des Ostens geschildert. Dem östlichen Denker bedeutet Meditation Aufgeben des niederen Ich-Willens und Sich-Öffnen dem All-Willen. Er geht in die Stille, um neues Licht, neue Kraft, neue Stärke aus der Einen Quelle alles Lebens zu empfangen, und zwar wie folgt:

1. Entspannung, Augen schließen, Atemübung und Herbeiführung der Gedankenruhe.

2. Sammlung auf die innere Einheit und die Einheit mit dem Urquell aller Kraft.

3. Völlige Hingabe an das Eine Leben, das in seiner ganzen Fülle in den Meditierenden einströmt. Alles in ihm ist schweigendes Lauschen, heilige Stille. Kraft-Ströme höchster Seins-Bewußtseins-Seligkeit (Sat-Chit-Ananda) quellen aus den Tiefen des Überbewußtseins herauf und suchen im Meditierenden Gestaltung, kosmische Lichtkräfte strömen in ihn wie in einen Trichter hinein. Er ist wie ein Flußbett, durch den der kosmische Lebensstrom flutet. Er umfaßt diese Kraft mit Hingabe und Liebe und eint sich mit ihr.

4. Hinaussenden von Gedankenströmen der Liebe, Kraft und Stärkung an alle Leidenden und Suchenden. Der Meditierende weiß sich mit allem Leben, allen Wesen eins, er fühlt, wie Ein Geist alles Sein trägt und erhält. Und in ihm ist ein Widerhall der Wellen der Dankbarkeit und Liebe, die von ihnen zu ihm zurückströmen.

5. Stille, schweigendes Bejahen:
Friede, unendlicher Friede, Ruhe, unendliche Ruhe ist in mir, Freude, unendliche Freude, Kraft, Harmonie und Liebe ist in mir. In mir ist Friede, Freude, Liebe!"

6. Schweigen. Freude und Seligkeit erströmt aus tiefsten Urgründen des Seins. Es ist in Wahrheit, um mit *Curtis* zu sprechen, ein „Entzückungszustand, in dem das menschliche Bewußtsein über die Grenzen der Sin-

nenwelt hinausgeht, währenddessen alle Empfindung der Persönlichkeit geschwunden ist."

7. Konzentration auf den Atemrhythmus und Rückkehr in die Sinnenwelt.

≈

Eine andere Variante ist die *buddhistische Meditation*. Hier als Beispiel eine ausführlichere Anweisung, die der weltliche Anhänger Buddhas für seine *Abend-Meditation* erhält:

„Die Abendandacht ist von den täglichen Meditationen die wichtigste. Es ist daher erforderlich, daß Du sie mit besonderer Aufmerksamkeit und Konzentration durchführst. Um Dich zu sammeln, vertiefe Dich in einen nicht allzu langen Lehrtext. Bemerkst Du, daß die Gedanken noch abschweifen wollen, nimm zur Herbeiführung der Sammlung eine kurze Atemübung vor. Alsdann beginne mit der Übung und sprich zu Dir mit größerer Andacht:

„Ich nehme meine Zuflucht zum Buddha! Ich nehme meine Zuflucht zur Lehre! Ich nehme meine Zuflucht zur Gemeinschaft der Erwachten!"

Es neigt der Tag sich seinem Ende zu, und mit ihm bin ich dem Tode und dem Jenseits des Todes wieder um einen bedeutsamen Schritt nähergekommen. Alles, was ich heute in Gedanken, Worten und Werken an Gutem verabsäumt und an Bösem getan habe, wird mir nachfolgen und mitbestimmend sein für die Zukunft, die meiner nach dem Abschluß dieses Erdenlebens wartet. Und so ist es nur weise und höchst heilbringend, wenn ich mir ehrlich und streng über mein Tun und

Lassen an dem nun verflossenen Tage Rechenschaft ab-
lege und mich frage:

1. Habe ich irgend ein Wesen getötet, gequält oder
geschädigt? Habe ich solches seitens eines anderen gutge-
heißen? Habe ich einen anderen dazu veranlaßt? Bin
ich auch nur in Gedanken grausam und ohne Erbarmen
gewesen?

2. Habe ich Nichtgegebenes genommen? Habe ich sol-
ches bei einem anderen gutgeheißen? Habe ich einen
anderen dazu veranlaßt? Bin ich auch nur in Gedanken
diebisch gewesen?

3. Bin ich unzüchtig gewesen in Worten oder Werken?
Habe ich unzüchtige Handlungen oder Worte anderer
gutgeheißen? Habe ich einen anderen zur Unzucht ver-
anlaßt? Bin ich auch nur in Gedanken unzüchtig ge-
wesen?

In der gleichen vierfachen Weise legt man sich die
folgenden Gewissensfragen vor:

4. Habe ich gelogen oder betrogen? 5. Habe ich über
jemanden üble Nachrede geführt? 6. Habe ich gemeine,
rohe oder auch nur barsche Worte gegen jemanden ge-
braucht? 7. Habe ich unnütze Gespräche geführt oder
mich an solchen beteiligt? 8. Habe ich mich durch den
Genuß geistiger Getränke berauscht? 9. Bin ich im Es-
sen unmäßig gewesen? 10. Habe ich durch Anlegen von
Schmuck, durch Verwendung von Wohlgerüchen und in
der Art meiner Kleidung der Eitelkeit gefrönt und
meinen Körper über Gebühr zu verschönern getrachtet?
11. Habe ich heute verabsäumt, ein Werk der Barm-
herzigkeit zu vollbringen? 12. Habe ich Rache geübt
und Böses mit Bösem vergolten? Habe ich einem, der
mir Böses tat, noch nicht vergeben? 13. Bin ich lässig in

der Erfüllung meiner religiösen Pflichten gewesen?
14. Habe ich durch Nachlässigkeit ein Wesen geschädigt? 15. Habe ich nach etwas, was einem anderen gehört, gegiert? 16. Habe ich Übelwollen gehegt und bin ich auf die Schädigung eines Wesens bedacht gewesen? 17. Bin ich in meinem Benehmen, in Worten oder Gedanken ohne Scham und Pietät gewesen? 18. Sind mir Zweifel am Walten der sittlichen Weltordnung aufgestiegen? Bin ich mir bei meinem Tun und Lassen stets bewußt gewesen, daß ich in einen endlosen Lauf von Wiedergeburten verstrickt bin und daß mein Bestreben vor allem auf die Sicherung meiner endlosen Zukunft jenseits des Todes gerichtet sein sollte?

Wie, wenn der morgige Tag der letzte meines Lebens wäre und ich mit nicht zur Umkehr geneigtem Geiste das dunkle Tor des Todes durchschreiten müßte? Unsagbar traurig würde sich die Zukunft nach dem Tode gestalten, wenn ich, mit Schuld und Unreinheit belastet, ohne klare Erkenntnis meiner Lage und ohne den Entschluß, allem Bösen und Niedrigen völlig zu entsagen, von hinnen gehen müßte!

So lege ich denn in diesem Augenblick das feierliche Versprechen ab, den Kampf mit nicht wankender Energie fortzuführen und stets dessen eingedenk zu sein, daß nur unermüdlicher Eifer mich auf dem Pfade vorwärts bringt. Ich entsage der Selbstsucht in jeder Form; ich entsage insonderheit diesen ihren Äußerungen, die ich soeben an mir erkannt habe; darum: Niemals wieder! Niemals wieder! Das hehre Vorbild des Meisters leuchte mir voran und verleihe mir Kraft in der Stunde der Schwäche. Namo Buddhaya!"

Nunmehr nimm die Segnung vor, indem Du still zu

Dir das folgende Metta-Sutta betest, wobei Du die Hände segnend erhebst:

»Mögen alle Wesen glücklich und sicher sein und frei
    von Schmerz!
Was es auch gibt an lebenden Geschöpfen,
Ob sie bewegen sich, ob festgebannt an ihrer Stätte,
Ob groß sie seien oder klein, ob schwach und winzig,
Ob sichtbar oder unsichtbar sie sind,
Ob fern sie weilen oder nah,
Ob sie geboren sind, ob der Geburt sie harren:
Glückselig mögen alle Wesen sein!
In meinem Geist erweck' ich gütige Gesinnung,
Allseitig, maßlos für die ganze Welt! . . .
Wie eine Mutter schützt das einz'ge Kind mit ihrem
    Leben,
So hege grenzenlose Güte ich zu allen Wesen!
Die Kraft der Güte sei heut und immerdar mein
    Halt!
Friede allen Wesen! Verehrung dem Erwachten!«

Nunmehr kleide Dich aus und konzentriere Dich während dieser Zeit auf den Gedanken: »Die Güte ist des Geistes Erlösung; die Kraft der Güte sei mein Halt und meine Stärke! Von diesem Geiste erfüllt, spreche ich: Friede allen Wesen in der weiten Welt!«

Hast Du Dich niedergelegt, spricht nochmals zu Dir:

»Die Kraft der Güte ist mein Halt, meine Stärke und meine Wehr. Friede allen Wesen!«

Diesen Gedanken halte fest, bis der Schlaf über Dich kommt!«

≈

Bei der Meditation geht es immer wieder darum, in der erreichten Stille mit dem richtigen Meditationsmotiv einzusetzen. Das Bewußtsein ist empfänglich gemacht und harrt des Kommenden. Meister *Eckehart* nennt diesen Augenblick den Zustand „ane bilde", das heißt, ohne Bilder, ohne Vorstellungsinhalt. Es ist ein Vakuum entstanden, das gierig den ersten Gedanken, der sich an den Rand des Bewußtseinsblickfeldes wagt, in sich hineinsaugt und verarbeitet.

Dieser Moment ist es auch, in dem das *Gebet* nicht mehr Wort ist, sondern *Tat* wird, da durch die Inbrunst des Gebets „in der Betrachtung ein Feuer entzündet wird" (Psalm 38). Subjekt und Objekt verschmelzen zu eins; der Meditierende macht sich von Gott keinen Begriff mehr, er kann, da er sich auf der höchsten Stufe der Meditation, der Kontemplation, von Gott nicht mehr getrennt sieht, Gott auch nicht mehr anschauen — da dies ja Getrenntsein voraussetzt —, sondern er weiß nur noch, daß in ihm selbst Gott als sein Selbst lebt und wirkt. Er und das Göttliche, Strom und Meer sind *eins*. Nicht mehr unterscheidet sich der Strom vom Meer, vielmehr ward er, indem er sich hingab, selbst zum Meer ...

ÜBERGANG IN DEN TAG

Die Rückkehr aus der Meditation sei, um den Kreis harmonisch zu schließen, in ihren einzelnen Phasen ein verkleinertes Spiegelbild des In-die-Stille-Gehens. Sie geschehe mit dem gleichen Rhythmus, mit dem Du in die Stille hineingingst. Aus der Stille gehe also langsam in den Atemrhythmus über oder laß der Besinnung auf den Atem ein Mantram vorangehen. Wiederhole es mehrere Male, zum Schluß immer leiser werdend. Gut ist es, ein einmal gewähltes Mantram, z. B.: „O, du mein Gott in mir!" oder ein ähnliches immer beizubehalten. Dem gleichen Zweck kann eine *Bejahung* dienen wie diese:

„Ich kehre mit neuer Kraft und neuem Schwung an mein Tagewerk zurück, dessen Meisterung mir von Tag zu Tag vollkommener gelingt!"

Ist das Mantram oder die Bejahung innerlich gesprochen, folgen einige Sekunden Stille; daran schließt sich wieder das Bewußtsein des Atemrhythmus. Das Ziel und Ergebnis Deiner Meditation ersteht noch einmal in leuchtender Form vor dem inneren Auge.

Danach werden die äußeren Augen geöffnet, dabei tief eingeatmet und das geistig Sichtbare fest im Innern verankert. Dann einige Sekunden stillesitzen, damit die Neueinschaltung in die Außenwelt möglichst harmonisch sei. Atme noch einmal herzhaft ein und aus, recke und strecke den Körper und gehe dann an Deine Tagesarbeit.

HINDERNISSE BEI DER MEDITATION

Hindernisse, die sich dem Meditierenden in den Weg stellen, sind durchweg von ihm selbst geschaffen, haben ihre Wurzel in ihm und können daher auch von ihm beseitigt werden. Die häufigsten sind:

1) Äußere Hindernisse: Zu ihnen gehören Nichtbeachtung der Vorbedingungen rechter Meditation, körperliche Belastung durch überreichliche Mahlzeiten, durch Überanstrengung, Erschöpfung, Anfälligkeit, Krankheit, weiter unzureichende Konzentration infolge negativer Umgebung, schlechter Gesellschaft, Sinnlichkeit, Geöffnetsein nach außen, Beschäftigung mit zerstreuender Lektüre, Empfänglichkeit für Fremdeinflüsse, auch seitens der Massenmedien, nach deren Abstellung die Nachinnenwendung und Einkehr in die Stille und Meditation leichter fällt.

Meditieren kann man nur, wenn die Einflußnahme der Außenwelt auf das Innere abgestellt, das Gemüt von äußerem Wissen und Geschehen unbelastet und frei ist. Dies machte ein Zen-Lehrer einem Professor aus Tokio bewußt, als dieser ihn aufsuchte, um das Meditieren zu erlernen:

Der Zen-Lehrer reichte dem Gast eine Teeschale und schenkte ihm Tee ein, wobei er unentwegt weiter goß, so daß die Schale überlief und der Tee sich auf den Boden ergoß. Auf die verwunderte Frage des Professors, was das solle, erklärte der Lehrer:

„Füllen kann man nur, was leer, nicht, was voll ist. Sie kommen mit einem bis obenhin angefüllten Geist voller Vorstellungen und Meinungen, Wünsche und Süchte, voller ‚Mein‘ und ‚Dein‘. Wenn Sie meditieren lernen wollen, müssen Sie zuvor Ihren Geist leeren, alles angelernte Wissen und Wähnen lassen und vergessen und zum Selbstdenken bereit sein. Wenn Sie das gelernt haben, werde ich Sie gern unterweisen."

2) Störungen durch negative Gedanken: Zu diesen gehören alle Sorgen- und Angst-Regungen, Mißgunst, Neid- und Haßgefühle und andere Falschgedanken. Sie sind nicht gewaltsam überwindbar, durch Willensimpulse, die nur verstärkten Widerstand und erhöhten Energieverlust auslösen, sondern nur durch *Nicht-Widerstehen:* durch gelassene Hinwendung der Aufmerksamkeit auf entgegengesetzte gefühlsstärkere positive Vorstellungen, durch deren Festhalten im Blickfeld des Bewußtseins die negativen Gedanken an Kraft verlieren und streitlos zum Abklingen und Verschwinden gebracht werden.

3) Abschweifen der Gedanken: Anfänger klagen oft darüber, daß ihre Gedanken während der Sammlung oder schon bei der Entspannung abgleiten und mit anderen unerwünschten Gedanken ins Bewußtsein zurückkehren, als ob sie ein vom Ich unabhängiges Eigenleben führen. — Die Ursache liegt im Mangel an Konzentration und wird durch beharrliche Übung der Konzentration, durch immer erneute gelassene Hinwendung auf positive Gedanken der Liebe, Ruhe und Harmonie und Einsenkung in den Frieden des Innern beseitigt. In der friedevollen Stille des Innern werden die unruhigen Gedanken unbewegt und unwahrnehmbar.

Zwei weitere Wege schlägt hier Swami *Ramdas* vor:

„Wir werden Herr abschweifender Gedanken, wenn wir uns von ihnen lösen und ihnen gegenüber die Rolle des unbeteiligten *Zuschauers* einnehmen. Wir werden dann feststellen, wie die Gedanken allmählich verschwinden und der Geist still wird. Es bleibt dann nur das Schweigen des Innern, mit dem wir vollkommen eins sind. Das ist der eine Weg, schweifende Gedanken anzubinden, zu bändigen und den Geist zu befrieden.

Der andere Weg besteht darin, daß wir die Gedanken gelassen schweifen lassen, sie also weder kontrollieren noch ihnen entgegentreten. Wir bringen vielmehr jeden Gedanken, jeden Gegenstand, an den der Geist denkt, bewußt in Beziehung zu *Gott*. Auf diese Weise wird das Denken an Gott unseren Geist so vollkommen beschäftigen, daß für anderes kein Platz mehr ist. Unser Geist wird sich immer inniger auf Gott hin und in Gott bewegen; denn wohin kann er noch schweifen, wenn alles, was ist, als Ausdruck Gottes bejaht wird. Der Geist kann dann nicht anders als gänzlich in seine eigentliche Heimat, den unendlichen Frieden Gottes, einzugehen."

4) Grübelsucht: Hiergegen hilft außer der Umschaltung auf gefühlsstärkere positive Vorstellungsbilder — nach dem Grundsatz, daß immer nur *ein* Gedanke zur Zeit im Bewußtsein weilen kann, der dort jeweils herrschende von *uns* bestimmt und schließlich zum allein entscheidenden und richtungbestimmenden wird — auch die Besinnung auf die Wahrheit, daß Grübeln zum *Verkennen* der Wirklichkeit führt, die Einkehr in die Stille hingegen zum *Erkennen*. Die Grübelsucht schwindet im übrigen mit der Gewöhnung an Konzentration von selbst; denn sie zeigt ja nur an, daß die Konzentration noch nicht genügend gemeistert wird und die *Hingabe* an die Stille des Innern noch unzureichend ist. Gerade diese Hingabe ist das beste Mittel, Grübelsucht und ähnliche Anwandlungen zu überwinden. Denn Hingabe bedeutet Entspannung, führt zur Stille und zum inneren Frieden und erleichtert die Sammlung auf den Gegenstand der Meditation.

5) *Störungen durch Fremdeinflüsse:* Anfänger fühlen sich zuweilen durch die Wahrnehmung fremder Gedankenwellen oder -impulse gestört und meinen, sie würden von dritter Seite negativ beeinflußt. Solche Mißgefühle sind Folgen seelischer Passivität, die nicht Sinn der Meditation ist. Hiergegen hilft die Umschaltung auf entsprechende Bejahungen, etwa diese:

„Ich bin von einer schützenden spirituellen Hülle umgeben, die mich von allem Niederen trennt und fernhält. Ich bin bewußt verbunden mit des Geistes reiner Lichtwelt. Nichts Niederes kann sich mir nahen. Was mir verwandt ist, nehm' ich mit Liebe auf. Doch alles Fremde gleitet ab. Alles Lichtwärtsstrebende im All verbindet sich mit mir. Ich bin licht und stark!"

Oder wir besinnen uns von vornherein auf die fundamentale Tatsache, die uns in der Meditation mit der Zeit immer stärker bewußt wird:

„Gott in mir ist mein innerer Helfer. Durch die Kraft Gottes in mir bin ich allem Äußerem überlegen."

6) *Störung durch Stimmungen:* Aufsteigende Verstimmungen, Depressionen, pessimistische Anwandlungen, Selbstmißtrauen, Zweifel und andere Mißgefühle überwinden wir wie die vorgenannten Hindernisse durch Hinwendung auf den Frieden des Innern, der uns erfüllt und hochstimmt, oder durch eine der Selbstbesinnung dienende Bejahung, die uns Stimmungen jeder Art überlegen macht:

„Ich bin rein und ungetrübt. Wie Wasser rein ist,

aber durch die Berührung mit der Erde getrübt und unklar wird, so bin ich in meinem wahren Wesen rein; nur die Berührung mit der Erde hat mich, den Gottes-Funken, verhüllt, verborgen. Wie beim Wasser die ursprüngliche Klarheit und Helligkeit wieder zum Vorschein kommt, wenn es gereinigt wird, so wird in mir der innere Mensch, das Selbst in schweigender Betrachtung und Selbst-Besinnung wieder sichtbar als das, was es jetzt und immer ist: Licht vom Lichte Gottes. Ich bin Geist von Gottes Geist, bin meiner Geistigkeit mir voll bewußt!«

7) Ungeduld: Jeder Versuch, aus Ungeduld vorzeitig Fortschritte und bestimmte Ergebnisse der Meditation erzwingen zu wollen, die nur dem sich Hingebenden als Geschenke von innen zuteil werden, wirkt sich als Hemmnis aus. Das dürfte verständlich sein; denn solange wir etwas erreichen wollen, sind wir gespannt und unfähig zur gelassenen Einsenkung in die Stille der Meditation. Wir verbauen uns damit selbst den Weg nach innen, blockieren die Kräfte der Seele und hindern sie an ihrer organischen Entfaltung.

Der Schlüssel zur Meditation liegt nicht im Tun, sondern im *Lassen.* Es geht hier um das Lösen vom äußeren Wollen und um das Wirkenlassen des inneren Lebenskraftstromes. Solange wir auf bestimmte Erfolge lauern, vereiteln wir sie.

Die Meditation ist ein innerer Reifeprozeß, der seine Zeit braucht. Wie man bei einem in die Erde gesenkten Samenkorn nicht alle Tage ungeduldig oder neugierig nachgraben und das Wachstum verfolgen kann, sondern warten muß, bis der Keim aus der Erde hervorbricht, so kann man auch den Wachstumsvorgang und -fortschritt bei der Meditation nicht belauern, sondern muß den organischen Prozeß des inneren Werdens ungestört lassen und gelassen abwarten, bis der Keim des neuen Lebens aus dem Mutterboden der Seele hervorbricht und der Gewinn der Meditation erkennbar wird.

8) Schläfrigkeit: Vor dem Eintritt in die Meditation stellt sich dem Übenden zuweilen die Schwierigkeit des ‚Bewußtbleibens' entgegen in der Form plötzlicher Müdigkeit oder Schläfrigkeit. Diese innere Trägheit und Passivität zeigt, daß die Konzentration noch nicht gemeistert wird. — Sowie man Schlafneigung spürt, trete man ihr mit einer entsprechenden Bejahung der inneren Wachheit und Frische entgegen:

„Ich bin eins mit der Kosmischen Kraft. Ich bin Kraft, Frische, Leben! Alles in mir ist Offenbarung des Lebens des Geistes. In mir pulst sein lebendiger Strom und sein dynamisches Wirken!"

Die in diesem Zusammenhang erhobene Frage, ob man der Müdigkeit infolge anstrengender Tagesarbeit dadurch entgegenwirken solle, daß man Kaffee trinkt, ist dahin zu beantworten, daß an sich nichts dagegen einzuwenden ist, daß jedoch die wachhaltende Kraft des *Geistes,* einmal bewußt aktiviert, weit wirksamer ist als alle äußeren Mittel. Wer sich vor der Meditation auf diese überlegene Macht des Geistes und darauf besinnt, welchen *Gewinn* die Meditation mit sich bringt, bleibt von selbst wach, aufmerksam und aufgeschlossen.

Falsch ist es hingegen, gegen Müdigkeit anzukämpfen. Es schadet nämlich nichts, wenn man bei Meditationsübungen anfangs hier und da in den Schlaf hinübergleitet, weil man dann ja positive Impulse mit in den Schlaf hineinnimmt, tiefer schläft und nicht nur frischer, sondern oft auch mit neuen Einsichten und Eingebungen aufwacht. Mit der Zeit weicht die Schläfrigkeit im übrigen von selbst wachsender geistiger Wachheit und Lebendigkeit.

9) *Innere Hemmungen:* Plötzlich auftauchende Hemmungen rühren oft daher, daß über ein Objekt meditiert und die nötige Erkenntnis erlangt, im praktischen Leben aber nicht danach gehandelt wurde. Da die durch die Meditation herbeigeführte Zieleinstellung nach *Tat* drängt, führt das anschließende Nichttun zu innerem Zwiespalt. Man sollte nur meditieren, wenn es einem um die Durchführung des in der Meditation als richtig Erkannten auch ernst ist. Für eine bloße Spielerei kommt die Meditation wegen der in ihr erwachenden Kräfte nicht in Frage; hier gilt das Wort von den Geistern, die gerufen wurden und dann nicht mehr zu meistern sind: es entstehen Rückschläge, die auf die innere und äußere Entwicklung hemmend einwirken.

Man vergesse niemals, daß die Meditation dem Erwachen des Höheren, Göttlich-Unsterblichen in uns und seiner Herrschaft über das Niedere dienen will. Mit Recht unterscheidet man beim Menschen die ‚*Persönlichkeit*' (vom lateinischen „persona": die Maske) als den stofflich-vergänglichen äußeren Menschen von der ‚*Individualität*', dem unteilbaren, unsterblichen Innen-Menschen, dem göttlichen Selbst, das im ‚Ich'-Menschen erwachen soll. Natürlich kämpft das Niedere aus Selbsterhaltungstrieb gegen das Höhere an. Hinwendung zum Göttlichen in Stille und Meditation setzt Abwendung vom Niederen voraus. An dem, der dies nicht beachtet, rächt sich das Niedere auf seine Weise. Das heißt nicht, daß man gegen seine niedere Natur ankämpfen soll, vielmehr gilt es, sie langsam und unaufhörlich in die höhere Natur hinaufzusteigern, sie zu wandeln, zu veredeln, zu vergeistigen, um sich so allmählich aus dem Bann der Mâyâ zu lösen.

10) Ein weiteres Hindernis bei der Meditation ist oft die Anhänglichkeit an einen äußeren Lehrer, Guru oder Meister und an bestimmte Methoden. Denn jede *Nachfolge* bedeutet, daß man weithin fremden Wegen folgt und Gefahr läuft, vom eigenen Wege abzukommen.

Alle Wegweisung durch andere hat nur soweit Sinn und Wert, als sie den Wahrheitssucher auf den *eigenen Weg* verweist. Denn, wie der Mystiker sagt, „kein vorgezeichneter Pfad ist der rechte Pfad; den rechten Weg muß man in sich selber finden, bis man sich selber zum Wege geworden ist, bis der Schreitende, der Weg und das Ziel eins sind."

Der einzige Lehrer, dem wir bedingungslos folgen sollten, ist der *innere Führer und Helfer,* der Christus in uns, das göttliche Selbst. Von ihm geleitet, können wir nicht in die Irre gehen.

Diese Wahrheit muß manchem Yoga- und Geheimschüler bewußt gemacht werden, der darüber klagt, daß er trotz persönlicher Anleitung durch einen Meister oder Initiator in vieljähriger Meditationspraxis nur geringe oder keine Fortschritte erzielte. Was er geübt hat, war keine Meditation, kein Herzdenken. Denn Meditation ist ja Fundament und Garant ständigen geistigen Fortschritts und Wachstums, das schon nach kurzer Zeit mannigfach in Erscheinung tritt, wenn man einmal von jeglicher äußeren Führung auf den inneren Führer und Schicksalslenker umgeschaltet hat.

11) Furcht vor Einsamkeit: Diese Regung kann gleichfalls auf verschiedenen Stufen der Meditation auftreten. Man fühlt sich plötzlich in der Stille allein, dem Göttlichen gegenüber; alle Grundlagen sind dem Ich gewissermaßen entrissen. Nirgends ein Platz, wo man fest stehen kann. Plötzlich wähnt man sich schwach; Sehnsucht steigt auf nach der Rückkehr ins äußere Leben, zu den Menschen; man fühlt sich nicht imstande, es länger in der Einsamkeit des Innern auszuhalten.

Es ist die erste Begegnung mit dem sogenannten ‚Hüter der Schwelle‘. Eine Unterbrechung der Meditation sollte hier jedoch auf keinen Fall erfolgen, vielmehr werde man sich der Haltlosigkeit der Furcht durch Umschaltung auf etwa folgende Bejahung klar bewußt:

„All das Schöne und Lichthafte, nach dem ich mich plötzlich sehne, ist in mir, nicht draußen in der Welt. Mein Sehnen nach Licht und Freude ist das süße Ahnen, daß diese Kräfte aus den Reichen des Lichts mir innerlich unendlich nahe sind. Draußen ist Schein; in mir ist Wirklichkeit. Ich brauche den äußeren Abglanz nicht mehr, denn ich weiß: in der Stille eine ich mich den lebendigen Urbildern all dieser Dinge. Nicht fern von mir sind Liebe und Freude, sondern in mir bin ich mit ihrem wahren Wesen eins! Ich bin im Innern lebendiger denn je mit allem Leben, allen Wesen eins!“

Wird das beharrlich bejaht, dann erfolgt der Durchbruch aus dem Dunkel der Einsamkeit in die Helle beglückender *Allgemeinsamkeit* und in die Seligkeit der Allgeborgenheit.

Zugleich wird einem lebendig bewußt, wie unerläßlich es war, von jedem äußeren Lehrer und Führer frei und ganz der inneren Führung bewußt zu werden und in der Hingabe an sie zur Partnerschaft mit dem ‚Gottfreund im Innern‘, zum Einssein mit dem Christus in uns zu gelangen.

12) Furcht vor der Stille: Wie in der Schwerelosigkeit des freien Weltenraumes der Mensch zuerst von Schwindel gepackt wird, so ergreift das Gefühl der plötzlichen Freiheit, das aus der Meditation erquillt, den Menschen zuerst wie ein Empfinden völliger Losgelöstheit von allem, was ihm bisher vertraut war. Das Schweigen starrt ihn an, es ist ihm, als wäre er allein auf ewigen Eisfeldern, und Furcht packt ihn vor dem Rätsel der Stille.

Auch diesem letzten Feind in Dir, dem niederen Ich, das sein Entwerden fürchtet, tritt mit bejahenden Kraftgedanken entgegen:

„Die Stille ist nichts, was zu fürchten wäre. Sie ist der beste und einzige Freund des erwachenden Menschen. Ich liebe die Stille mit ganzer Inbrunst, denn sie ist der Weg zu Gott. Meine Seele erzittert vor Wonne und Entzücken, weil sich ihr im Schweigen der Weg zur Vollendung erschließt.

Ich liebe die Stille, denn unendlich nahe bin ich in ihr dem Quell alles Lebens. Ich bin ganz innen; Freude quillt auf und erfüllt die Stille mit Wärme und Licht. In diesem Licht erkenne ich beglückt, daß aus Allein-Sein Alleins-Sein ward!"

ERGEBNISSE DER MEDITATION

Der Mensch ist der Schöpfer seiner Gedanken und dadurch seines Geschicks. Wie viel Wertvolles kann er von früh bis spät ins Leben rufen; und wie viel Negatives, ihn selbst Schädigendes schafft er! Seine Gedanken sind seine wichtigsten Werkzeuge und Hilfsmittel; von ihrem rechten Einsatz hängt es ab, wieviel er im Leben erreicht. Aber obwohl dies schon hundertmal gesagt wurde, sehen wir die Flut negativen Denkens nur langsam abnehmen, so daß es notwendig scheint, diese Tatsache noch tausendmal zu wiederholen. Denn wir möchten, daß möglichst *alle* des Segens rechten Denkens und Tuns teilhaftig werden und die Welt allmählich ein Ebenbild des Reiches Gottes in uns werde.

Niemand schickt uns Leidvolles denn wir selbst. Und niemand nimmt den Schmerz von uns denn wir selbst — durch unser Denken und Tun, das auch dann schöpferisch ist, wenn wir uns dessen nicht bewußt sind, tausendmal mehr aber, wenn wir uns *bewußt* auf die Verwirklichung dessen konzentrieren, was wir ersehnen.

Wenn wir es aber in der Hand haben, unser Leben in jeder Hinsicht glücklicher zu gestalten, ist es dann nicht närrisch, daß wir nach wie vor das Gegenteil tun?

Doch der Mensch ist ein widerspruchsvolles Wesen: er will jede Erfahrung selbst machen, bevor er an ihre Richtigkeit glaubt, und muß sie wieder und wieder machen, bis sein zweifelsüchtiges Ich von der Unabänderlichkeit eines Gesetzes überzeugt ist. Und man kann es ihm nur schwer beibringen, daß man ihm helfen will — er glaubt es erst, wenn er sich in eine Sackgasse verrannt hat und ein langes Stück Weges mühselig zurückwandern muß. Dann wird er geneigter, einzusehen, daß es für ihn gar nicht nötig war, hinter den Dingen herzujagen, daß er vielmehr bewirken kann, daß die ersehnten Dinge von selbst zu ihm kommen — durch rechtes Denken, schöpferische Sammlung und Meditation.

≈

In der Regel steigen die verschiedensten Gedanken, mehr negative als positive zumeist, ständig in endloser Prozession ins Bewußtsein herauf, sowie wir nicht innerlich gesammelt auf ein Ziel hinstreben oder an etwas bestimmtes denken. Wenn uns solche Gedankenschwärme während der Sammlung zum Bewußtsein kommen, werden wir keinerlei Kraft an ihre Abwehr verschwenden, sondern uns ohne jede Anteilnahme von ihnen abwenden und sie durch positive Gedanken ersetzen.

Das Leben ist zu kurz und der Augenblick zu kostbar, als daß wir es uns leisten könnten, unsere Kraft mit negativen Gedanken zu vergeuden und dadurch das Gute fortzustoßen! Läßt andererseits nicht schon der flüchtige Gedanke an ein mögliches Glück, an den Besitz größerer Kraft, an einen sicheren Erfolg oder an eine Freude, die wir einem andern bereiten wollen, unser Auge heller leuchten, unser Herz rascher schlagen, unsere Haltung aufrechter werden und unser Machtbewußtsein wachsen? Wie viel größeres bewirkt aber erst das bewußte Festhalten positiver Gedanken: es führt nicht nur eine innere Wandlung herbei, sondern zugleich entsprechende Veränderungen in der Außenwelt. Und je mehr solche Sammlung auf das Gute *geübt* wird, desto schöpferischer wird sie und desto erfolganziehender macht sie uns.

Bewußtsein und Unterbewußtsein werden schließlich von selbst jeden negativen Gedanken durch einen aufbauenden Gedanken ersetzen. Dann erweist es sich bald, daß der in sich gesammelte Mensch nicht nur seine Gedanken meistert, sondern auch sein Bewußtsein, und nicht nur sein Bewußtsein, sondern auch sein Leben und sein ganzes Geschick.

Diese bewußte *innere Vorwegnahme* der Erfüllung und der Fülle ist von entscheidender Wichtigkeit. Die Wenigsten beachten, daß Leben mehr heißt als bloß da sein und notdürftig das Leben fristen. Sie kennen nichts besseres, infolgedessen nimmt ihr Bewußtsein keine Idealbilder vollkommener Verhältnisse auf, so daß ihnen die Fülle des Glücks fern bleibt. Wie falsch leben sie! Das Höchste, was sie zu ersehnen wagen, und tausendmal mehr könnten sie erreichen, wenn sie das Gewünschte gläubig zu bejahen und im Geiste lebendig zu verwirklichen lernen, wenn sie es in schöpferischer Konzentration innerlich bauen und seine Verwirklichung auch im äußeren Leben vertrauend willkommen heißen.

Es liegt bei jedem selbst, was er aus seinem Leben macht: einen Armenhaus-Aufenthalt oder eine fortschreitende Offenbarung der Fülle. *Alles ist in uns;* aber es muß in uns aktiv und schöpferisch werden, bevor es um uns herum in die Erscheinung treten kann.

Jeder von uns lebt in der Fülle; aber er bringt das Unsichtbare nur soweit zu sichtbarer Manifestation, als er sein Kommen gläubig bejaht. Wir können den Wert und die Macht gläubig und beharrlich festgehaltener Ideale nicht hoch genug einschätzen. Besäßen die Ideale, die Gedanken des Menschen nicht diese gewaltige Verwirklichungskraft — der Mensch stünde heute noch auf der Stufe, die er in der Steinzeit einnahm!

Der Erfolg einer Bejahung hängt wesentlich auch davon ab, ob wir in der *Gegenwart* denken.

Die Vergangenheit geht uns nichts an, außer wo sie uns Wertvolles zu lehren hat. Und die Verlegung von Wunscherfüllungen in die Zukunft bedeutet unnötige Hinausschiebung der Verwirklichung. Es gilt, alle Zukunft als das ewige *Jetzt* in uns zu wissen und uns entsprechend einzustellen. Was wir in der Meditation bejahen, wandelt sich im gleichen Augenblick innerlich in Wirklichkeit und wächst nun schrittweise von innen her in die äußere Welt der Wirkungen hinaus.

Die Fülle, die wir ersehnen, ist also *jetzt* schon *da,* und jeder Wunsch, den wir dem Ewigen in uns anvertraut haben, ist im gleichen Augenblick erfüllt. Die Entwicklung der Dinge nimmt sofort einen anderen Verlauf, sowie wir ein bestimmtes Ideal als Wirklichkeit bejahen, auch wenn wir diese Veränderung nicht gleich wahrnehmen. Denken wir an das Saatkorn, das, einmal dem Erdboden anvertraut, unermüdlich dem Augenblick entgegenreift, da es in die Helle des Tages aufbricht.

Um dieses innere Reifen und Wachsen zu fördern, sollten wir jeden freien Augenblick zur Bejahung positiver Gedanken und Ideale ausnützen. Wir können dadurch viele Schwächen, die uns das Leben noch schwer machen, beseitigen.

Indem wir über Ideale meditieren, kommen wir ihrer Verwirklichung näher und bringen zugleich das Negative zum Schwinden. Halten wir uns hier stets das Grundbeispiel vor Augen: die Finsternis, die von selbst zu nichts wird, wenn wir ein Licht anzünden. Wir brauchen uns von keiner Finsternis und Ungewißheit schrecken zu lassen: es gilt, durch schöpferische Meditation unsere innere Kraft zu mobilisieren und das *Licht* in uns zu entzünden, um die Dunkelheit um uns zu vertreiben. Wir haben es in der Hand, unser Leben so licht zu gestalten, wie wir wollen. Beachten wir darum die Schatten auf unserem Wege nicht mehr, sondern üben wir uns, die Sonne zu sehen und das *Gute* zu bejahen, um immer mehr Helle und Wärme um uns zu verbreiten!

≈

Wir kommen damit zu den *Meditations-Ergebnissen im einzelnen,* deren Bewußtmachung zugleich ihrer volleren Entfaltung und weiteren Steigerung dient. Es sind vor allem die folgenden sieben:

1. Erstes Ergebnis regelmäßig zur immer gleichen Zeit vollzogener Meditation ist die Wandlung des Bewußtseins und des Unbewußten, die Erneuerung, Erkraftung und Gesundung von Leib und Seele, die praktisch ein *Innewerden des Heilseins von innen her* ist.

,Heil' meint: ganz, ungespalten, ungeteilt, *eins,* weiter: unverletzt, geheilt, geheiligt und schließlich: einssein mit dem heilenden Lebensgrund, dem inneren Heiler, Heiland und Segenbringer, dem göttlichen Führer und Helfer, Christus in uns. Dem, der seiner inneren Gegenwart gewiß ward, wird alles zum Heil. Nervöse Menschen erleben, wie sie in der Meditation des inneren Friedens teilhaftig werden, wie Unruhe, Gespanntheit, Gejagtheit, Gereiztheit, Zeitdruck und Zukunftsfurcht von ihnen abfallen, Hemmungen, Verkrampfungen, Neurosen, Süchtigkeiten abklingen,

die Gesundheit wiederkehrt, die Lebenskraft zu-
nimmt.

2. Zweites Ergebnis der Meditation ist die Wieder-
erweckung des infolge weitgehender Nachaußen-
wendung verkümmerten inneren Lebens, die Aktivierung der tieferen Wesensschichten, die ‚Erneuerung
durch den Geist'. Damit einher geht die Entdeckung,
daß wir alles, was wir vergeblich außer uns suchten,
in uns finden: Kraft und Mut, Frieden und Freude,
Gewißheit und Fülle.

Daß wir in der Meditation geistig wachsen und vorankommen, spüren wir an der Zunahme der inneren
Ausgeglichenheit und heiteren Gelassenheit, der größeren Überlegenheit der Umwelt gegenüber, der
kraftvollen inneren Harmonie, der erhöhten Gedan-
kenklarheit, geistigen Wachheit, Schaffensfreude und
Lebenstüchtigkeit. Die Kraft der Begeisterung erwacht, die die Bemeisterung der Berufs- und Lebens-
aufgaben leichter macht.

3. Damit einher geht erhöhte Feinfühligkeit und seelische Ansprechbarkeit, Aufgeschlossenheit nach *außen*
— der Umwelt, den Mitmenschen und allem Lebendigen gegenüber — wie nach *innen* — für Inspirationen und alles die Selbst- und Lebensbemeisterung
Fördernde.

Das bedeutet eine stille Revolution und spürbare
Harmonisierung auch im Familienleben und in der
beruflichen und sozialen Sphäre: man kommt immer
besser mit anderen aus und wirkt auf sie zugleich befreiend, ausgleichend, richtunggebend.

4. Eine Nebenwirkung der Meditation ist die Verlebendigung der Träume, durch die uns immer häufiger

und deutlicher Lösungen von in den Abendmeditationen überdachten Aufgaben, Problemen oder Unstimmigkeiten bildhaft vermittelt werden.

Wenn wir über besonders eindringliche Träume meditieren, gelangen wir zu neuen, tieferen Einsichten in bestimmte Lebensprobleme, wobei die Erkenntnis gangbarer Wege oder Lösungen wiederum unser Vertrauen zum inneren Helfer vertieft und das innere Zwiegespräch erleichtert, so daß es schließlich der Traum-Brücken nicht mehr bedarf, weil uns die befreienden Inspirationen und Intuitionen und der Reichtum der Seele dann unmittelbar bewußt werden.

5. In der Meditation wird unser Wesenskraftfeld spürbar dynamisiert und erweitert. Wir haben das Gefühl, daß neue Energien uns durchfluten, neue Sinne erwachen, neue Fähigkeiten sich entfalten. Der geistige Horizont weitet sich, Einsicht und Übersicht vergrößern sich. Das Bewußtsein gelangt in lebendigeren Kontakt mit dem Un- und Überbewußten. Das ganze Denken, Wollen, Verhalten und Handeln wird durchlichtet, verwesentlicht, durchgeistigt.

Einzelne gelangen bald zu dieser erhöhten Bewußtheit, geistigen Wachheit und Wirklichkeitserfahrung — sei es für Augen-Blicke, sei es länger und wiederholt. Andere erlangen sie erst nach Jahren, und manche erreichen nur Vorstufen, in denen sich aber, recht gesehen, bereits die volle Teilhabe am Leben aus dem Geiste ankündet und spiegelt.

Zudem ist hier kein Bemühen vergeblich, da es Echo und Entsprechung ist des weit stärkeren Verlangens des göttlichen Geistes nach Selbstoffenbarung in der Seele des Menschen. Nicht zu übersehende Hinweise darauf sind die in der Meditation sich entfaltenden Gaben des Geistes, begleitet von zunehmender innerer Freudigkeit und Leidüberlegenheit.

6. Die Zunahme der Inspirationen zeigt, daß wir in der Meditation zur Wesensmitte zurückfinden, zum inneren Einssein. Wir erkennen, daß wir über die ichgebundene ,Persönlichkeit' hinaus eine in unserem Selbst gegründete ,Individualität' bilden: ein unzerstörbares, unvergängliches geistiges Kraftfeld mit einer Fülle schöpferischer Fähigkeiten.

Im letzten führt die Meditation zur Selbsterkenntnis, die wiederum Ausgangspunkt zunehmender Welt- und Wirklichkeits-Erkenntnis ist und auf der höheren Stufe der *Kontemplation* zur Selbstverwirklichung, Gott-Erkenntnis und Gottunmittelbarkeit weiterführt.

7. Aus dem Bewußtwerden der inneren Einheit gelangt der Meditierende zum Erleben seiner All-Einheit, seiner ,Harmonie mit dem Unendlichen'. Er sieht sich in einem größeren Ganzen geborgen, von innen wie von ober her beschützt, behütet und lichtwärts geleitet. Er weiß sich mit dem Geist des Lebens eins und verwirklicht damit das, worauf jede Religion hinzielt: die *re-ligio,* die Wieder-Verbindung mit dem Göttlichen, die Einheit mit dem Einen.

So erwächst aus der Meditation letztlich von selbst das *meditative Leben,* das Leben aus dem Geiste.

≈

All dies und noch mehr können wir erreichen, wenn wir in der Meditation *unser ganzes Vertrauen auf unsere innere Kraft setzen,* auf jenen göttlichen Genius in uns, den wir schlicht den *„inneren Helfer"* nennen.*) Wer ihm vertraut, bringt selbst unmöglich Scheinendes zuwege. Niemand ermangelt also des Vermögens, seine gegenwärtigen Verhältnisse zu ändern, mögen sie im Augenblick noch so hoffnungslos erscheinen. Unsere Meditation erweist sich als um so schöpferischer, je bewußter wir sie üben; um so sichtbarer verbindet sie uns mit den Reichtümern des Lebens. Wir erreichen mit ihrer Hilfe, daß unser Bewußtsein in einen starken Magneten der Fülle umgewandelt wird, um so sicherer, wenn wir uns nach innen offenhalten.

Zugleich ist es die Meditation, die uns dem Göttlich-Schöpferischen näherbringt. In ihr empfängt der im Mittelpunkt des Bewußtseins schwebende Gedanke eine erhöhte Schwingungsfrequenz und Durchsetzungskraft, er wird zugleich für verwandte Gedanken und Inspirationen anziehend. Wir erleben schließlich immer häufiger, daß wir in der Stille wertvoller Eingebungen teilhaftig werden, die unser Problem blitzartig beleuchten und Wege aufdecken, an die unser Verstand nicht dachte.

Oft bringen solche Eingebungen unsere Arbeit ein großes Stück voran, und mit den neuen Zielsetzungen wird auch das Gelingen leichter. Zuweilen sind solche Erleuchtungen auch Anzeiger noch weiter führender Erkenntnisse, die Bewußtwerdung und Beachtung verlan-

---

*) Über diesen inneren Schicksalslenker unterrichtet das Lebensbuch *„Der geheimnisvolle Helfer in Dir".* Dynamik geistiger Selbsthilfe. Von K. O. Schmidt (Baum-Verlag).

gen. Sie leiten uns vielleicht zu Einsichten, die eine schwierige Frage von einer Seite zeigen, von der aus die Lösung keine Mühe mehr bereitet. Folgen wir ihnen, dann erfahren wir zugleich, wie alle positiven Kräfte unseres Bewußtseins in dynamische Schwingung geraten, so daß es uns ist, als würden wir von höheren Mächten unserem Ziel entgegengetragen.

Damit werden wir abermals empfänglicher für positive Inspirationen, und so geht der Kreislauf immer weiter hinaus in die Bezirke der Fülle. Niemand setzt uns hier Grenzen denn wir selbst!

Um neuen Inspirationen den Eintritt in unser Bewußtsein zu erleichtern, müssen wir darauf achten, daß wir innerlich aufgeschlossen und bereit bleiben, uns von innen her lenken zu lassen. Um so ursprünglicher wird unser inneres Denken, um so schöpferischer, weil sich das Göttliche dann immer reiner in ihm widerspiegelt.

Wir können das Aufströmen neuer Ideen durch entsprechende Bejahung unserer Aufnahmewilligkeit fördern:

„Gott in mir — ich öffne meine Seele dem Einstrom Deiner Gedanken und Deines Willens. Ich weiß, daß Du mir durch solche Inspirationen Hilfe bringst, und ich bin bereit, sie aufzunehmen und auszuführen. Ich danke Dir für alles, was Du mir schenkst, für Deine Hilfe bei der Verwirklichung meiner Wünsche und für Deine Kraft, die mich stark und erfolgreich macht!"

≈

Um den Aufstrom neuer Gedanken nicht zum Versiegen zu bringen, ist es aber ebenso notwendig, daß wir jeden guten Gedanken, der uns zufließt, so rasch wie möglich in *Tat* umsetzen oder doch seine Verwirklichung sofort auf unser Programm setzen.

Nichtbeachtung von Eingebungen führt zum allmählichen Versiegen dieses wichtigen Glücksquells, während aufmerksame und umsichtige Befolgung derselben den Quell immer lebhafter fließen läßt und zur Folge hat, daß neue, größere Kräfte in uns wachwerden, bis wir uns schließlich als Strombett der Gottkraft erkennen, mit der alle guten Dinge in unser Leben einziehen.

Das ist keine Theorie, sondern eine Erfahrungstatsache, die jeder jeden Tag selbst erproben kann. Niemand kann diesen Prozeß der Verwirklichung, des Vollkommener- und Reicherwerdens aufhalten, nur wir selbst können es und tun es durch jeden negativen Gedanken, dem wir in unser Bewußtsein Einlaß gewähren.

Die bewußte Sammlung unserer Kräfte in Richtung unaufhörlicher Lebensbejahung bedeutet den ersten Schritt zu wirklicher Beherrschung und Lenkung unseres Lebens. Ohne sie kann keiner hoffen, wirklich aufzusteigen.

Man kann uns aller äußeren Güter berauben; aber dieses Vermögen, uns ein schöneres Leben mit größeren Schätzen aufzubauen, kann uns keiner nehmen. Es ist wichtig, daß wir uns dieser trostvollen Tatsache bewußt bleiben, sie also nicht schon morgen wieder vergessen und im alten Trott weiterleben!

Wer sich einmal an schöpferische Meditation gewöhnt hat, treibt nicht mehr bestimmungslos auf dem Meer des Lebens dahin, sondern hat sich selber Kurs und Ziel gegeben, ist selbst zur treibenden Kraft geworden und damit zu einem Menschen, der sein Schicksal meistert.

Wir sprechen hier mit vollem Recht von *schöpferischer Meditation*, denn sie erweist den Menschen als Schöpfer und seine Gedanken als seine Schöpferkräfte, die um so unaufhaltsamer nach Verwirklichung streben, je bewußter sie auf ein einziges Ziel hin zusammengefaßt werden. Der Mensch erlebt dann, daß er seinem wahren Wesen nach ein Schöpfer ist: durch sein höchstes Selbst, den Gott in ihm.

Unsere glücklichsten Augenblicke sollten jene sein, in denen wir uns ganz mit der Gottkraft in uns einsfühlen. Im letzten sollte alle Meditation Besinnung auf diese innere Kraft sein, lebendiger Ausdruck unseres Vertrauens zu ihr und freudige Hingabe an die von ihr geschenkte Fülle. Dann kann es gar nicht anders sein, als daß unser Leben fortschreitende Sichtbarwerdung der inneren Fülle wird.

Wir müssen uns der inneren Gottkraft würdig erweisen — nicht durch Schwelgen in passiven Träumereien, sondern durch aktive Meisterung des Lebens. Damit die innere Kraft immer mächtiger aufströmt, müssen wir Widerständen mutig gegenübertreten und uns auch von Fehlschlägen nicht abschrecken lassen, sondern an dunklen wie an lichten Tagen gleichermaßen von der Tatsache durchdrungen bleiben, daß uns der Endsieg zufallen muß, weil wir mit der inneren Kraft eins sind. Für den, der, von diesem Bewußtsein erfüllt, selbstvertrauend vorwärtsschreitet, ist es unmöglich, erfolglos zu bleiben.

Wie weit wir in der Meditation von bloßer *Besinnung* — also dem Meditieren über etwas — zur Einsenkung und *Inne-Werdung* und von da zum *Einssein* weiter schreiten, hängt vom Grad unserer Inbrunst und Hingabe einerseits und unserer seelisch-geistigen Wachheit und Reife andererseits ab.

Aber auch wenn wir in der Meditation nur den Saum des inneren Lebens berühren, ist sie befreiend, kraftweckend und heilsam und fördert unser inneres Wachstum. Immer kehren wir aus ihr gelockerter und gelassener zurück, der inneren Ordnung und Führung gewisser und dem Äußeren überlegener.

Und je näher wir dem Einssein kommen, desto lebendiger und bestimmender wird das Gewißsein unseres absoluten Geborgenseins und unseres Bestimmtseins zu endlos fortschreitender Vervollkommnung und Vollendung.

MEDITATIONS-ÜBUNGEN

„Einen tiefen Satz durchdenken ist besser als einen Folianten lesen".

Georg Grimm

Allen folgenden Übungsbeispielen sei vorausgesandt, daß sie nur Beispiele und Anregungen sind, die man nicht etwa wörtlich befolge, sondern nach denen man *selbst schöpferisch* aus sich heraus seine eigenen Meditationen aufbaue.

Die Beispiele sind aus diesen Gründen etwas weiter ausgeführt, als an sich nötig ist, damit jeder das *seinem* inneren Rhythmus Entsprechende herauszugreifen und weiter auszugestalten vermag.

Die einzelnen Meditationen sind mit diesen Beispielen keineswegs erschöpft; der eigenen Phantasie des Übenden ist durch Anfügung weiterer Meditations-Gedanken und Weisheitsworte ein breiter Spielraum gelassen.

Nicht auf die Folge der *Worte* kommt es an, sondern auf den dahinter stehenden *Geist,* der in Dir lebendig werden soll; nicht das Sprechen der Meditation ist somit das wichtigste, sondern das inbrünstige Bejahen und Fühlen ihrer inneren Gestaltwerdung und Verwirklichung.

Das bedeutet, daß man nur im Anfangsstadium der Meditation selbst der Handelnde ist, im weiteren aber, auf dem Wege nach innen, vom inneren Leben ergriffen, erneuert, geleitet wird.

Zunächst ist es so, wie der Kulturphilosoph Leopold *Ziegler* in seinem Werk „Menschwerdung", es ausdrückt, nämlich daß in der Meditation ein Gedanke vom Bewußtsein her in die sonst nicht unmittelbar zugänglichen Tiefen des Unbewußten hinabgesandt wird mit der Erwartung und Wirkung, daß er dort „alles ihm Art- und Sinnverwandte, ihm Zugehörige und Entsprechende an sich zieht, gleichzeitig alles Fremde, Ungemäße oder Widerstreitende von sich abstößt. Angereichert mit den so ‚aufgefischten' Kraftfeldern erfahren die sozusagen als ‚Köder' verwendeten Bewußtseinsinhalte einen kaum abschätzbaren Zuwachs an Vermöglichkeit, Wirksamkeit und Mächtigkeit."

Das ist zutreffend gesehen, auch wenn es nur den ersten Teil der Meditationswirkung umfaßt, nämlich das, was vom *Bewußtsein* her erreicht werden kann.

Weit größer ist der Gewinn, wenn im weiteren das *Überbewußtsein* in der Meditation von sich aus aktiv wird und das Bewußtsein mit der Fülle unerwarteter Inspirationen und Intuitionen beschenkt, und wenn schließlich die *Wesenswandlung von innen her* einsetzt in dem Sinne, daß der Geist in uns, das Göttliche in uns mehr und mehr die Führung unseres Wesens und Lebens in die Hand nimmt.

Sagen wir aus diesem Bewußtsein heraus: „*Ich bin eins mit der schöpferischen Urkraft!*" so werden wir uns als Quelle fühlen, durch die die kosmischen Kräfte in immer größerer Fülle ans Licht fluten — ein Bild, das ständig schärfer, plastischer, lebendiger, dynamischer wird. —

Die einzelnen Bejahungen seien stets möglichst kurz. Sie müssen das, was Du erreichen willst, positiv und präzise ausdrücken; nicht mehr, nicht weniger.

Damit Deine Meditationen immer lebendiger und

kraftvoller werden, seien noch zwei Dinge vorausgesandt, die zu wissen für den Übenden von Wert sein
wird. Das eine ist die Lehre von den Gedankenformen,
das andere die von den Wort- und Ton-Wirkungen.

GEDANKENFORMEN

Das wichtigste bei der Aktivierung, der lebendigen
Gestaltwerdung eines Gedankens in der Meditation ist
die Herbeiführung höchstmöglicher Anschaulichkeit
und Lebendigkeit des Geschauten.

Buddha und der altindische *Yoga* forderten übereinstimmend, das, was man tut, ganz und *bewußt* zu tun,
und das Echo dieser Erkenntnis schallt uns auch aus der
Welt der christlichen Mystiker entgegen; denn das gleiche forderte im 13. Jahrhundert der Franziskaner *Bona-
ventura:* „Stelle Dir lebendig vor, Du seiest bei dem,
was Du denkst, selbst leibhaftig (mit Leib und Seele)
zugegen. Du mußt es mit eigenen Augen sehen und mit
eigenen Ohren hören. Hefte Deine ganze Seele mit
allen Begierden darauf und versenke Deinen Geist voll-
ends in den Gegenstand der Betrachtung, indem Du alle
anderen Sorgen gänzlich beiseite läßt. Stelle Dir also
den Gegenstand Deiner Betrachtung in recht lebhaftem
Bilde vor Augen."

Der moderne Psychodynamiker würde sagen: Versuche, in Dir ein lebendiges Gedanken-Bild des Objekts
Deiner Meditation zu schaffen, eine plastische drei-
dimensionale Gedanken-Form, die durch Deine Meditation fühlbar belebt und zu einem lebendigen Bestandteil Deiner Seele wird.

Die Gedanken sind nämlich nichts gänzlich ‚Unstoff-
liches‘, sondern aus einem äußerst plastischen, feinäthe-
rischen Stoff gebildet. Jeder Gedanken nimmt demgemäß beim Bewußtwerden Form an. Solche ‚Gedanken-
Formen‘ nennt die indische Philosophie *Skandhas*. Soweit und solange solche Gedankenformen oder ‚Funk-
bilder‘ von der Empfangsstation im Sonnengeflecht
aufgenommen und vom Großhirn in Gedankenbilder
transformiert werden, werden und bleiben sie uns auch
„bewußt“. Im übrigen aber gehören sie dem großen
Reich des Unbewußt-Überbewußten in uns an. Dort
warten sie der Erweckung und Heraufziehung ins Bewußtsein, das heißt, ihrer Wiederbewußtwerdung.

Gedanken sind bewegende Kräfte besonderer Art.
Jeder einzelne Gedanke, den ich hervor-gerufen habe,
gibt den Anstoß zu ihm entsprechenden Schwingungen
im Bewußtsein. Der Gedanke nimmt, wenn er einiger-
maßen stark ist, ‚Gestalt‘ an; er wird zur Gedankenform. In der Meditation ist es möglich, solche Gedankenformen bewußt zu schaffen und hinauszusenden.

Es würde zu weit führen, hier zu untersuchen, wie
weit Hellseher das Entstehen und Aussehen solcher Gedankenformen übereinstimmend beschreiben. Hier genügt die Feststellung, daß die Gedanken sich in der Meditation gewissermaßen ‚materialisieren‘, sich mit äthe-
rischem Stoff umkleiden, so daß sie dem Sensitiven
etwa so wie ein sich verdichtender Nebel fühl- und
sichtbar werden.

Die Lebensdauer solcher ‚Gedankenformen‘ oder
Gedankenkraftfelder, wie wir sie auch nennen können,
hängt ab von der Stärke des zugrundeliegenden Gedan-

kens; bei Meditationen kann eine solche Form eine fast unbegrenzte Lebensdauer gewinnen. Je nach Art des ursprünglichen Gedankens herrscht bei den Gedankenformen eine mannigfache Verschiedenheit vor in der Form wie in der Farbe. Letztere zeigt dem Hellseher die ethische Tendenz und Kraft des Gedankens an, die Form hingegen läßt die allgemeine Natur der Gedanken erkennen, die Schärfe des Umrisses der Gedankenform die Klarheit des Gedankens selbst. Letzteres ist ein Hauptmerkmal der Meditationsgedanken, die sich wenig verändern, während sonst zu den Merkmalen der Gedankenformen ihre unaufhörliche Veränderung, ihr Mangel an Stetigkeit der Gestalt gehört.

Formgewordene Meditationsgedanken können pfeilartig oder allseitig strahlenförmig den Meditierenden verlassen und werden, falls die Meditation auf ein äußeres Objekt gerichtet ist, zu diesem hinwandern. Hellseher beschreiben dies, als fände nach dem Austritt aus der Aura des Meditierenden eine ‚Entstofflichung‘ der Gedankenformen statt und dann in der Aura des Objekts eine ‚Rematerialisation‘, da sie erst dort wieder ‚sichtbar‘ werden.

WORT- UND TON-MAGIE

In der Meditation schreitet der Übende vom *Meditationswort* und der ihm entsprechenden Gedankenform allmählich zum Sinn und *Geist des Worts* weiter, bis schließlich das *Wort des Geistes* in ihm ertönt.

Alsdann geht ihm auf, was im Johannes-Evangelium mit dem ‚Wort‘ gemeint ist: „Im Anfang war das Wort

— und das Wort war bei Gott — und Gott war das Wort... — In ihm war das Leben — und das Leben war das Licht der Menschen."

Alles Gewordene, alles Lebendige ist materialisierter Gedanke, fleischgewordenes Wort, formgewordener Geist.

Wie das Denken wirkstarke Schwingungen hervorruft, so erzeugt auch das *Wort* im Innern des Meditierenden entsprechende Vibrationen, und in noch größerem Maße der Ton: Schwingungen, die mit den Schallwellen nur eine äußere Verwandtschaft haben. Auf dieser Einsicht, die uralt ist, baut sich die Lehre von den sogenannten *Mantren* auf.

Die gleiche Erfahrung machen sich die Religionen bei ihrem Gottesdienst zu Nutze. H. P. *Blavatsky* sagt über den Ton, daß er „der mächtigste und wirkungsvollste aller magischen Vermittler sei und der erste der Schlüssel, die das Verbindungstor zwischen dem Sterblichen und Unsterblichen auftun". Wird diese Erkenntnis durch Anwendung von Mantren nutzbar gemacht, vermag sie entsprechende Stimmungen im Innern wachzurufen. Bewußt wird dies im Gottesdienst fast aller Religionsgemeinschaften erzielt. Es ist eine Art rhythmischer seelischer Gleichschaltung, zu der die Gläubigen durch das gemeinsame Sprechen, Beten und Singen gelangen, wobei die entfaltete Kraft urgewaltig in jedem pulsiert.

Am vollkommensten wurde diese Ton- und Wort-Magie im alten Indien ausgebaut. Vedanta und Yoga kennen zahlreiche Mantren, deren Wiederholung bestimmte spirituelle Rhythmen und Energien wachruft. Vorbedingung solcher Laut- und Ton-Übungen ist jedoch absolut selbstlose Hingabe, da sonst anstelle der Entspannung und der geistigen Erhebung negative Rückwirkungen eintreten können.

Das meistgebrauchte Meditationswort oder Mantram ist die Silbe

O m

oder *Aum,* die dem christlichen ‚*Amen*‘ entspricht, aber in ihrer Bedeutung als Anrufung des Göttlichen im Menschen wie im All weit tiefer reicht.

Das Sanskrit-Wort ‚Aum‘ — heiliges Symbol des Absoluten für Hindus wie für Buddhisten und Jainas — gibt mit seinen drei Buchstaben dem dreifachen Bewußtsein des Menschen und den drei Welten Ausdruck: der irdischen Welt des Ich, der traumhaften Zwischenwelt des Es und der geistig-göttlichen Welt des Selbstes, die letztlich *eins* sind: das *Brahman* der Upanishaden.

Das Aum wird gesprochen oder gesungen, wenn der ganze Mensch durch die Meditation auf den Aum-Rhythmus abgestimmt ist. Diese Vorbereitung ist nötig, da in einem innerlich zerrissenen Menschen keine oder völlig andere Kräfte durch das Aum wachgerufen werden.

Die Aussprache ist folgende: A ist ein Vokal zwischen a und o, etwa wie das O im Wort „Orgel“, aber nicht kurz, sondern möglichst gedehnt. Das U ist kurz und kaum hörbar; dagegen ist der zerebrale M-Laut (M-Anusvara im Sanskrit) wieder lang und summend, über den ganzen Atem hinhallend und vibrierend. Wird das Aum gesungen, so hat das A zur Hälfte den Ton f, zur anderen den d-Ton, bei dem U springt wieder der f-Ton ein und bleibt auch während des M.

Die Augen werden geschlossen gehalten, die Hände

können nach vorn gestreckt werden (Vibrieren in den Handflächenmitten) oder bleiben auf den Knien liegen. Die Gedanken müssen mit dem Aum-Rhythmus schwingen; man muß ihn durch den ganzen Körper hindurchpulsen fühlen. Das Aum wird zumeist nur einmal gesprochen; manche gehen am Schluß der Meditationsübung zu einem dreimaligen Aum über.

Die Erfahrung zeigt, daß richtige Aussprache des Aum Körper und Bewußtsein in einen höheren Schwingungszustand versetzt, daß in diesem Wort Kräfte schlummern, die bei richtiger Betonung geweckt und zu Energien werden, die durch den ganzen Körper vibrieren.

Aum soll aber nicht Wort, sondern *Kraft* sein, deren Wachsen man täglich in sich verspürt. Dem Inder ist diese Silbe heilig als Symbol der unaussprechlichen Einheit der Göttlichen Allmacht, Allerkenntnis und Allhaftigkeit (zusammengesetzt aus den Endbuchstaben der indischen Trimurti oder Dreieinigkeit von Brahma, Vishnu und Shivam).

Wenn das Aum von der ersten Übung an die rechte Kraft entwickeln soll, darf niemals vergessen werden, daß es eine Anrufung an die höheren Kräfte im Menschen darstellt, mit denen es den Meditierenden vereinen soll. Mit dieser Einstellung im Herzen erzeugt das Aum eine Lichtwelle, die von Mal zu Mal mehr mit den gleichen Kräften des Alls eint.

Im *Vedanta* ist Aum oder Om Symbol des *Atman,* des Selbst. Wenn man Om spricht und meditiert, gilt es, das Bewußtsein ganz auf das innerste Selbst zu sammeln und zu bejahen:

„Ich bin das Selbst! Ich bin Geist! Ich bin Licht! Ich

bin die Wirklichkeit, bin Freiheit, Erkenntnis, Voll-
kommenheit, Unendlichkeit, Ich bin!"

Der Vedantalehrer *Shivananda* rät demgemäß:
„Identifiziere Dich, wenn Du über Om und seine Bedeutung meditierst, mit dem Atman und fühle dabei:
,Ich bin das alldurchdringende, unvergängliche Selbst!
Ich bin Sat-chit-ananda-brahman (= Seins-Erkenntnis-
Seligkeit der Gott-Einheit)! Ich bin reines Bewußtsein,
unabhängig von Körper und Sinnesempfindungen, Denken und Lebenskraft. Ich bin die ewige Seele, das aus
sich selbst strahlende unendliche Licht Gottes!'"

MANTRA

Das über ,Aum' Gesagte gilt sinngemäß für alle Mantren. Unter einem *Mantram* versteht man eine kurze
meditative Bejahung von höchstens einem Satz. Je weniger Worte, je mehr innerer Rhythmus, desto wirk-
stärker ist das Mantram.

Das Wort stammt aus dem Sanskrit und meint
Spruch oder Vers. Die Silbe ,man' (= denken) ist mit
dem Wort ,Mensch' (= Denker) verwandt, während
die Nachsilbe ,tra' Träger, Werkzeug oder Mittel bedeutet. Das ganze Wort meint also: Denkmittel, Medi-
tationsmittel. Es will der Verbindung mit der Kraft
des Selbstes dienen.

In diesem Sinne spricht der Inder von ,mantrashakti'
als der Kraft, die durch bewußte Wiederholung des Me-
ditationsworts aktiviert wird — eine uralte Erkenntnis,
der H. P. *Blavatsky* wie folgt Ausdruck gab: „Ein
Wort bewußt aussprechen heißt einen Gedanken be-

schwören und in die Erscheinung rufen. Die magische Kraft der Sprache ist der Anfang aller Offenbarung in der Welt des Unsichtbaren."

Doch ist nicht das äußere *Wort,* seine Stimmlage und Tonhöhe das entscheidende, sondern der *Geist,* aus dem heraus es gesprochen wird, die seelische Resonanz, die es nach dem Grade seiner bewußt werdenden Dynamik auslöst.

Mantren sind ja keine vom Verstand entdeckten oder ausgeklügelten, sondern im Zustand meditativer Selbst-Besinnung gewonnene, vom Überbewußtsein oder dem Selbst eingegebene Schutz- und Kraftworte, die die Abschaltung von der Außenwelt, die Nachinnenwendung, den Aufschwung zu höheren Bewußtseinsebenen und die Hinwendung zu Gott erleichtern und deren Wirkung mit der Wiederholung wächst.

Der Meditationspraktiker legt Wert darauf, daß nur wenige Mantra, diese aber stetig verwendet werden, am besten zum Schluß der Meditationsübung. Wichtig ist hierbei die lebendige plastische Vorstellung und das innere Erfühlen des gesprochenen Mantrams. Man macht aus diesem Grunde ein neues Mantram zuvor zur Grundlage einer regelrechten Meditation, damit es seine volle Kraft zu entwickeln vermag.

Die Mantram-Praxis ist uns Abendländern durchaus nicht unbekannt. Schon das Kind braucht ein Mantram von gewaltigem Einfluß auf seine feinempfindliche Psyche. Es ist der kleine Vers: *„Ich bin klein — mein Herz ist rein — soll niemand drin sein — als Gott allein!"*

Andere verwenden kurze Sätze aus der Bergpredigt, der Bhagavad-Gita, dem Tao-Teh-King und anderen Heiligen Schriften. Hier einige Beispiele:

Das bekannteste Mantram des Ostens ist

„Om mani padme hum!"

dessen wörtliche Bedeutung ist: „O Du Juwel im Lotos (padma)!" Es ist eine Formel, die noch heute in Tibet, Nepal, Indien und bei Buddhisten in der ganzen Welt gebraucht wird als Anrufung und zur Sammlung auf den „Juwel im Lotos", das Höhere Selbst, den Gott-Funken in uns. Die Formel drückt also die Bejahung aus: Ich, in meinem innersten Wesen, bin der Juwel im Lotos — oder als deutsches Mantram mit dem gleichen Rhythmus:

„O, Du mein Gott in mir!"

in welchem zugleich im mystischen Sinne das Tat twam asi, die innere Gewißheit des „Ich bin Du!", des „Gott und ich sind eins!" enthalten ist. Das Mantram „O, Du mein Gott in mir!" am Schluß der Meditation erzeugt im Lauf der Zeit einen Bewußtseinszustand, den man am besten mit Gott-Gegenwarts-Gewißheit umschreibt.

Ein anderes Mantram ist das folgende:

„Namo tassa bhagavato arahato samma sambuddhassa!"

wörtlich: „Verehrung dem Erhabenen, dem Ehrwürdigen und völlig Erleuchteten", eine Formel, die sich sowohl auf Gautama *Buddha* als auch auf den Buddha in uns, den Gott-Funken, beziehen kann, wie „Christus" sowohl die Person Jesu als auch das „Christus-Prinzip", den Christus in uns, also wieder den uns innewohnenden Gott-Funken, bezeichnet. Das entsprechende deutsche Mantram würde etwa lauten:

„O, Du Unendliche Kraft in mir, ich bin Du!"

Der Erweckung des gleichen lebendigen All-Einheits-Bewußtseins dient auch die alte Sanskrit-Formel:

„Aham brahma asmi!"

bei steter Wiederholung lautend wie „Aham brach-
masmi". Es heißt wörtlich: Ich bin das Brahman; ich
bin Geist; mit anderen Worten: Ich trage in mir das
Bewußtsein meiner Geistigkeit und Einheit mit dem
göttlichen Urgrund. Oder mit den Worten des Mystikers: Atman (der Gottfunke in mir) ist zum Brahman
(das heißt: eins mit dem Allgeiste) geworden. — Das
entsprechende abendländische Mantram ist das Christus-Wort:

„Ich und der Vater sind eins!"

Diese Beispiele sollen jedoch nicht dazu verleiten,
an solchen Formeln zu hängen; denn das Wort tötet,
nur der Geist macht lebendig. Nicht die Laut-Folge eint
Dich mit dem Höchsten, sondern Deine Hingabe, die
Inbrunst, mit der Du das diesen Mantren innewoh-
nende Leben in Dir zu einer bestimmenden, gottwärts
führenden Kraft wandelst und Dich so in Wahrheit mit
dem Unendlichen verbündest. In gleicher Weise nehme
man auch folgende mehrzeilige Mantren als Beispiele
und Denkhilfen:

Das Abwenden vom Äußeren zu Beginn der Meditation und das Hinneigen zum Höheren kann dieses
Mantram erleichtern:

> *Herz, sei stille!*
> *Frieden walle*
> *Über allem,*
> *Was ist!*

Das Sehnen nach dem Eins-Werden wird stärker;
aus dem Innern schwingen lebendige Impulse:

Heilige Lohe
Flamme in mir!
Glute hinein
In Gottes Sein!

Der kosmische Mensch erwacht, unmerklich verknüp-
fen sich Oben und Unten, verbindet sich Seele mit
Seele:

Ewiges bindet
Seele mit Seele
Licht mit Licht —
Ein flammend Licht
Wir —
Ich!

Das Bewußtsein der Einheit quillt empor zu magi-
schem Spruch:

Christus-Kraft,
Sinn meines Seins,
Welt überwindend,
Wandelt mein Wesen
In Leuchtend Licht!

— —

Der niedere Mensch ist nicht mehr, der Gott-Funke
hat sich dem All-Geist geeint:

Leben — nur Schein,
Schwindende Schatten.
Formen ermatten.
Geist lebt allein!

ZIEL-MEDITATION

Dem gläubigen Menschen sind alle Dinge möglich, und nach der Stärke seines Glaubens wird er im Gebet erhört.

Meister Eckehart.

Ziel-Meditationen sind Schweige-Übungen, in denen schwierige Fragen oder Probleme in der Stille durch meditative Bewältigung gelöst werden.

In der Meditation erwachen schlummernde Kräfte Deines Innern; der Wust fremder Gedanken, der es Dir bisher unmöglich machte, bis auf den Grund des Gedankenstroms hinabzusehen, wird fortgeschwemmt; alles Dunkle, Trübe entschwindet. Was bleibt, ist kristallklarer, zielgerichteter Tat-Wille, Ziel-Einssein.

Die Einstellung bei Deinem Lauschen auf die Antwort sei die eines Liebenden, der auf die Stimme der Geliebten lauscht. Wer sucht, findet; wer ernsthaft fragt, erhält Antwort, und zwar bei fortgesetzter Übung immer klarer und eindeutiger. Solche Antworten, in der Stille geschöpft aus den Urgründen Deiner Seele, sind so umfassend, wie sie niemals aus Deinem Tages-Ich erfließen können.

Erfahrungsgemäß ist es am besten, morgens und abends solche Meditationen abzuhalten und Fragen, deren Lösung schwierig erscheint, in ihnen lösen zu lassen. Praktiker pflegen dabei alle äußeren, materiellen, geschäftlichen und Einzel-Dinge während der Morgenmeditation zu klären, alle spirituellen und das Leben allgemein angehenden Fragen am Abend.

Die einzelne Zielmeditation hat folgende Stufen:

100

1. Entspannung, Atem-Rhythmus, Stille.
2. Sammlung. Alle fremden, störenden Gedanken verschwinden; nur das unmittelbar zur Frage Gehörende bleibt.
3. Hingabe an das Empfinden der Kraft des Göttlichen im Innern, Hinwendung von Liebe und Vertrauen zur Innen-Kraft, zum „inneren Helfer".
4. Formulierung der Frage, deren Klärung ersehnt wird und die man dem inneren Helfer vorlegt. Je klarer die Schwierigkeit erkannt wird, desto schneller ist die Lösung da.
5. Aktive, lauschende Haltung, getragen vom absoluten Vertrauen zu den Innenkräften.
6. Stille. In dieser Stille wird die Antwort vernehmbar.
7. Bildung eines der empfangenen Antwort, Gewißheit oder Zielerkenntnis entsprechenden Entschlusses.
8. Übergang in den Tages-Rhythmus.

Hierzu noch einige kurze Bemerkungen:

Zu 3: Die Grundeinstellung sei hier etwa jene: *„O, Du mein Gott in mir, Unendliche Weisheit, Du kennst meine Sorge. Neige Dich zu mir herab und leih mir Deine Hilfe! Gib, daß alle Störungen in Harmonie sich lösen! Erfülle mich mit Deiner Kraft und Deinem Licht; laß in mir Klarheit werden und Erkenntnis des Weges, den ich gehen muß. Ich öffne mich Dir ganz und lausche Deiner Stimme!"*

Zu 4: Die Meditation wird dann die ersehnte Klarheit bringen, wenn das Sehnen nicht rein egoistischen

Motiven entsprungen ist. Nur wer sich liebevoll mit dem Göttlichen auch in seinem Bruder zu verbinden vermag, kann sich in der Meditation ganz mit dem kosmischen Wollen in Einklang setzen; und seine Kraft wird umso größer sein, je mehr er seinen Willen mit dem kosmischen bewußt vereint. Diese liebende Einstellung erfließt aus der Erkenntnis unserer Geistigkeit und inneren Einheit mit allen Wesen.

Zu 5: Die lauschende Haltung, in der die Lösung erwartet wird, sei nicht negativ und passiv, sondern absolut positiv, höchste schöpferisch-aktive Bejahung. Versuche und übe es, diese bewußt aufnehmende positive Haltung in Dir zu entwickeln. Alles Irdische laß außen. Auch für dies der Lösung harrende Schweigen gilt das Wort Jakob *Boehmes:* „Wenn Du nur einen Augenblick stille halten könntest vor Deinem Wollen und Denken, so würde Gott in Dir wollen und denken und Du würdest Sein Wort in Deinem Herzen vernehmen".

Zu 6: Bedenke, daß der göttliche Funke in Dir, dessen Erfahrung und Weisheit die Frucht ungezählter Leben ist, ein für materielle Begriffe unendliches Wissen besitzt; daß er Dir als Dein *Innerer Helfer* in allen Zweifeln und Sorgen Klarheit, Kraft und Beistand gibt. Die Dir in der Stille werdenden Antworten — Eingebungen, Inspirationen, Intuitionen — werden bei den ersten Übungen vielleicht nur schwach und kaum als solche erkennbar sein. Die ersten Male wirst Du es vielleicht nicht einmal vermögen, die Antworten überhaupt zu vernehmen. Setze die Übungen trotzdem unermüdlich fort, die Antwort wird dann immer unmittelbarer, immer hörbarer und immer eindeutiger und unmißverständlicher werden.

Zu 7: Ist Dir in der Meditation Antwort geworden, so ist eine sofortige Entscheidung nicht minder wichtig. Das unmittelbar darauffolgende Fassen eines entsprechenden Entschlusses ist unerläßlich, wenn der Erfolg folgen soll. Laß Dir die gewordene Erkenntnis nicht verschleiern durch Tagessorgen, auseinanderlaufende Gedanken und neue Aufgaben, sondern fasse sofort in der den Tagesrhythmus einleitenden Stille Deinen Entschluß, damit Du mit Lösung und Entschluß zugleich in den Tag zurückkehrst.

≈

Anders verläuft die Ziel-Meditation, wenn sie auf den Abend verlegt wird.

1. Entspannung und Stille-Übung; im Bett sitzend oder liegend.

2. Sammlung nach innen.

3. Mantram. Vergiß nicht, Gedanken der Liebe auszusenden, damit Du während des Schlafes des Körpers allen aufbauenden Kräften des Guten offen bleibst. Bedenke, daß Dein letzter Gedanke am Abend bestimmend ist für Dein Erwachen am Morgen und für den Rhythmus des neuen Tages.

4. Formulierung der Frage wie im vorigen Beispiel zu 4.

5. Stille. Bewußt in den Schlaf hinübergehen mit der Bejahung: „Es möge mir Klarheit werden! Der neue Morgen wird mir die ersehnte Gewißheit bringen!"

6. Schweigen. Schlaf.

7. Morgens beim Erwachen Eintritt in die Stille. Lauschen und Bewußtwerden der Eingebungen aus dem Schlaf.

8. Fassung eines entsprechenden Entschlusses und Übergang in den Tag.

Auch hier macht, wie überall im Leben, Übung den Meister. — Wer einmal zu meditieren begonnen hat und des unendlichen Segens, der aus diesen in der Stille gewonnenen Erkenntnissen fließt, teilhaftig wurde, wird künftig sagen: „Ich kann mir mein Leben ohne Meditation einfach nicht mehr vorstellen!"

≈

Zum Abschluß noch eine weitere Morgen- und Abend-Meditation, die zu besserem Schlaf, innerem Frieden und zu größerer Harmonie im Leben verhilft:

Morgens sofort nach dem Aufwachen und abends unmittelbar vor dem Einschlafen gehe in die Stille, konzentriere Dein Denken und Fühlen auf den inneren Helfer und sprich alsdann leise unter Konzentration Deines Fühlens und Wollens folgende Bejahung:

„Ich freue mich Gottes, meines inneren Helfers, und Seiner unendlichen Liebe!

Gott ist meines Lebens Kraft, meine Gesundheit und mein Glück hier, jetzt und immer. Er macht mich stark und gesund, glücklich und reich; er erfüllt mich mit seinem Frieden und mit dem Willen zu liebend-hingebendem Dienst gegenüber allen, die in mein Leben treten!

Ich öffne mich weit dem heilenden und erlösenden Einstrom seiner Liebe und strahle ihre Kraft hinaus in Gedanke, Wort und Werk!

Alle Dinge wirken mein Heil, wie mein eigener Wunsch und Wille das Heil aller Wesen ist! Durch

den Gott in mir bin ich jetzt und immer gesund und
glücklich, voller Frieden und Freude! Durch die
Kraft Gottes in mir werde ich mit jedem Tage und
in jeder Hinsicht immer glücklicher und stärker!
Ich freue mich Gottes und seines Reiches, das in mir
ist!"

Die heilsame Wirkung dieser Meditation zeigt sich
um so rascher, je lebendiger wir uns bewußt bleiben,
daß das Werk der inneren und damit auch der äußeren
Wandlung nicht von uns, sondern vom Geiste Gottes
in uns getan wird. Je restloser wir unseren Willen dem
Willen des inneren Helfers einen, ein desto vollkom-
meneres Werkzeug seines Willens werden wir sein.

OBJEKT-MEDITATION

> *Zwei Mittel sind hauptsächlich erforderlich*
> *zu unserer Besserung, nämlich sich kühn*
> *entschlossen dem entreißen, wozu unsere*
> *Natur neigt, und sich der Übung in allen*
> *den Tugenden mit beharrlichem Eifer hin-*
> *geben, die uns am meisten fehlen. Wenn wir*
> *jährlich auch nur einen Fehler ausrotten,*
> *bald wären wir vollkommen!*
>
> Thomas von Kempen

Objekt-Meditationen sind Meditationen, in denen
schöpferisch in Dir, an Dir und mit Dir wirkende, auf-
bauende und lebenfördernde Kräfte aktiviert werden.
Erstes Ziel ist hier die Lebendigmachung des Vor-
stellungs-Schatzes. Lebendige Begriffe machen das Den-

ken schärfer, die Zielsetzung leichter, das Verständnis für Fremdes klarer, die Auffassung reger, das ganze geistige Leben dynamischer, lebendiger und bewußter und das äußere Leben entsprechend schöner, sonniger und glückreicher.

Zweites Ziel ist die Schaffung einer wachsenden Zahl neuer Assoziationen, die die Ansprechbarkeit, die Schaltungsmöglichkeiten und die Aktivität der Ganglienzellen und Zellengruppen und damit die Leistungskraft des Gehirns erhöhen und darüber hinaus neue positive Kontakte zu den tieferen Wesensschichten ermöglichen.

Objektmeditationen sind demgemäß konkrete *Bildmeditationen* im Sinne plastischen inneren Bildens und dynamischen Ausgestaltens eines Gedankenkomplexes mit dem Ziel der Verschmelzung mit dem Gegenstand der Meditation, die wiederum der lebendigen Selbst-Besinnung, fortschreitenden Selbstklärung und Erweiterung des Wesenskraftfeldes dient.

Grundlage einer Objekt-Meditation kann ein äußerer Gegenstand, ein Wort, Leitsatz, Mantram oder eine Bejahung sein. Meditierst Du in der schon gezeigten Weise zum Beispiel über den Begriff *Wahrheit,* so wird alles, was in Dir je an verwandten Vorstellungen entstanden oder durch Dich hindurchgeströmt ist, was Du Zugehöriges erlebt, gehört, gefühlt, gesehen und geistig verarbeitet hast, in Dir wach werden, sich um den Begriff Wahrheit, der im Mittelpunkt des Bewußtseins steht, scharen, ihn ergänzen, erweitern, vergegenständlichen, verlebendigen, klären, mit ihm verschmelzen und ihn in einen lebendigen Vollbegriff, in wirkende Kraft verwandeln.

Ist das Thema Deiner Meditation *Licht,* wird wiederum alles Verwandte in Dir erwachen; alles, was je an Hellem, Sonnigem, Glänzendem, Strahlendem, Freudigem und Leuchtendem in Dir lebte, wird sich mit dem Zentralbegriff Licht einen. Der Begriff wird so zu einem schöpferisch-lebendigen Kraftzentrum und zu einem dynamischen Bestandteil Deiner Seele. Dein ganzes Denken, Fühlen und Wollen eint sich mit der lebendigen Idee Licht. Dein Inneres geht eine Verschmelzung ein mit dem Urbild Licht, um so inniger, je klarer die Gedankenform „Licht" ausgebaut und plastisch-lebendig gestaltet wird.

Wird diese Übung mit anderen Begriffen wiederholt, erwacht in Dir ein neues schöpferisches Denken; du erkennst die Dinge als dir innewohnend und zugleich als Emanationen des göttlichen Urlichts, du weißt Dich durch sie mit dem Urlicht innig verbunden und gewinnst zunehmend Kraft aus dieser Besinnung.

Wir sprechen hier von Verschmelzung und Einswerdung im Sinne *Patanjalis:* „Wenn der Geist so erzogen ist, daß die gewöhnlichen Veränderungen seiner Tätigkeit nicht mehr da sind, (wenn das Meer der hin- und herwogenden Gedanken sich geglättet hat), und nur noch diejenigen Veränderungen stattfinden, die sich auf den Gegenstand der Betrachtung beziehen, so wird der Geist selber in das Gleichnis dieses Gegenstandes verwandelt und es tritt eine völlige Erkenntnis des Wesens desselben ein."

Mit anderen Worten: bei der Meditation geht das Bewußtsein des Meditierenden über in die Form und das Leben des Objekts der Betrachtung; es erfolgt eine Verschmelzung mit dessen Wesen. Diese Meditation, sagt Franz *Hartmann,* „ist im wahrsten Sinne des Wortes nicht nur eine objektive Betrachtung eines Gegenstandes, sondern ein geistiges Eingehen in den Gegenstand selbst, eine Einswerdung mit demselben, wodurch die volle Erkenntnis erlangt wird; denn derjenige, dem diese Vereinigung gelingt, erkennt sich selbst als denselben und erlangt auch dessen Selbsterkenntnis, weil das, womit er sich vereinigt hat, für ihn kein Gegen-Stand mehr, sondern er selber ist. Es ist da kein Subjekt und Objekt mehr, sondern nur ein einheitliches Bewußtsein, aus dem die wahre Erkenntnis entspringt."

Diese Einswerdung zu bewirken, ist Ziel der Meditation. Dazu ist es nötig, mir immer wieder bewußt zu werden, daß *ein* Leben, *eine* Kraft allem zugrunde liegt, daß die unendliche Liebeskraft des Weltengeistes, die im Stein, in der Pflanze, im Tier, in jedem Menschen und im ganzen All wirkt und schafft, auch in mir schwingt und atmet, daß ich durch diese göttliche Innenkraft mit allen Wesen eins bin. In meinem Bruder, in jedem Stein, in allen Geschöpfen und allen Sternen ist nur Ein Leben, und dieses eine Leben bin ich. —

PRAXIS DER OBJEKT-MEDITATION

Bei den Objekt-Meditationen ist es am günstigsten, jeweils eine Zeit hindurch einen einzelnen Begriff vorzunehmen, jeden Morgen beim Erwachen in die Meditation über diesen Begriff einzutreten und diese täglichen Meditationen über ein und dasselbe Objekt so lange fortzusetzen, bis es nicht nur zu einer plastischen Gedankenform ausgestaltet, sondern zu einem lebendigen Bestandteil Deines Ich geworden ist, den Du jederzeit auch außerhalb der Meditation durch einen einzigen Vollgedanken in seinem ganzen Umfange wachzurufen vermagst.

Ist der Begriff schöpferisch-lebendig geworden, was bei den einzelnen Menschen je nach der Stärke ihrer inneren Vorstellungskraft verschieden lange dauert, kann zum nächsten Begriff übergegangen werden, bis auch dieser lebendig geworden ist, und so weiter fortschreitend zu immer höheren Objekten.

Die einzelnen Bejahungen, die einen bestimmten Begriff zum Gegenstand haben, können gesprochen oder gefühlsstark gedacht werden. Beim Sprechen ist auf den Rhythmus zu achten, aber nicht auf Kosten des inneren Sinns des Gesagten, der wichtiger ist als alle Worte. Die Wort-Magie erfließt nicht aus dem Laut-Rhythmus, sondern aus dem Geist, in dem die Worte gesprochen werden. Die Wiederholung der einzelnen Sätze empfiehlt sich so lange, bis ihr Sinn voll und ganz erschlossen und ihr Inhalt im Innern zu einer lebendigen, an Deiner Selbstverwirklichung schaffenden Kraft geworden ist.

Beim weiteren Fortschreiten sollte an die Stelle der Worte der Geist allein treten; das äußere Sprechen hört schließlich auf und macht Raum für das innere Erleben, das über allen Worten steht.

Wenn nachstehend für den Rhythmus des Tages wie der Natur, für die Entfaltung der inneren Kräfte und zum Erleben des Wesens der letzten Dinge Meditationsunterlagen und Beispiele von Bejahungen gegeben werden, soll damit kein Schematismus bezweckt werden. Weit davon entfernt, einen Begriff zu erschöpfen, wollen die Beispiele nur Wegweiser sein zum eigenen

Erfassen und Verlebendigen desselben. In der Praxis werden solche Meditationen beim Übenden unmittelbar aus einem übervollen Herzen emporquellen.

DER KREISLAUF DES TAGES

Jeder Augenblick des Tages kann Anlaß sein zu seelischer Vertiefung, vor allem der Abend als Abschluß des Tages, der Mittag als sein Höhepunkt und der Morgen als seine Eröffnung. Je nach Zeit und Ort der Vornahme, nach Alter und äußeren Umständen werden solche Meditationen verschieden ausfallen. Einer *Abend-Meditation* kann zum Beispiel folgende Bejahung zugrunde gelegt werden:

„... Der Abend naht, des Tages Rhythmus ist beendet. Ruhe und Frieden senken sich auf die müde Erde herab ...

Ruhe und Frieden kehren auch in mich ein. Der Tag verklingt und seine Sorgen schwinden, Kummer und Leid verblassen. Wie die Nacht alles mit ihrer schützenden Dunkelheit umfängt, so umfange ich mit dem Bewußtsein höchster Liebe die müden Menschenbrüder.

Ich hab' getan an diesem Tage, was ich konnte, das Ewige in mir weiter zu entfalten. Noch bin ich weit von dem, was ich als Ziel erkannt, doch Tag für Tag schreit' ich unermüdlich vorwärts. Und jeder Tag bringt mich der Selbsterfüllung näher.

Friede senkt sich auf mich herab, der Friede Gottes, den mir das Schweigen gab. Zum Schweigen auch wird mir der Schlaf. Komm, süßer Schlaf, umfange mich und

trage mich dem neuen Tage und neuer Selbst-Verwirk-
lichung entgegen. Erquick' mich mit des Schlummers
Kraft.

Friede und Freude allen Wesen, Verehrung und Liebe
dem Göttlichen, das in ihnen allen lebt!   *Aum."*

Den neuen Tag leite am Morgen mit diesem *Licht-*
Gruß ein:

„Ich grüße dich, neuer Tag, der du mir neues Leben
schenkst! Sieghaft erhebt sich die Sonne im Osten, sieg-
haft erhebe auch ich mich aus Schlummer und Nacht zu
neuer, lebendiger Tat!

Der Rhythmus des jungen Tages flutet in mir! Er
gibt mir die Kraft, auch den heutigen Tag in den Dienst
des Höchsten zu stellen und eine neue Stufe auf der
Leiter zu Ihm zu erklimmen.

Sieghaft schreit ich hinein in den Tag, schwingend
im Rhythmus von Sonne und Leben, von Glück und
Erfolg!"

Wer sich dem Ewigen verbunden fühlt, der hat in
sich durch wenige Übungen gedankliche Bilder geschaffen, die auch ohne sein Zutun dies dynamische Bewußtsein immer von neuem in ihm wachrufen.

Ein Beispiel: Ich sitze in der Morgendämmerung am
Fenster. Es ist noch zu dunkel, um draußen schon etwas
erkennen zu können. Ich trete in die Meditation ein.
Die Gedanken werden weniger, bis schließlich der innere Rhythmus alles Entgegenstrebende verdrängt und
zu folgender Bejahung führt:

„Alle mein Kräfte strömen aufwärts zum Ewigen,
alles in mir ringt nach Licht! Mein ganzes Streben geht

dahin, hinaufzusteigen in jene reinen Lichtsphären des Geistes, in denen Friede und Freude herrschen, Glück und Harmonie.

Ich verbinde mich dieser Welt. Eins fühl' ich mich mit allen Kräften der geistigen Welt, mit den urewigen Kräften des Lichts. Ich werde von ihnen durchpulst, durchflutet, ich bin ein Teil ihrer Kraft. Ich bin mir meiner Gotteskindschaft voll bewußt. Alles Lichtstreben in mir ist Ausdruck der Heimwärtssehnsucht des göttlichen Funkens, der ich selber bin. Ich bin Licht, bin göttlich' Feuer.

Auch diesen Tag, der mir entgegendämmert, stelle ich unter das Zeichen des göttlichen Lichts. Was an lichten Kräften in mir schlummert, soll heute in Gedanke, Wort und Tat sich offenbaren. Was ich denke, spreche und tue, möge mir helfen, dem Göttlichen in mir näher zu kommen, mit ihm noch inniger mich zu einen, immer mehr es selbst zu werden.

Und nicht nur heut' will ich so denken, leben, handeln, sondern immer bis zu jenem Tage, da ich würdig bin, selbst einzugehen in den Urquell aller Kraft."

≈

Eine andere Morgenmeditation, die den Tagesrhythmus einleitet und auf die Welle der *Kraft* abstimmt, ist die folgende:

Beim Erwachen still liegen bleiben, in den Atemrhythmus hinübergleiten und völlig entspannen. Sowie die Stille erreicht ist, denke, sprich und fühle folgende Bejahung:

„Ich bin! Ich bin eins mit dem All und seinen Kräf-
ten! Das ganze All ist eine lebendige Einheit, durch-
strömt von Kräften des Fortschritts und Aufstiegs,
geleitet und gelenkt von Liebe und Harmonie. In
diesem Strom von Kraft und Liebe lebe ich, bin ich!
Mein ganzes Wesen öffnet sich dem All! Ich bin und
fühle mich eins mit dem All! Ströme der Liebe fluten
aus dem All zu mir und von mir ins All. Ich bin eins
mit dem All und allen lebenden Wesen. Ich bin
strahlendes Licht, sprühendes Leben! Ich bin!"

Schweigen. Liege noch einen Augenblick still, dann
öffne langsam die Augen und fühle mit offenen Augen
Deine Einheit mit den Energieströmen des Alls. Verlasse dann das Bett, kleide Dich mit diesem in Dir
schwingenden Gedanken an und gehe mit ihm an die
Arbeit. —

DIE NATUR

> *„Du führst die Reihen der Lebendigen an*
> *mir vorbei und lehrst mich meine Brüder*
> *im Hain und Bach und stillen Busch er-*
> *kennen."*
>
> Goethe

Die psychische Verschmelzung, die Ziel der Meditation ist, sollte in den weiteren Meditationsübungen mit
der *Natur* eingegangen werden. Ein unendlicher innerer Reichtum quillt dann aus den Meditationen hervor.
Auch hier seien einige Beispiele gegeben, die aber nur

den Beginn andeuten; die eigentliche Verschmelzung, die Selbsterkenntnis in dem Betrachteten im Augenblick des Einheits-Erlebnisses, läßt sich nicht in Worten ausdrücken.

Je mehr solcher Naturverbundenheitsübungen, desto reicher und dynamischer werden die Innenkräfte und desto deutlicher offenbaren sich alle Dinge der Natur als Gedanken Gottes.

Blumen-Meditation

Setze Dich in Deinen Garten oder in die Stille des Waldes, betrachte aufmerksam eine Blume, die Dich besonders anspricht, und laß Dich von den folgenden Gedanken durchströmen:

„Ich bin eins mit dir, du kleine Blume. Ich selbst bin Blume, eine Blume im Garten Gottes! In mir ist das gleiche blühende Leben wie in dir. Ich weiß mich eins mit der göttlichen Kraft in allen Blumen-Geschwistern ...

O, sonneatmendes Lichtstreben in mir! In mir schwingt die Stille der Natur, die ohne Worte ist. In schweigendem Lauschen öffne ich mich dem Licht, dem ich entgegenblühe. Weit öffne ich mein Inneres den wärmenden Strahlen des Lichts!

Tief in der Erd' bin ich verwurzelt, doch all mein Sehnen geht empor zum Licht. Und wo ich dem Licht am nächsten, der Erd' am weitesten bin entwachsen, entfalt' ich meine schönste Blüte, als Dank dem Licht und seinem Schöpfer.

Licht ist mein Atem, ich selbst bin Lichtverkörperung.

Licht bin ich vom Lichte Gottes, Kraft von Seiner Kraft,
gewirkte Liebe, die einst zu ihrer Quell' zurückströmt."

Die gleiche innige Verbindung gehe mit einem Busch ein, mit einem Baum und so fort durch das ganze Reich des Lebens.

Eine andere Übung ist diese: Verbinde Dich in der Meditation mit dem Leben eines stillen *Waldsees*. Fühle Dich innerlich eins mit dem Sein des Sees. Fühle, wie die schweigenden Wasser des Sees in Dich hineinströmen, wie der See in Dir erwacht; fühle, daß er wie Du eine innere Einheit ist; fühle Dich eins mit ihm, laß Dich von seinem Leben durchfluten und lausche seinem stillen Flüstern.

Das innere Leben des Sees und des Waldes wird dabei in Dir erwachen und Dir künden vom stillen Wirken des Göttlichen in ihnen wie in Dir ...

≈

Schöpferische Kräfte kann selbst die meditative Verbindung mit einem *Wassertropfen* wecken. Um zu zeigen, wie verschieden solche Meditationen je nach der Einstellung und dem Grad der Versenkung sich gestalten können, sei als Beispiel eine eigene Meditation gegeben:

Morgens draußen in der Natur. Auf dem Blatt eines Strauches perlt im Licht der steigenden Sonne der letzte Wassertropfen vom Tau der Nacht. In mir quillt das Bewußtsein meines Einssein mit dem Leben dieses Wassertröpfchens auf. Sein Leben wird mein Leben.

Der Tropfen schwindet in den Strahlen der Sonne.

Ich fühle sein Verwehen. Ein Weltall, dessen Sonnen die Atome des Wassertropfens waren, wächst vor mir empor. Weit hingestreut, ziehen sie ihre kosmischen Bahnen. Zeit ward zu Ewigkeit.

... Ein Raunen und Rauschen geht durch dies All: Seit Jahrmillionen strömen aus unvorstellbaren Fernen durch dieses All Licht-, Kraft- und Wärme-Wellen. Doch ist all dies nicht von Dauer, obwohl Ewigkeiten über Ewigkeiten dahinrollen. Bald werden diese Zeiten schwinden. Doch wieder wird alles Leben in neuen Formen erstehen, so wie es einst in jenen Zeiten war, aus denen nach dem Raunen uralter Sternen-Brüder auch wir einst kamen, wo Weltsysteme erstarrten, wo Welteneiszeit war ...

Und durch das All braust als tönend Licht-Gebet das Sehnen: O, daß doch diese Zeit, da diese Kraft aus ungeahnten Fernen unser All durchströmt, noch lange währe!

... Das Bild erlosch; die Sonne stand noch an der selben Stelle, der Wassertropfen war entschwunden ...

≈

Versuche als nächstes, eine meditative Verschmelzung mit einem *Berge* einzugehen:

Fühle Dich eins mit dem Berg; fühle Dich selbst als Berg, als himmelwärtsstrebendes Lichtsehnen, sonnwärtswollendes Bäumen. Fühle Dich eins mit der tragenden Erdkraft, die den Berg wie Dich emporhebt ans Licht; fühle Dich eins mit der Kraft, die dieser Berg verkörpert, und wachse aus dieser Kraft aufwärts zum Himmelsstürmer. —

116

Eine weitere Aufgabe: Verbinde Dich meditierend mit dem Leben der *Sonne*. Als Beispiel eine kosmische Durchflutungs-Meditation, die bei Sonnenaufgang in der freien Natur innerlich nacherlebt werde als

Anrufung an die Sonne

Sonne! Du strahlender Glutball am Firmament! Erhabenes Lichtmeer — Urquell aller Kraft — Beleber alles Seins, erfülle mich!

Sonne! Du Spender, Träger und Erhalter alles Lebens! Urewige Lichtkraft — mächtiger Urgrund alles Seins, durchdringe mich!

Sonne! Königin unter den Gestirnen des Himmels, Meer der Freude! Erleuchte mich!

Sonne! Hochglänzend' Himmelslicht, strahlend' Sinnbild Gottes! Du Urquell der Erneuerung, Erleuchtung und Durchchristung, durchpulse mich!

Sonne! Erfülle mich! Durchdringe mich! Erleuchte mich! Schaffe mich neu!

Ich, Sproß des Licht's, Sonnenkind, trinke Licht! Ich bin Sonne — Wärme — Feuer — Kraft — Licht — Leben!"

≈

In der gleichen Weise verbinde Dich an einem wolkenlosen Abend mit dem Wesen eines hellen Sterns, etwa des Sirius:

Fühle Deine Einheit mit dem Sternenwesen. Werde selbst Stern, Stern unter Sternen, hinschwebend in der Ewigkeit, Bruder unter ungezählten Brüdern. Erkenne, daß jeder Stern ein Gedanke Gottes ist, fühle, wie jeder Stern — strahlende Sonne in unendlicher Ferne —

117

strahlendes Sehnen ist zurück zum ewigen Urgrund, Gott.

Fühle, wie *eine* Kraft alle Sternen-Brüder zu einem großen Leben eint. Sterne — Welten — erlöschen, neue erstehen. Ein Stern — ein Leben. Und das Leben — ein Traum. Das Erwachen: Eins-Werden mit dem Einen. —

Gleiche Verschmelzung versuche in der Meditation mit folgenden Objekten: Haus, Wald, Straße, Meer, Erde, Wolke, Fluß, Regenbogen, Gewitter, Feuer.

≈

Eins mit der Natur und ihrer Lebensfülle waren auch unsere großen Dichter; ihr ganzes Schaffen atmet meditative Hingabe an die Kräfte und Geheimnisse der Natur. Diese Natur-Liebe und Natur-Versenkung, die dem heutigen Menschen fast verlorengegangen ist, die bei manchem unserer Dichter zur Naturverbundenheit, zu Natur-Verschmelzung wurde, suche aus den folgenden Stimmen einiger der Größten nachzuerleben.

Man mache sie — wenige Bilder aus einer schier unendlichen Fülle — zur Grundlage von Meditationen und versuche, die Natur und die Wunder des Lebens so, wie das schauende Auge und die schöpferische Seele des Dichters sie ahnend empfunden, in sich lebendig-plastisch nachzugestalten:

Das Sehnen nach dem nahenden Frühling, nach Licht und nach Sonne verkörpert sich in jenen Versen *Lenau's:*

> *„Noch steh'n die Bäume dürr und bar*
> *Um deinen Weg herum*
> *Und strecken, eine Bettlerschar,*
> *nach dir die Arme stumm . . .“*

. . . Aber schon erwacht das Leben; mächtig steigt die Sonne empor:

> *„Himmlischer, sucht Dich nicht mit ihren Augen*
> *die Pflanze,*
> *Streckt nach Dir die schüchternen Arme der*
> *niedrige Strauch nicht?*
> *Daß er Dich finde, zerbricht der gefangene Same*
> *die Hülse,*
> *Daß er, belebt von Dir, in Deiner Welle sich bade,*
> *Schüttelt der Wald den Schnee wie ein überlästig*
> *Gewand ab.“*

(Hölderlin)

Und nun glüht auch in der Menschenseele das gleiche Sehnen und Verlangen auf, wie es *Tersteegen* aussprach:

> *„Wie die zarten Blumen willig sich entfalten*
> *Und der Sonne stille halten,*
> *Laß mich so, still und froh,*
> *Deine Strahlen fassen und Dich wirken lassen.“*

Naturbeseelung und -Symbolisierung zugleich ist es, wenn *Goethe* die suchende Menschenseele mit dem ewig rinnenden Wasser vergleicht: „Seele des Menschen, wie gleichst du dem Wasser!“ — Aus diesem Bilde des Kreislaufs — vom „Himmel kommt es, zum Himmel geht es, und wieder nieder zur Erde muß es, ewig wechselnd“, — erwächst die Gewißheit der Wiederkehr:

> *„Und solang' du das nicht hast, dieses Stirb und*
> *Werde,*
> *Bist du nur trüber Gast auf der dunklen Erde.“*

Aber die meisten Menschen, gebeugt unter der Last

des Alltags, haben diese innere Gewißheit noch nicht errungen, ihnen sind Tod und Herbst noch Symbole des Unterganges, wie *Greif* in seinen müden Worten klagt:

> *„Du hörst, wie durch der Bäume Gipfel*
> *Die Stunden unaufhaltsam gehn;*
> *Der Nebel regnet durch die Wipfel,*
> *Du weinst und kannst es nicht verstehen . . .“*

Wohl erwacht das Sehnen, aber noch geht es, nicht sich selbst erkennend, in der Irre und wird zum *Fernweh*, wie es ein rumänischer Dichter nachempfand:

> *„. . . Das laute Rufen kommt wieder, und seine Stimme breitet sich in mir aus, über alle Meere der Seele.*
> *Und alle Meere glühen und werfen ihre Flammenwogen in das Feuer des großen Verlangens nach der Fremde.*
> *Alle Lieder der Heimat verbrennen.*
> *Das große Verlangen erhebt seine gewaltigen Fittiche und reißt mich fort, ich weiß nicht, wohin.“*

Aber schließlich mündet es ein in das *Heimweh*, in das Verlangen zurück zu Gott, dem Urquell alles Lebens.

Der Wahrheitssucher erkennt in sich selbst den Weg, die Wahrheit und das wahre Leben Gottes, das in der Stille erwacht. Und nun ist die Stille der Natur kein Todesahnen mehr, jetzt verbirgt sich hinter ihr das stille Wirken der göttlichen Kräfte, wie es *Heine* empfand:

> *„Die Tannenbäume horchen so still,*
> *Die Flut hört auf zu rauschen;*
> *Am Himmel zittert der blasse Mond,*
> *Die stummen Sterne lauschen.“*

Diese Stille der Natur weht uns auch aus *Eichendorffs* Versen entgegen:

> *„O wundersames tiefes Schweigen,*
> *Wie einsam ist's noch auf der Welt.*
> *Die Wälder nur sich leise neigen,*
> *Als ging' der Herr durchs stille Feld."*

Der gleiche Hauch liegt über Paul *Gerhardts* bekanntem Liede „Nun ruhen alle Wälder, Vieh, Menschen, Städt' und Felder, es schläft die ganze Welt", und über dem *Goetheschen:* „Über allen Gipfeln ist Ruh, in allen Wipfeln spürst du kaum einen Hauch; die Vöglein schweigen im Walde. Warte nur, balde ruhest du auch." Wieder an Eichendorff klingt *Lenau* an:

> *Sanft senkten sich in feierlichem Schweigen*
> *Die Züge der Natur, kein Lüftchen sprach,*
> *Sie schien ihr göttlich Angesicht zu neigen,*
> *Als sänne still sie einer Freude nach . . ."*

≈

Die gleiche Verschmelzung suche einzugehen mit den Bildern großer Künstler. Versuche in stiller Betrachtung Dich mit dem, was des Künstlers schöpferische Seele in das Bild hineingelegt, zu einen. — Laß es zu Dir sprechen, immer Neues, Schöneres Dir künden; spüre ahnend den Geist seines Schöpfers.

Wer bis hierher gefolgt ist und die Praxis der Meditation meistert, wird aus solchen Bildern unendliche Reichtümer schöpfen, mehr, als der irdische Künstler in sie hineinzulegen vermochte.

Und schließlich lausche mit dieser neuen Einstellung

auch musikalischen Vorträgen. Musik wird Dir dann als die erhabenste aller Künste erscheinen; in der Meditation wird sie Deine herrlichsten Seelenkräfte zum Erwachen und zum lebendigen Mitschwingen bringen. Unmöglich, zu schildern, wie hier der Körper vergessen wird, wie der Lauschende selbst Ton, seligstes Lichtwärtsschwingen wird.

DU UND DEINE KRÄFTE

Bei den nachfolgenden Meditationen kommt es darauf an, die aus ihnen geschöpften Kräfte der Liebe, der Freude, des Mutes, der Sonnigkeit in den Alltag und alle Dinge und Aufgaben des Tages hineinfließen und alles mit Sonnigkeit erfüllen zu lassen. Sie sollen Dich reich machen, und sie können es, wenn Du Dich den Meditationen mit Inbrunst hingibst. Diese Inbrunst zu wecken, wollen die folgenden Beispiele, bei denen in der äußeren Form zugleich verschiedene Möglichkeiten angedeutet sind, Dir erleichtern.

Es sei begonnen mit einer Meditation über

Liebe:

„In mir flutet unendliche Liebe; Liebe zu allem, was ist, zu Pflanze, Tier und Mensch, zum Bruder, zum Nächsten, zum All, zu Gott. Von überall wird mir lebendiges Echo: überall Liebe, nur Liebe.

Die Liebe in mir ist wie eine strahlende Sonne, eine heilige Flamme, die alles Niedere verzehrt und mich läutert. Leuchtend schwingt sie aus meinem Herzensinnersten hinaus zu meinen Brüdern, in deren Herzen gleiches Sehnen glutet. Liebe ist der Gottesfunke, der uns heimführt zur Einheit. Wenn wir lieben, liebt Gott in uns; wohin wir schauen, sehen wir den Widerschein Seiner unendlichen Liebe.

Liebe, wohin ich sehe; Liebe, was ich denke! Liebe, was ich spreche, was ich tue. Alles, was ist, ist Teil in der unendlichen Kette der Liebe, deren letztes Glied Gott selber ist."

≈

Und hier ein Beispiel einer Meditation über

Reinheit:

„Ich bin von Gott und kehr' in Gott zurück. Alles ist eins, alles ist Gott. Gott ist die Reinheit, und da Gott in mir ist, ist in mir die lichte Reinheit Gottes.

Rein ist mein Denken: Kein unreiner Gedanke findet hinfort in mir Halt; nur lichtfrohe Gedanken werden in mir geboren.

Rein ist mein Fühlen: Wohin ich das Aug' meiner Seele auch wende, überall fühle und spüre ich Gottes unendliche Liebes- und Schöpferkraft. Mein ganzes Fühlen strömt aus göttlichem Born.

Rein ist mein Wollen: Ziel meines Wollens ist das Wohl des Bruders, das Wohl der Welt, der Wille Gottes. Rein ist mein Wollen und heilig mein Streben. Nichts Böses kann ich wollen; was ich auch will, Gott ist's, der in mir will.

Rein ist meine Rede: Was ich auch spreche, spreche ich bewußt. Kein Wort des Hasses, des Neides und der Zwietracht soll fernerhin von meinem Munde ausgehn; nur Liebe, Freude und göttliches Leben soll in meinen

Worten Gestaltung finden. Jedes meiner Worte sei Wort von Seinem Wort.

Rein ist mein Tun: Was ich auch tue, tue ich bewußt, in Seinem Namen. Nichts Unrechtes, Niedriges, dessen ich mich zu schämen hätte, will fernerhin ich tun. Was ich auch tue, es diene dem Bruder, der Einheit mit Gott.

Ich bin licht und rein wie die Sonne. Das Sinnenhafte stirbt, das Göttliche erblüht, Gott selbst erstrahlt aus mir; Gott ist in mir mein Sein . . ."

≈

Meditiere in ähnlicher Weise über

Mut:

Besinne Dich und bejahe, daß nichts Vergängliches Dich zu bewegen vermag, daß die Kraft des Ewigen in Dir größer ist als alle irdischen Hindernisse. Denke unaufhörlich an diese Kraft in Dir, fühle sie, bejahe sie. Fühle, wie sie Dir Liebe, Frieden und Harmonie, Selbstvertrauen und Kraft verleiht, so daß alles Dir zur Stufe wird zum Aufstieg und zu weiterer Entfaltung! Denke daran, wie unendlich die Kräfte sind, die in Dir schlummern, und auch daran, daß Du durch Deine Innenkräfte eins bist mit dem Urquell aller Kraft selbst.

Werde Dir bewußt, daß Gott in Dir lebt; laß Seine Stärke Deine werden, Seine Kraft Deine Kraft, und fühle, wie Du mit jedem Tag stärker, glücklicher, ruhiger, gesunder, zufriedener und mutiger wirst, Dich Tag für Tag mehr mit den Allkräften Gottes erfüllst. —

≈

Versuche, in gleicher Weise über

Frieden

zu meditieren. Entwickle in Dir das beglückende Bewußtsein unendlichen Friedens, mache ihn zu einer lebendigen Kraft in Dir! Einige Gedanken mögen Dir hier Wegweiser sein:

„Der Friede Gottes atmet in der Stille. Hier ist das wahre Reich des Friedens. Hier ist das Sehnen meiner Seele nach Frieden gestillt! In mir hab' ich den Frieden und die Stille, in mir ist sel'ge Ruhe, ewig unzerstörbar wie mein Geist.

Eins bin ich mit dem Göttlichen Leben in mir, eins mit dem unendlichen Frieden des Geistes!"

Als Sehnsucht klingt uns der gleiche Gedanke entgegen aus den Goethe'schen Versen:

„Der du von den Himmeln bist, alles Leid und
Schmerzen stillest,
Den, der doppelt elend ist, doppelt mit Erquik-
kung füllest,
Ach, ich bin des Treibens müde, was soll all
der Schmerz und Lust!
Süßer Friede, komm, ach komm in meine Brust."

≈

In ähnlicher Form mache den Begriff

Wahrheit

zur Grundlage einer Meditation:

Erkenne, daß in dem ewigen Fluß und unaufhörlichen Wandel, in dem das Leben des Scheins dahinrollt, nur eins ewig sich selbst gleich bleibt: die Wahrheit.

Erkenne, daß die Wahrheit allem zugrunde liegt, daß sie auch in Dir als lebendige Kraft schlummert. Fühle, daß Du Dich, indem Du sie in Dir bejahst und erkennst, mit ihr einst; denn Erkenntnis ist Eins-Werdung.

Fühle, daß die Wahrheit kein Fürwahrhalten ist, sondern jenes beglückende Erkennen, das nur im Innern erblüht, das Erleben des Einsseins, das Dich frei macht von Irrtum und Leid, von Sünde und Unwissenheit, und Dich hinführt zur Liebe, zur Schönheit, zur Freude, zur Erkenntnis, zur leidlösenden Geistunmittelbarkeit.

≈

Hast Du diese Erkenntnis gewonnen, so wirst Du auch folgende Meditation über den

Glauben

neu in Dir gestalten können:

„Erhab'ne Glaubenskraft in mir, du Gottesmacht, die du nicht an Raum und Zeit gebunden bist, du in und über allen Wesen seiender allmächtiger Feuergeist, — erwach' in mir!

Glaube! Unendliche Kraft des Bejahens und Verwirklichens, innerste Gewißheit meiner Geistigkeit, beseligende Macht des Geistes, entfalte dich in mir!

Glaube, Du gibst mir das Bewußtsein meiner Einheit mit dem Leben Gottes, Du einst mich mitten in der Endlichkeit und Stofflichkeit mit Dem, das sonder Zeit und Stoff. Über mich selbst hebst Du mich hinaus, hinein in das Leben des Ewigen.

Glaube, Schöpferkraft der Seele, erfüllt mein ganzes Wesen mit unsterblichem Leben. Glaube, höchste Gewißheit urewiger Einheit!"

Als nächstes erwecke in Dir das Bewußtsein Deiner
Einheit mit allem Leben:

Erkenne, daß Du mit allen Wesen unzertrennlich eins
bist, mit allen einer Bruderkette zugehörst, die aufwärts führt vom Atom zu Gott. Fühle in Dir das Leiden jedes Bruders; fühl' auch die Freude, die tief in seiner Brust lebt. Versenke Dich mit Deinem Wesen tief
in sein Leben, empfind' sein Dulden als das Deine und
gleichermaßen seine Sonnigkeit. Sei glücklich mit ihm,
sei Kämpfer wie er, sei ihm Helfer bei der Überwindung alles Niederen, sei ihm Bruder und Schutzgeist!

Hast Du diese Einheit erfühlt, erkannt, so vermagst
Du, auch jene Meditation über

Erkenntnis

in Deiner Seele lebendig werden zu lassen:
*„Ich bin erwacht zur Erkenntnis meines inneren
Wesens!*
Ich bin erwacht zur Erkenntnis meiner Geistigkeit!
Ich bin erwacht zur Erkenntnis meiner Göttlichkeit!
*Das Göttliche in mir erwacht und erkennt. Ich bin
erleuchtet; alles in mir ist Weisheit, klares Erkennen
des Sinns und Ziels meines Seins.*
*Erkenntnis erglüht in mir: Bald, mein Gott, kehr'
ich zu Dir zurück!"*

Aus dieser Erkenntnis erfließt wiederum folgende
Meditation über innere

Freiheit:

*„Mein inneres Wesen ist frei von den Banden des
Stoffes, vom Fluch des Todes und von des Leidens
Druck. Mein inneres Wesen wird von ihnen nicht be-*

rührt; *Stoff wird ihm zu Geist, Tod wird ihm Leben, Leid zu Freude.*

Mein inneres Wesen ist frei von Irrtum, denn es ist Weisheit; frei von Begrenzung, denn es ist ein Strahl des Ewig-Unbegrenzbaren selbst; frei von Schwäche, denn es ist seinem Wesen nach Macht und Kraft. Es ist frei von Dunkelheit, denn es ist Licht, strahlender Glanz; frei von Unvollkommenheit, denn es ist das Urbild der Vollkommenheit selbst; frei von Krankheit, denn es ist Fülle der Gesundheit; frei von Unzufriedenheit und Enttäuschung, denn es ist der Urquell der Ruhe, Freude, Sicherheit, Klarheit, Harmonie und unerschöpflichen Fülle.

Mein inneres Wesen ist frei, an nichts gebunden als nur an Gott. Und Gott ist höchste Freiheit und Einheit zugleich.«

Weitere Meditationen nach diesen Beispielen übe an Hand der folgenden Begriffe:

Licht, Freude, Gesundheit, Selbstbeherrschung, Harmonie, Barmherzigkeit, Nächstenliebe, Hingabe, Schönheit, Kraft, innere Festigkeit, Dankbarkeit, Gerechtigkeit, Glück, Geduld, Erfolg, Friedensliebe, Fülle, Wahrhaftigkeit, Zufriedenheit, Ausdauer, Gottverbundenheit, Allweisheit, Unsterblichkeit.

Die

Lichtübung

kann wie folgt vorgenommen werden. Beim Eintritt der Stille bejahe:

»Unendliches Lichtmeer, ich öffne mich Dir ganz! Erfülle mich mit Deiner Kraft und Deinem Licht!

*Erhelle mich, durchleuchte mein ganzes Sein mit
Deinem Glanz! Ströme in mich ein; ich öffne mich
Dir und Deinem Segen!"*

Beim ersten Versuch sprich diese Bejahung langsam
und ruhig. Später genügt das bewußte Denken und
Fühlen. In dem wartenden Schweigen, das nun folgt,
oft aber schon vorher wirst Du es in Dir leuchten fühlen. Es entsteht eine innere Helligkeit, die stetig zu-
nimmt. Diese wachsende Lichtkraft in Dir mußt Du
fühlen, erleben und ihre wohltuende Wirkung spüren.
Gib Dich ganz den geistigen Kraft- und Licht-Strömen
hin; laß sie bewußt Dein Inneres mit Wärme und Helle
erfüllen. Fühle dieses Hineinfluten wie einen warmen
Strom wundersamer Kraft und Ruhe. Ergieß Dich ganz
in den Willen des Unendlichen, der Dir in diesem Augenblick unendlich nahe ist.

Wenn Du in den Alltag zurückkehrst, fühlst Du Dich
wie neugestärkt, ledig aller Schwächen und Gebrechen!

Solche Übungen dienen zur Lebendigmachung der
Begriffe und zur Steigerung der Verwirklichungskraft
der Gedanken. Wenn Du häufiger über innere Helligkeit meditiert hast, werden die Begriffe „Helligkeit"
und „Licht" in Dir zu so kraftvollen und lebendigen
Vorstellungen werden, daß schon die bloße Nennung
des Wortes *Licht* Dich gewissermaßen in einer höheren
Oktave schwingen läßt und die Umwelt sich fragt, woher Dir diese innere Licht- und Sonnenhaftigkeit wurde.

Diese meditative Besinnung auf die inneren Kräfte
führt mit der Zeit dazu, daß sie im Fortschreiten der
Dynamisierung des eigenen Wesenskraftfeldes auch auf

die Umwelt ausstrahlen und sich in ihr segenbringend auswirken.

Darüber hinaus vermögen wir in der Meditation denen, auf die wir unser Denken liebevoll-fürsorgend richten, geistig, seelisch und körperlich zu helfen. Die von uns ausgestrahlten Gedankenimpulse bewirken in anderen Ruhe und Frieden, Heilwerdung von innen her und wachsendes Vertrauen zur Hilfe von innen.

In der Meditation wird aber nicht nur unsere innere Einheit mit den Wesen um uns lebendiger bewußt, sondern auch unser *Verbundensein mit allen großen Geistern und Meistern der Menschheit,* die ja zeitlos gegenwärtig sind — einerlei, ob sie verkörpert oder unverkörpert sind. Sie *leben* — und wir wissen uns mit ihnen, ihrer Kraft, Einsicht und Weisheit *eins.* Wir spüren in der Meditation, wie Friede und Freude, Kraft und Erkenntnis von ihnen zu uns fließen und uns innerlich reicher machen, bis das Gewißsein völligen Einsseins erwacht.

Zugleich errichten wir in der Meditation eine *geistige Schutzwand* um uns, die für alle unserem Wesen ungemäßen niederen, negativen Schwingungen und Einflüsse undurchdringlich ist, hingegen alle positiven Impulse aufnimmt und potenziert.

Wir schaffen so eine geistige Aura um uns, die uns mitten in der Welt im Strom ungeistigen oder feindlichen Denkens wie auf einer Insel des Friedens in absoluter Geborgenheit leben und wirken läßt. Unser Herz ist durchkraftet vom Gewißsein der inneren Gegenwart Gottes als unseres inneren Führers und Helfers.

MEDITATIONS-GEDANKEN

Wie diese Beispiele vermögen alle positiven Gedanken, die Du irgendwann aufgenommen hast oder aus Deinem Innern schöpfest, als Meditationsgrundlagen zu dienen. Auch die Werke Deiner Lieblingsschriftsteller werden Dir solche Unterlagen geben. Lege Dir ein Merkbuch an, halte in ihm solche Gedanken fest und versuche, sie später in Deinen Meditationen in lebendige Kräfte der Seele umzuwandeln.

Im Zusammenklang lebendiger Worte liegt eine Kraft, die Heil und Segen spendet; es atmet eine dynamische Verwirklichungsmacht in ihnen.

Für den Anfang seien einige Worte von Dichtern, Denkern und Erleuchteten als Meditationsgrundlagen gegeben:

Der Himmel ist, wo Gott ist; Gott ist überall. Der Himmel ist also überall gegenwärtig; man muß ihn nur in sich erkennen.

Furcht ist Mangel an Vertrauen zu den göttlichen Innenkräften. Wer Gott in sich bejaht, wird ihn erleben, und alle Furcht wird schwinden.

Wir alle haben die Pflicht, glücklich zu sein und glücklich zu machen; das eine aber ist nicht möglich ohne das andere.

Wo das Denken stets auf das Gute gerichtet ist, ist die Folge stete Glückseligkeit.

Wahre Selbsterkenntnis ist Gotteserkenntnis.

Unwissenheit ist die einzige Ursache allen Leidens. Wissen und Wirklichkeitsgewißheit entspringt aus dem Erkennen unserer Göttlichkeit.

Ich bin der Weg, die Wahrheit und das Leben. Wer an mich glaubt, der wird leben, ob er gleich stürbe.

Christus

Alle Sünde meiden, das Gute tun, das eigene Herz läutern, das ist die Religion der Buddhas.

Dhammapadam

Gott ist die Liebe; wer in ihr lebt, bleibt in Gott.

Ist der Schüler bereit, eilt der Meister herbei. Wer sich dem Göttlichen im Innern hingibt, wird nicht umsonst auf Antwort harren.

Gebt dem Menschen das Bewußtsein dessen, was er ist, so wird er bald auch lernen, zu sein, was er soll.

Schelling

Tod und Geburt sind Brüder; Tod ist nur Übergang zu neuer Geburt und neuem Leben.

Gott ist das Eine Sein, das Absolute, die Vollkommenheit, die Schönheit, die Herrlichkeit, die Kraft, die Weisheit. Er ist Er und nichts kann neben ihm bestehen.

Koran

Ich bin das Licht der Welt; wer mir folgt, wird das Licht des Lebens haben und ewig leben.

Christus

Wahre Religion besteht darin, daß man so wenig wie möglich Leid verursacht, Gutes in Fülle hervorbringt und im Leben Liebe, Barmherzigkeit, Wahrhaftigkeit und Reinheit pflegt. Asoka

Wohin ich auch schaue, in welche Höhen und Tiefen ich dringe, überall finde ich — Gott.

Wer nicht stirbt, bevor er stirbt, der verdirbt, wenn er stirbt. Alter Mystikerspruch

Was du anderen vergibst, wird auch dir vergeben werden.

Alle Wesen sehnen sich nach Glückseligkeit; darum umfange mit deiner Liebe alle Wesen. Mahavamsa

Dir geschieht, wie du geglaubt hast! Christus

Keine Religion ist höher als die Wahrheit. Schiller

Alles, was ist, ist in Gott und von Gott, und nichts ist, was nicht von ihm ist.

Ich lebe, — doch nicht ich, sondern Christus lebt in mir. Galater 2

Vom wolkenbedeckten Himmel fällt der Regen, nicht vom klaren; entferne also, was dein Gemüt verdunkelt, dann wird kein Regen mehr fallen. Udana-varga

Wenn ein Geist stirbt, wird er Mensch; wenn ein Mensch stirbt, wird er Geist. Novalis

Jeder hinausgesandte Gedanke der Liebe kehrt tausendfältig zu dir zurück.

Das Leben ist wie ein Traum, der gekommen ist, die Seele mit falscher Wirklichkeit zu umgaukeln; er schwindet dahin in dem Augenblick, wo der Geist zur Wirklichkeit erwacht.   Zeisho Aisuko

Ist Er nicht auch der Heiden Gott? ja freilich, auch der Heiden Gott!   Römer 3

Je mehr wir Gott lieben, desto mehr werden wir Geist von Seinem Geist, Eins mit Ihm.

Es ist stets die rechte Zeit, etwas Gutes zu tun.

Je vollkommener ich aus eigener Anstrengung werde, desto vollkommener wird auch die Menschheit, ja die ganze Natur, denn ich bin ein Teil von ihnen.

Alles, was Dasein hat, ist dem Gesetz der Vergänglichkeit unterworfen; nur der Geist steht über allem Schein.

Die Ernte gleicht stets der Saat. Was du bist, warst du zuvor in Gedanken; und was du heute denkst, wirst du in Zukunft sein.

Erkenne ich, daß Gott überall ist, so erkenne ich, daß er auch in mir ist und ich durch Ihn eins bin mit allem Leben.

Der Weg der Menschheit ist der Weg zu Gott; ein unendlicher Reigen, des Anfang und Ende eins ist.

Der Wahrhaft-Liebende weiß sich eins mit allen Wesen.   Buddha

Was du willst, das die Menschen dir tun, das tue du ihnen zuvor.   Christi Goldene Regel

Niemand kann einen anderen erlösen, jeder muß selbst den Pfad gehen.

In mir, nicht außer mir, sind die ewigen Dinge, ist die wahre Welt.

Was klagt, was lobt man doch? Sein Unglück und sein Glücke ist sich ein jeder selbst. Schau' alle Dinge an! Dies alles ist in dir; Laß deinen eitlen Wahn, und eh' du fürder gehst, so geh' in dich zurücke! Wer sein selbst Meister ist und sich beherrschen kann, dem ist die weite Welt und alles untertan.   Fleming

Willst du Gott schauen, wie Er in sich selber ist, von Angesicht zu Angesicht? Dann such' Ihn nicht jenseits der Wolken. Du kannst Ihn allenthalben finden, wo du bist. Schaue an das Leben seiner Ergebenen, und du schaust ihn an; ergib dich Ihm selber, und du findest Ihn in deiner Brust.   Fichte

Je mehr wir die einzelnen Dinge verstehen lernen, desto mehr nähern wir uns der Erkenntnis des Höchsten. Aus dieser Erkenntnis erfließt dann die innigste

135

Befriedigung des Geistes, die sich erdenken läßt. Liebe ist nichts anderes als Freude, von der Vorstellung ihrer Ursache begleitet. Die Freude aber, womit wir alles umfassen, weil wir in Gott die Ursache von allem erkennen, muß eine ewige Liebe in uns gebären. Sie überwindet alles, weil sie selbst unüberwindlich ist. Wir sehen hieraus klar, worin unser Heil, unser Glück, unsere Freiheit, unsere Gesundheit beruht: in der beharrlichen Liebe zu Gott. Feuchtersleben

Irdische Dinge muß man verstehen, um sie zu lieben. Himmlische Dinge muß man lieben, um sie zu verstehen. Pascal

Ich dürste nach ewigem Leben mit gesunden Sinnen und einem reinem Herzen. Alle irdischen Zeitläufe sind nur Atemzüge dieses unendlichen Lebens. Ich rate, daß wir das Spiel nicht auf die eine Karte des gegenwärtigen Erdendaseins setzen, und daß wir froh sind, für diesen Körper einmal einen neuen anzuziehen. Rosegger

Wo in uns Christi Bild wirklich aufgegangen ist, da kann es in unserem inneren Leben nur die Stelle der Sonne einnehmen. Rothe

Wenn du auch weißt, was recht oder unrecht ist, das wird dich nicht in den Himmel bringen, sondern wenn du das t u s t, was du weißt; sonst wird nichts daraus. Das Reich Gottes ist kein unnütz Geschwätz, sondern etwas, was ins Leben übersetzt werden will. Ein verzagt und betrübt Gewissen wieder aufrichten ist mehr, denn ein Königreich erobern. Luther

Jesus sagt dem Menschen: Wie du bist, was du getan und getrieben hast, was du glaubst und begehrst, ist gleich: tief in dir liegt etwas Wunderbares, Einzigartiges, Göttliches. Das ist durch und durch gut und wahr und hat nichts gemein mit all dem häßlichen Unwesen, das dich durchdringt. Das muß lebendig werden und sich entfalten, wenn du nicht zugrunde gehen willst. Du spürst es schon, wie es sich regt, wie es sich nach Leben sehnt und herausdrängt. So schaff' ihm Luft, daß es aufwachen und atmen kann. Mach' deiner Seele Bahn, um das Wunderbare in dir zu entdecken, und laß um dieses kostbaren Schatzes willen, der in dir verborgen liegt, alles fahren, was dich bisher beseelte, denn es ist nichts im Vergleich dazu!   J. Müller

Höheres gibt es nicht, als der Gottheit sich mehr als anderen Menschen nähern und von hier aus die Strahlen der Gottheit unter das Menschengeschlecht verbreiten.
Beethoven

Ich will immer mehr lernen, das Notwendige an den Dingen als das Schöne zu sehen: so werde ich einer von denen sein, welche die Dinge schön machen. Ich will nicht anklagen, ich will nicht einmal die Ankläger anklagen. Wegsehen sei meine einzige Verneinung! Und alles in allem und großem: Ich will irgendwann einmal nur noch ein Jasagender sein!   Nietzsche

Nach innen geht der geheimnisvolle Weg. In uns oder nirgends ist die Ewigkeit mit ihren Welten, die Vergangenheit und Zukunft. Die Außenwelt ist die Schattenwelt; sie wirft ihren Schatten in das Lichtreich. Jetzt

scheint es uns freilich innerlich so dunkel, einsam, ge-
staltlos, aber wie ganz anders wird es uns dünken,
wenn diese Verfinsterung vorbei und der Schatten-
körper weggedrückt ist. Novalis

Überall aber, wo ihr ihn spürt, diesen Gott über euch
und um euch und in euch, wo euch ein Ahnen ergreift
von etwas, das über euer Leben, euer leibliches Schauen
und geistiges Begreifen hinausliegt, von etwas, das uns
mit warmen Armen der Liebe umfängt, da beginnt ein
höheres Leben. Unser Alltagsleben, wenn geführt in der
Gemeinschaft mit diesem Gott in uns, wird ein von
Grund auf anderes. Bitzius

Wo fährt die Seele denn hin, wenn der Leib stirbt,
sie sei selig oder verdammt? — Sie bedarf keines Aus-
fahrens, sondern das äußerliche tödliche Leben samt
dem Leibe scheiden sich von ihr. Sie hat Himmel und
Hölle zuvor in sich. Himmel und Hölle sind überall
gegenwärtig. Boehme

≈

Hilfreich sind auch die folgenden Meditations-Gedanken von *Karl May:*

Jeder Mensch ist der Schöpfer seiner eigenen Welt.
Seine Taten sind die festen, seine Worte die flüssigen,
seine Gedanken die imponderabilen Bestandteile dieser
Welt. Er schafft sie sich nicht bloß für hier, sondern
wird sich auch in jenem Leben nicht von ihnen los-
sagen können.

Große Gedanken sind Taten Gottes, von ihm der Menschheit zur Materialisation übergeben.

Ihr kämpft um den Besitz dieser und streitet euch über das Vorhandensein jener Welt; und doch ist es gerade euer Unfriede, der euch hindert, diese zu besitzen und jene zu erkennen.

Denke dir im Verkehr mit deinem Nächsten stets, daß bei dir dein und bei ihm sein Schutzengel stehe und der eine sich über dich freuen, der andere dich liebgewinnen will.

> *Ergib' dich drein und forsch' und hadre nicht;*
> *Tu, was die heilige Stimme in dir spricht.*
> *Sie flüstert dir das einzig richt'ge ein;*
> *Sie täuscht dich nicht; ergib dich ruhig drein!*

Es gibt nur deshalb keinen Verkehr zwischen hier und drüben, weil der Unglaube den Brückenbau von unserer Seite aus verhindert.

> *Gott schrieb die Schöpfung nicht als Trauerspiel;*
> *Ein tragisch Ende kann es nirgends geben.*
> *Zwar: jedes Leben ringt nach einem Ziel,*
> *Doch dieses Ziel liegt stets im nächsten Leben.*

Die Auferstehung geschieht nicht erst nach dem Tode, sondern schon hier! Jeder Gedanke, der sich vom Irdischen löst, um zum Himmel zu streben, ist Auferstehung und Himmelfahrt zugleich.

Ist es so schwer, anzunehmen, daß vor, hinter und

um uns die Ewigkeit liegt, von welcher unsere Zeit nicht einmal ein Tröpflein ist? Wir leben mitten in der Ewigkeit, und nur der Sprachgebrauch versetzt uns in die willkürlich skandierte Dauer, der wir den Verlegenheitsnamen „Zeit" gegeben haben.

≈

Als gute Meditationshilfen haben sich weiter kurze *Gedichte* erwiesen, die als Brücken zur Betrachtung und von da zur Versenkung und Einswerdung dienen können.

Im Anfang mag etwa ein Gedicht von Hermann *Claudius* Anstoß auf dem Wege nach innen sein:

„Herr, laß mich zu Dir finden im Gebet / Daß ich mein Leben in der Tiefe schaue / Und meinen Teil zu Deinem Tempel baue, / Der unvergänglich steht!"

Auch *Nietzsches* inbrünstiger Ruf an den Unbekannten Gott mag als Brücke dienen:

„Noch einmal, eh' ich weiter ziehe / und meine Blicke vorwärts sende, / heb ich vereinsamt meine Hände / zu Dir empor, zu dem ich fliehe, / dem ich in tiefster Herzenstiefe / Altäre feierlich geweiht / daß allezeit / mich Deine Stimme wieder riefe ...

... Ich will Dich kennen, Unbekannter, / Du tief in meine Seele Greifender, / mein Leben wie ein Sturm Durchschweifender, / Du Unfaßbarer, mir Verwandter! / Ich will Dich kennen, selbst Dir dienen."

Auch das Gebet von Max *Reuschle* kann die Einwärtswendung erleichtern:

„Meines Lebens dunkle Spanne / fügt sich, Gott, um Deine Nähe — / halte mich in Deinem Banne, / daß ich Dich, die Mitte, sehe, / daß ich nicht hinuntergleite, / zu dem Lärm und Stoff der Dinge, / daß ich, Gott, aus Deiner Weite / und aus Deiner Tiefe klinge!"

Den gleichen Dienst kann der *Ruf zu Gott* von Ernst Moritz *Arndt* uns leisten:

„Du, der Licht war vor meinem Tage, / Du, der Klang war vor meiner Klage / in der Gestirne Jubelgesang — / aus Deinem Lichtmeer nur *einen* Funken, wie ich einst ihn selig getrunken! / Aus Deiner Wonne nur *einen* Ton! / Und es wehen die Lüfte des Lebens / und es fliehen die Schauder des Bebens. / Du bist *Vater,* ich wieder *Dein Sohn.*"

Für Meditationen etwa beim Aufblick zum nächtlichen Sternenhimmel möge *Klabund's* ‚Sternen-Bruderschaft' dienen:

„Wenn ich in Nächten wandere, / ein Stern wie viele an'dere, / so folgen meiner Reise / die goldnen Brüder leise. / Der erste sagt dem zweiten, / mich zärtlich zu geleiten. / Der zweite sagt's den vielen, / mich strahlend zu umspielen. / So schreit' ich im Gewimmel / der Sterne durch den Himmel. / Ich lächle, leuchte, wandre — / ein Stern wie viele andre."

Oder aber wandeln wir mit Stefan *George* in der Meditation auf Gottes Pfad:

„Gottes Pfad ist uns geweitet / Gottes Land ist uns bestimmt / Gottes Weg in unserm Herzen / Gottes Kraft in unser Brust. / Gottes Band hat uns umschlossen / Gottes Blitz hat uns durchglüht / Gottes Heil ist uns ergossen / Gottes Glück ist uns erblüht!"

≈

In Gesangbüchern früherer Jahrhunderte finden sich viele Goldkörner mystischer Weisheit und gläubiger Gott-Gegenwart-Gewißheit, die in der Meditation die gleiche Erfahrung auch in uns zu erwecken vermögen. Der diesen mystischen Liedern gemeinsame Zug kommt in dem folgenden Vers zum Ausdruck:

> „Der äußere Mensch erfähret Leid,
> Der innere ist voll Heiterkeit,
>   von Gott beglückt.
> Der Leibeshülle droht ihr End'
> Der Geist kehrt in sein Element,
>   zu Gott, zurück."

Von der Überwesenheit Gottes künden die folgenden Worte eines anderen Liedes:

> „Dein Ursprung ist die Ewigkeit,
> Die niemals mit Dir angefangen.
> Du warst vor aller Welt und Zeit,
> Noch eh' die Schöpfung angegangen.
> Veränderung trifft Dich nicht,
> Diweil Dir nichts gebricht,
> Du bist ein unaufhörlich Leben.
> Was lebet und sich regt,
> Das wird von Dir bewegt,
> Du hast ihm dazu Kraft gegeben."

Ein anderes altes Gesangbuchlied, das mich immer wieder tief berührt, preist den *Gott des Lichts:*

„Du Gott des Lichts, vor dem des Tages Schein
Und aller Sonnen Pracht muß dunkel sein,
Send' in mein Herz das wahre Licht der Welt,
Das Christus ist, mein Heil, das Du bestellt!
Dann weicht die Nacht, dann wird das wahre Leben
Mit heilger Flamme sich in mir erheben.

Geh' in mir auf, erleucht' mich immerdar!
Dein Licht in mir sei Schutz mir in Gefahr!
Zu ruh'n in Dir, das sei mein Ziel im Leben,
Und all mein Tun in Deine Ruh' zu geben!

Dein heil'ger Geist schmück' unsere Herzen aus!
Gib ihn darein, mach einen Tempel draus,
Worin Du lehrst, was wir verstehn und wollen,
bedenken, tun und unterlassen sollen,
Daß uns Dein Werk, wie Dir's gefällt, gelinge
Und Deine Kraft das Wollen stets vollbringe!"

Ein anderes altes Lied beginnt mit den Worten:
 „Gott ist *Licht und Liebe!*
Wenn wir uns zu Ihm kehren,
Wird sein Geist uns alles lehren.
Gott ist *Geist und Leben!*
Wenn wir uns Ihm lassen,
Werden wir Ihn also fassen.
Wer Ihn liebt und sich übt,
Stets im Licht zu wandeln,
Fühlt Ihn durch sich handeln."

Und dann heißt es weiter, daß Gott uns in *Christo
innerlich allezeit nah und gegenwärtig* ist:

„Christus ist die Sonne in der Lichtwelt innen,
Er erleuchtet Herz und Sinnen.
Er, die ew'ge Quelle, strömt aus Licht und Leben,
Sich der Kreatur zu geben.
Herz, such' Ruh', komm' herzu,
Hier will Gott Dich tränken
Und sich selbst Dir schenken!

Christus ist Dir nahe! Eins ist not alleine:
Ihn nur liebe, such' und meine!
Blick nicht zu den Sternen, Christus dort zu finden,
Kehre ein, such' allein
Christum, der erstanden
Und im Grund vorhanden",
im *Seelengrund,* der, wie Meister Eckehart erkannte, mit
dem Gottes-Grund wesenseins ist. Von dem, der das
erfahren, sprechen die Verse eines anderen alten Liedes:
„Wer Christum in sich weiß, kann sicher stehen.
Er wird im Leidensmeer nicht untergehen.
Denn unter höchstem Schutz kann ihm nichts schaden,
Er wandelt überall auf lichten Pfaden.

Wer Christum in sich weiß, der hat den Himmel
Und ihn erschüttert nicht das Welt-Getümmel.
Er nimmt gelassen an, was Gott beschieden,
Und hat auch in der Not den ewigen Frieden.

Wer Christum in sich weiß und seine Gaben,
Der mag mit ihrer Lust die Welt nicht haben.
Wer reich in Christo ist, hat g'nug auf Erden
Und kann in Ewigkeit nicht reicher werden.

Wer Christum in sich weiß, kann nicht erschrecken,
Wenn ihn der Sünden Last will Angst erwecken.
Wer Christum in sich trägt, kann nicht verderben.
Wer Christum in sich trägt, wird selig sterben."

≈

Wenn und solange diese Meditationsgedanken nur *gelesen* werden, ist der Gewinn gering. Werden sie Gegenstand selbstbesinnender Meditation, erweisen sie sich als Samenkörner, die in der Seele keimen, wachsen, vielfältig Frucht tragen und den Reichtum des Innern offenbar werden lassen.

Eben hierauf kommt es an. Die hier gegebenen Meditationsgedanken wollen lediglich Hilfen sein für den Eintritt in die Meditation. Ist diese erreicht, sind keine Anregungen von außen mehr erforderlich. Sobald der Durchbruch in die innere Welt vollzogen ist, schöpft der Meditierende statt aus äußeren Wegweisungen unmittelbar aus der Fülle des Geistes und folgt der inneren Führung. Er ist dann aus einem Lesenden zu einem Erlesenen geworden, der seine Inspirationen und schöpferischen Impulse statt mittelbar aus Büchern unmittelbar aus dem *Buch des Lebens* selbst schöpft.

MONATS-MEDITATIONEN

Wie es Meditationen für den Morgen und Abend gibt, so gibt es auch Meditationen für die einzelnen Monate des Jahres, die teils bei den sonntäglichen gemeinsamen Schweigeübungen, teils bei den Abendmeditationen als

Richtschnur dienen. Sie helfen zugleich, den Monats-
rhythmus in der Natur mit wacheren Sinnen zu erleben
und sich diesem Rhythmus zu einen. Hier je ein Beispiel:

Januar

*Gott lebt und wirkt in mir. Seine schöpferischen
Lichtkräfte durchströmen mich wie ein fließend Feuer,
wandeln mich und schaffen mich neu.*

*In mir schwingt unaussprechliche, glückselige Freude,
Kraft, Gesundheit, Ruhe, Harmonie.*

*Ich bin ganz eins mit dem Geist des neuen Lebens,
dem Urquell alles Seins und Werdens, mit Gott.*

Gott ist ganz in mir — ich ruhe in ihm ...

Februar

*Ich bin das All-Eine, außer mir ist nichts! Ich bin
ganz eins, geschlossene Einheit!*

*Höheres und Niederes in mir ist eins; ich bin Einheit,
körperlich-seelisch-geistige Einheit; selbst im Schlaf und
im Traum bin ich eins. All' meine Kräfte sind eins; mein
ganzes Wesen atmet innere gottgemäße Einheit. Eins
bin ich mit dem kosmischen Menschen in mir.*

*Als Einheit bin bewußt ich eins mit dem Unendlich-
Ewigen, dem großen All-Eins.*

März

*Ich bin Gesundheit! Mein innerstes Wesen wird von
Schwäche und Krankheit nicht berührt. Mein Geist ist
Herr meines Körpers. Die Kräfte meines Geistes durch-
fluten meinen Körper und geben jeder Zelle neue Kraft.*

Ich bin eins mit dem ewig frühlingshaften Atem Got-

tes, der das All durchschwingt. *Er gibt auch meinem Körper neue Kräfte. Ich fühle diese Kräfte der Gesundheit mich durchfluten.*

Eins bin ich mit der ewigen Quelle allen wahren Lebens. Und täglich, stündlich wachsen in mir die gleichen Kräfte und führen mich einem Leben steter Freude und Gesundheit und lebend'ger Kraft entgegen.

April

EIN Leben durchflutet die Menschheit, sich steigernd zu immer vollerer Bewußtheit. Auch in mir schwingt dieses Eine Leben. Ein Leben der Freude strömt durch das All; mächtig ist sein Widerhall in mir. In mir schwingt lebendige Freude an der Schönheit der Natur, des Kleides Gottes; Entfaltungsfreudigkeit, Bewußtseinssonnenhaftigkeit erquillt in mir.

Eins bin ich mit den Kräften Gottes, des Urquells aller Freude im ganzen All. Freude strahle ich hinaus über alle Menschenbrüder, daß Kraft und Mut wächst in dem Schwachen, Hoffnung, Zuversicht, Vertrauen im Verzagten.

Ein Tropfen bin ich in dem Meer der Freude, erflossen aus den Quellen ew'gen Glücks, zu denen einst ich kehr' zurück, nachdem ich vieler Pilger Freudedurst gestillt!

In mir schwingt Freude! Ich bin Freude!

Mai

Der Göttliche Funke in mir ist eins mit dem Einen Quell alles Lebens, aller Kraft. Die Kräfte des Göttlichen erfüllen und durchdringen mich. Jeder Atemzug trägt neue Kraft aus dem All in mich hinein und eint mich inniger der Weltenkraft. Mein ganzes Wesen atmet Kraft und Frische, Freude, Sicherheit und Ruhe.

Ich bin und weiß mich eins mit allen Kräften, die das All durchfluten. Und in mein ganzes Leben strömt diese ewige Kraft und hilft mir, es zu meistern. Ich — Gottfunke — bin Kraft!

Juni

Wohin ich mein Sonnenauge auch wende, überall schau' ich das selige Pulsen ewigen Lebens. Wenn ich mich der Wunderwelt der Blumen und Blüten erschließe, so ist es Gott, der mir aus ihrer Farbenpracht entgegenlächelt. Quillt in mir Sehnen empor zum leuchtenden Sternenhimmel, so schwingt mir aus den Weiten des Alls verheißende Antwort entgegen.

Versenke ich mich in das Wesen der Dinge, stehe ich auch hier vor dem Rätsel Gottes. Und entbrennt aus glutendem Erkennens-Sehnen in mir Erleben ihres inneren Wesens, so ist es Gott, den ich erlebe.

Im Säuseln des Windes, im Brausen des Meeres, im Spiel des Kindes, in Freude und Leid der Menschenbrüder, überall schau' und erlebe ich Gott. Und werde ich still und such' in eigenen Tiefen des Urrätsels Lösung, quillt auch hier aus ewigen Gründen ahnend Erkennen, daß ich unzertrennlich eins bin mit dem Urquell des Lebens, mit Gott!

Juli

Heilige Stille in mir. Eins ist meines Herzens Rhythmus mit dem Schlage des Herzens der Welt; eins bin ich, der ich stumm mich neige vor dem Einen, mit der Kraft der schöpferischen Stille.

In mir atmet das Schweigen der großen Einsamkeit;
sehnend lausche ich in mir der Stille leisem Flüstern,
und all mein Streben wandelt sich in Frieden, Klarheit
und Gewißheit.

In der Stille erwacht in mir Gewißheit meiner Einheit
mit dem Geist des Alls, dem einen Leben. In seligem
Eins-Erkennen umspannt meiner Liebe Verlangen alles
Leben der Welt; und nicht eher wird ihre Glut erlöschen, bis auch das letzte Wesen mit meiner Liebe, meinem Leben eins!

August

Mein inneres Wesen ist eins mit dem Strome des
göttlichen Lebens in den unermeßlichen Weiten des
Alls; rhythmisch hallen wider in den Saiten meiner
Seele der Sphären Geisterklänge: Einheit und Harmonie.

Unabsehbar ist die Schar der Brüder, die mit mir
pilgern auf dem gleichen Pfade. In allen Seelen flammt
das gleiche tiefe Sehnen: Einheit mit Gottes Harmonie,
die Kraft und Freude ist und Liebe, Glück und Frieden.

Heiliger Rhythmus ewigen göttlichen Lebens, senke
Dich auf uns herab und laß unsere Herzen verschmelzen
mit Dir, wandle uns Lichtessucher zu seligen Trägern
Deiner Weltenharmonie!

September

Glückseligkeit — Widerschein göttlicher Liebe — durchflutet mich.

Ich bin erwacht zum Bewußtsein göttlicher Allgegenwart. Ich war blind, aber nun erkenne ich Deinen
Glanz, o Gott. Ich war taub, aber jetzt höre ich das

Raunen Deiner Stimme in mir. Seligkeit gottgleichen Lebens durchflutet und erleuchtet mich; Glückbewußtsein lodert in mir, ewig und unvergänglich wie das All, wie der Herr der Welten selbst.

Sonne in mir, lebendige Flamme meiner Seele, Christus-Kraft, durchstrahle mich mit Deiner Glut. Heilender Balsam ist die Süße Deiner Liebesflamme den Wunden meiner Seele. In mächtigen Stürzen durchlodern mich die Strahlen göttlichen Lichts. Seliges Glück, da Ich und All sich einen!

Oktober

Vertrauen auf Gott schwingt kraftspendend in mir! Nichts vermag mich in Furcht zu versetzen, da ich die Kräfte des Göttlichen in mir weiß. Nichts kann mich erschüttern, da die Kräfte des Göttlichen mich tragen. Nichts vermag meinen Weg zu ändern, da die Kräfte des Göttlichen in mir alles in rechte Bahn und Stufe zu weiterer Entfaltung wandeln.

Gottes Licht leuchtet mir. Und wenn es außen dunkel ist; in mir ist es hell! Gottes Licht erleuchtet mich. Innerste Gewißheit ist: Er wird mich tragen.

Gott ist in mir: Immer lebendiger wird dies Erkennen, und immer mächtiger wird Seine Kraft in mir ...

November

Tod und Vergehen, Wandel der Formen und Wechsel der Zeiten berühren mich nicht!

In mir glüht das Bewußtsein meiner Unvergänglichkeit. Lausche ich in mich hinein, so wird mir dort verheißende Antwort des Geistes; schau ich hinaus in die Welt, so spüre ich hinter dem Wandel der Formen das

Wirken des einen unvergänglichen Seins, in allem Leben das Bruderleben, in dem der gleiche eine Geist lebendig ist.

Unsterblich ist mein inneres Wesen, unvergänglich mein Höheres Selbst, ewig der göttliche Geist in mir. Mögen alle Formen zerbrechen: ich, der Geist, der war und ist, der mit dem einen Absoluten eins ist, werde sein, denn ich bin ewig . . .

Dezember

Zeitwende — Geisteswende! Aus nimmerermüdendem Streben, dem Einen immer ähnlicher zu werden, quoll Einssein. Weihenacht der Seele, da Christus in mir geboren, da höchstes Wirklichkeitserkennen meine Seele durchflutet!

Tempel Gottes, Spiegel des Alls, Weltengeist-Träger, Raum und Zeit überragendes Sein bin ich, unsterblicher Geist!

Wonne des Erwachens zum Sein, des Einsseins mit den Gottkräften des Alls, Seligkeit, Echo zu sein der Harmonie der Welten und mein Leben zu schauen mit den Augen Gottes! Erlösende Wandlung, erhabene Neugeburt, neues Erwachen: Herr bin ich aller Welten, Herr über Zeit und Ewigkeit . . .

DIE LETZTEN DINGE

> „Das Auge, darinnen ich Gott sehe, und das
> Auge, darinnen mich Gott sieht, ist ein ein-
> ziges Auge und ein einziges Sehen."
>
> Meister Eckehart

Die Krönung der bisherigen Meditationen bilde die
innige Versenkung in das Wesen der letzten Dinge und
das Einswerden mit dem Einen. Beginne diese in die
Kontemplation hinüberleitende Reihe mit der Meditation über den

All-Willen.

Erkenne, daß ein Urwille, ein Grundwille alles re-
giert: der Wille Gottes, der auch *in Dir* lebt.

Erkenne, daß dieser unendliche Wille *Liebe* ist, unerschöpflich quellende Liebe; erkenne, daß er *Leben,*
unendliches Leben ist, das auch dort blüht und wirkt,
wo der Mensch nur Tod sieht; erkenne, daß er *Licht* ist,
ewiges Licht, das auch Dich durchflutet und das Göttliche in Dir hell erstrahlen läßt. Erkenne, daß er höchste
Weisheit ist, erkenne diese Weisheit in Dir und erwache
zum Bewußtsein Deiner Geistigkeit und Unsterblichkeit.

Erkenne schließlich, daß der Wille Gottes höchste
Freude ist, größer als alle Freuden der Welt. Fühle Dich
eins mit dem unendlichen All-Willen. Laß Deinen Willen zum Allwillen selbst werden, zur Gotteskraft der
Liebe, des Lichts, der Freude.

Aus der Erkenntnis der Einheit mit dem Allwillen erfließt das Erwachen zum wahren

Sein.

Deine Meditation sei etwa diese:

„Je mehr ich in die Dinge eindringe, desto mehr verschwinden die Formen, desto sichtbarer tritt mir aus ihnen das eine Sein entgegen, ihrer aller Urgrund und Wesen. Weder Stein noch Pflanze, noch Tier, noch Mensch, noch Welten, noch Wesen über den Menschen und über den Welten können ohne dasselbe bestehen.

Alle Vielheit ist Täuschung; die Dinge der sichtbaren Welt sind nur Gestaltwerdungen des in ihnen wollenden Seins. Dasein ist Schein, das Wahre: Gottes Sein.

Je tiefer ich mich in mich selbst versenke, desto mehr entschwindet der äußere Mensch, desto wacher wird mein wirkliches Sein, das nicht Veränderung kennt noch Tod, das eins ist mit dem Sein des Alls. Selbst-Seins-Erkenntnis ist's, die mich von aller Scheingebundenheit befreit, die mich dem Einen Sein, dem Leben Gottes eint."

≈

Über den

Tod

erwacht im Meditierenden folgende beseligende Gewißheit:

„Kurz ist mein Leben, bald naht der Tod, und meine Pilgerfahrt auf dieser Welt hat dann ein Ende. Schon morgen kann diese Stunde schlagen, da alle Hüllen von mir fallen, da ich mit meinem letzten Hauch hinauf mich schwinge in die Reiche des Alls, da vor den Seheraugen meines Geistes mein Weg ersteht, der, den ich

schon gegangen, und der, den fürderhin ich gehen
werde . . .

Denn ich, der ew'ge Funke Gottes, vor dessen Blick
Jahrmillionen sich zusammenballen zu einem Nichts,
der war, bevor die Erde war, und sein wird, wenn die
fernste Zukunft eisgraue Vergangenheit ward, ich
kenne keinen Tod, nur ew'gen Wechsel im Reich der
Formen.

Tod ist die Krönung dieses Lebens und der Beginn
des neuen. Tod ist nur Wechsel meiner Wohnung, hier
auf der Erde oder fern auf anderen Welten. Ein neues
Kleid tausch' ich mir für das alte; denn jeder Wechsel
ist nichts als Geburt zu wahrerem und größerem Leben.

Tod, Wahn der Nichterkennenden, entschwunden ist
dein Reich! Wohin ich meine gottheitstrunkenen Augen
wende, schaue ich das Leben, überall das Leben, . . . und
meine Welten-Wanderung ist — Himmelfahrt zu
Gott . . ."

≈

Mit der Meditation über den Tod berühren wir das
in uns, was durch Tod und Vergehen nicht berührt
wird: das

Selbst.

Sowie wir die Frage „*Wer bin ich* meinem innersten
Wesen nach?" selbstbesinnend stellen, wird uns bewußt,
daß unser *Ich* — das, was wir unsere ‚Persönlichkeit'
nennen — nur Maske, Verhüllung eines Größeren in
uns ist, unserer eigentlichen ‚Individualität', unseres
Selbstes.

Dieses Selbst ist keine Hypothese, keine Fiktion, sondern erfahrbare Realität, die letzte Wirklichkeit und das eigentliche Fundament unseres Wesens.

Sri *Ramana Maharishi* stellte darum die Kardinalfrage „Wer bin ich?" in den Mittelpunkt der Meditation: „Hat ein Mensch einmal sein wahres Selbst erkannt, dann steigt aus der Tiefe seines Wesens das, was jenseits des Ich lebt, herauf und erweist sich als unendlich, ewig, göttlich. Einige nennen es das ‚Reich Gottes‘, andere ‚Nirwâna‘. Nennt es, wie ihr wollt. Wer es erreicht hat, hat sich nicht verloren, sondern gefunden."

Praktisch geht diese Form der Selbst-Besinnung auf den ‚Großen Syllogismus‘ *Buddhas* zurück, dessen Prämissen und Schluß nach *Georg Grimm* („Die Lehre des Buddho") wie folgt lauten:

„Was ich in mir entstehen und vergehen und deshalb mit dem Eintritt dieser Vergänglichkeit mir Leiden bringen sehe, das kann nicht ich selbst sein.

Nun sehe ich alles nur immer Erkennbare an mir entstehen und vergehen und mit dem Eintritt dieser Vergänglichkeit mir Leiden bringen.

Also ist nichts Erkennbares mein Ich."

Das besagt, wie Georg Grimm hinzufügt: „Weder mein Körper noch mein Geist (Bewußtsein) ist mein substantielles Ich, vielmehr sind Körper und Geist nur unwesentliche ‚Beilegungen‘ von mir, deren ich mich wieder entledigen kann, um dann als ein ‚Vollendeter‘ tief, unermeßlich, unergründlich wie der große Ozean in die absolute Wirklichkeit, das Nibbânam, in dem alles Erkennbare erloschen ist, in unvergänglicher Seligkeit unterzutauchen ...

Dieser Syllogismus ist der Ausgangspunkt für das

Verständnis der Lehre des Buddho. In den durch die Meditation herbeigeführten Möglichkeiten findet er seine Krönung. In der Richtung des Strebens, die er angibt, zeichnet sich zugleich das höchste Ziel ab, das im erkennenden Schauen zu immer größerer Gewißheit wird", nämlich zur *Selbst-Gewißheit*.

Der auf dieses Erlangen höchster Selbst-Gewißheit gerichtete Syllogismus Buddhas deckt sich mit der Erkenntnis Meister *Eckeharts*:

„Inwendig ist die Seele frei und ledig von allen Vermittlungen (Attributen) und allen Bildern, und das ist auch der Grund, warum Gott sich ohne weiteres mit ihr vereinen kann — ohne Bild und Gleichnis. Je freier vom Anhängen am Äußerlichen und Kreatürlichen, desto empfänglicher wirst du für das Einwirken und Innewerden Gottes; je mehr nach innen gekehrt und ichvergessener, um so näher bist du Gott."

Meister Eckehart spricht vom göttlichen Selbst als dem „Licht in der Seele, das unerschaffen ist. Dieses Licht empfängt Gott unmittelbar, unverhüllt so, wie Gott an sich ist."

In gleicher Weise sprach der Kirchenvater *Augustin* vom Selbst als dem ‚allerinnersten Menschen', in dem die Wahrheit wohnt, die Wirklichkeit, der Geist Christi. Er wird in der Meditation als der Seelengrund erkannt, der nach Eckeharts Wort mit dem Gottgrund wesenseins ist, als die in uns wirkende, waltende, steuernde, führende, schützende Macht, als der Sinngeber unseres Lebens, als Träger unerschöpflicher Kräfte und aller Gaben des Geistes Gottes.

Wer zu ihm erwacht, ist auf dem Wege fortschreitender Selbstverwirklichung und zu der befreienden

Erkenntnis, daß in diesem seinem Selbst das göttliche Leben ganz und ungeteilt gegenwärtig ist. Ihre Vollendung erfährt die Meditation über das Selbst in der *Christus-Meditation*. Doch zuvor wollen wir uns das Wesen des Selbstes in anderen Meditationen vergegenwärtigen — etwa in einer Meditation über die

Zeit:

„Stunden, Tage, Jahre, Zeitalter ... In endlosen Kreisen kommen sie aus der Zukunft heran, rollen vorüber und versinken im Abgrund der Unendlichkeit. Riesen — steigen sie machtvoll auf; winzige Zwerge — senken sie still sich hinab in der Vergangenheit Schoß ...

Welten erstehen, Welten vergehen; Menschheiten gehen auf und unter. Ewig im endlosen Wechsel ist nur der Geist, der, von der Zeit Vergänglichkeit und von der Unbeständigkeit der Formen unberührt, Herr über Zeit, Herr über Stoff und Formen, ewig unvergänglich hinter allem steht.

Eins bin ich durch den Gottes-Funken in meiner Brust mit diesem Geist des Lebens. Mein Selbst wird von der Zeiten Wechsel nicht berührt; und all mein Streben ist ein Wandern nur zurück zu jenem Ursein, das alles überdauert, das über aller Dauer."

≈

Das göttliche Selbst in Dir möge Gegenstand Deiner nächsten Meditation sein:

Weltenwanderers Weg

Geburt und Tod, Veränderung, Wechsel! In ew'gem Wandel

Schwingt zwischen diesen Polen alles Seins der Welt-
    uhr Pendel.
Die Wesen kommen und gehen in ewigem Kreislauf,
entgegenschreitend wachsender Reife,
Völker wachsen empor und entschwinden, andere er-
obern die Welt, und sind nicht mehr.
In spiraligen Bahnen schießt alles Leben dahin, und
aller Menschen Werdens- und Vergehens-Kreise sind
nur Teil größerer Kreise ...

—   —   —   —   —   —   —   —   —

... Bist Du's, Erinnerung, die Du in mir zahllose Bil-
der weckst aus einstigem Erleben? Ich schaue meine frü-
heren Daseinsformen;
Erwacht ist dieses Wissen mit dem Erwachen meines
Selbst.
Frucht früh'rer Mühen, ich erkenne es, ist auch dies
mein Erwachen.
... Ich schaue: Alles wechselt, aber nichts vergeht;
mein Leben hier
Ist nur ein Traum in einem anderen, weit schön'ren
Dasein,
Einem Erbe vieler solcher Erden-Träume ...

—   —   —   —   —   —   —   —   —

... Unendlich scheint der Weg, der hinter mir schon
liegt,
Bis ferne in der Dämm'rung Nacht er meinem Blick
entschwindet.
Unendlich scheint die Zahl der Lebensformen, die ich
durchwandert,
Und jener auch, die in der Zukunft Grau verschwim-
men ...

Wohin mein Weg mich führt? Mein Sehnen sagt es
mir:
Mein ganzes Sein ist unaufhörliche Entwickelung zu
Gott!
Ein winz'ger Ausschnitt nur aus diesem Welten-Wege
ist dies kleine Erden-Dasein — Folge und Ergebnis
früh'rer Leben.
Unendlich kurz der Traum; und ungezählte solcher
Träume bilden noch nicht einen Augenblick der Ewig-
keit . . .

—   —   —   —   —   —   —   —   —

Doch nicht allein bin alle diese Wege ich gegangen;
Mit Schwesterseelen war ich stets vereint,
Die mit mir wanderten durch die Unendlichkeit
Und wandern werden fernerhin
Bis dorthin, wo der Pfad in Einsamkeit entschwindet,
Wo es kein Anderes mehr, wo alles e i n s.

—   —   —   —   —   —   —   —   —

Noch kurze Zeit der Welten-Wanderung: Dann
werd' ich alles wissen!
Erkenntnis dämmert tief in mir, daß alles Erden-
Dasein
Nur kurze Rast auf meiner Welten-Pilgerfahrt.
Was Kindheit, Leiden, Alter — es ist nichts!
Nichts hat mit alledem mein unvergänglich Selbst
gemein!
Wie schönes oder schlechtes Kleid nicht eins ist mit
dem Menschen,
Der es trägt, so auch bleib' ich, der wahre Mensch,
Vom äuß'ren Formenwechsel unberührt.

—   —   —   —   —   —   —   —   —

Nur klein ist jener Teil von mir, der sich herabneigt
auf die Erde,
Der größ're ist der Sinnenwelt verhüllt.
Wohl ahnt man Höhen, die man Tiefen nennt, doch
man erkennt sie nicht . . .

— — — — — — — — —

So wand're ich, — vor mir und hinter mir Unend-
lichkeit
Auf meinem Weg — von Gott zu Gott.
Doch einst hat meine Wanderung ein Ende.
. . . Schon ahne ich, daß diese Daseinskette nicht mehr
endlos ist,
Schon winkt das andre sel'ge Ufer . . .
In süßem Schauer fühle ich's. Mein heißes Sehnen
trägt mich einst,
Von ew'ger Wiederkehr und Weltenwanderung
erlöst,
Empor zu Ihm, der ohne Zweites ist . . .
Ich weiß, mein Gott, einst werd' ich wieder sein
bei Dir,
Zu dem zurückzukehren alles Sein sich sehnt . . .

≈

Erkenne im Nacherleben dieser Meditation, daß Du
nicht der Körper bist, sondern daß Du *Geist* bist, daß
in Dir göttliches Leben atmet, will und wirkt. Erkenne
Dich, Dein wahres Selbst, als dieses Leben, dieses Wollen, dieses Wirken.

Erwache in Dir zu Dir selbst! —

Aus dieser Bejahung vermagst Du Dich emporzu-
schwingen zum Bewußtsein der

All-Einheit:

„Unendliche Kraft des Alls, ich öffne mich Dir! Durchflute mich, erfülle mich mit Deinem Leben! Mein Leben ist Dein Leben, meine Kraft die Deine. Mein Körper ist ein Teil des Deinen, vom Ganzen nicht zu trennen. Meine Seele ist Teil der Weltenseele, Tempel des Geistes, des Funkens, in dem Alleinheitskraft lebendig ist. Mein Geist ist ein sprühender Funke, emporgestiegen einst aus dem Urewigen, seiner Unendlichkeit und Unzerstörbarkeit bewußt.

Ein Leben schwingt im ganzen All — und auch in mir. Mein ganzes Wesen ist vom Gewißsein meiner Einheit mit dem All und seiner Kraft erfüllt. Selbst All-Kraft, bin im All ich wie das All in mir. E i n s sind All und Ich, Ein Sein, Ein Geist, Ein Leben!"

≈

Daß schon das alte Indien diese meditativen Anrufungen, deren letztes Ziel die Verschmelzung ist, kannte und häufiger als wir brauchte und infolgedessen eine hohe geistige Reife erlangte, ist nicht allgemein bekannt. Um auch Art und Form dieser Invokationen zu zeigen, seien zwei Beispiele gegeben. Zunächst die

Gayatri

die altindische Licht-Anrufung:

„O Du, der Du Licht und Bestand dem Weltall verleihst, aus Dem alles kommt und in Den alles zurückkehren muß: Enthülle das Antlitz der wahren Sonne,

*die jetzt von einem Schleier gold'nen Lichts verborgen
wird, damit wir die Wahrheit erkennen und unsere
Pflicht tun mögen — auf unserer Pilgerfahrt zu Deinem
heiligen Sitz!"*

Einen anderen Geist atmet eine alte indische Gatha,
in der die Weltenlehrer angerufen werden, die in dieser
Form auch heute noch Anwendung findet:

> *„Allen den Buddhas in der Zukunft Schoß,*
> *Allen den Buddhas der Vergangenheit,*
> *Allen den Buddhas in der Gegenwart*
> *Nah' ich mich ehrfurchtsvoll zu jeder Zeit. —*
> *Nicht kennt mein Herz sonst eine Zufluchtsstatt,*
> *O, einz'ge Zuflucht, hehrer Meister Du.*
> *Durch dieser Worte hohe Wahrheitskraft*
> *Such' ich den Sieg: Nirwanas tiefe.Ruh!"*

≈

Der abendländische Mensch gelangt zu der gleichen
befreienden Erkenntnis durch die

Christus-Meditation

in der Christus nicht als Glaubensfaktor, als Gegenstand eines konfessionellen Dogmas begriffen, sondern
als innere Wirklichkeit erfahren wird im Sinne des My-
stiker-Wortes:

> „Wär' Christus tausendmal in Bethlehem geboren
> und nicht *in Dir,* Du wärest ewiglich verloren."

In der Meditation *„Christus in mir"* geht die Betrachtung im Augenblick der inneren Hingabe in die

Versenkung, die Kontemplation, über, in der uns bewußt wird, was der Apostel Johannes in seinem ersten Brief (3; 2, 9, 24) aus eigener Erfahrung aussagt:

„Wir sind nun Kinder Gottes, und es ist noch nicht erschienen, was wir sein werden. Wir wissen aber, wenn es erscheinen wird, daß wir Ihm gleich sein werden ...

... Wer aus Gott geboren ist, der tut nicht Sünde; denn Sein Same (Christus in ihm) bleibt bei ihm und kann nicht sündigen; denn Er ist von Gott geboren ...

... Wer seine Gebote hält, der bleibt in Christo und Christus in ihm. Daran erkennen wir, daß Er in uns bleibt: an dem Geist, den Er uns gegeben hat."

Und weiter (4, 16; 5, 12):

„Gott ist Liebe, und wer in der Liebe bleibt, der bleibt in Gott und Gott in ihm ... Wer den Sohn Gottes hat (wer Christum in sich weiß), der hat das Leben."

Im Lichte dieser Wahrheit werden die Verheißungen des Christentums offenbar:

„Das Reich Gottes ist inwendig in euch" (Luk. 17, 21) — *„Ihr seid der Leib Christi"* (I. Kor. 12, 27) — *„Christus in euch, der da ist die Hoffnung der Herrlichkeit"* (Kor. 1, 27) — *„In ihm wohnt die ganze Fülle Gottes lebendig; und ihr seid vollkommen in ihm"* (Matth. 5, 48) — *„An dem Tage werdet ihr erkennen, daß ich im Vater bin und ihr in mir und ich in euch"* (Joh. 14, 30) — *„Ihr seid Götter und allzumal Kinder des Höchsten"* (Ps. 82, 6; Joh. 10, 34) — *„Euer Leben ist verborgen mit Christo in Gott"* (Kol. 3, 3).

Was diese Worte uns in der Meditation bewußt machen, ist die Tatsache, daß wir auf Christus in uns und seine Offenbarwerdung durch uns angelegt sind, wie es alle christlichen Mystiker mit *Nikolaus von Kues* sahen: „Christus ist das wesentliche innerste *Selbst* eines jeden."

Er ist der Gottmensch in uns, der im Maße unseres Selbsterwachens die Herrschaft über den äußeren Ich-menschen übernimmt, wie es Paulus (Gal. 2, 20) er-fuhr: „Ich lebe; doch nun nicht ich, sondern *Christus lebt in mir."*

Das heißt: Ich lebe nun nicht mehr aus dem kleinen Ich, sondern aus meinem innersten *Selbst.* Mein mensch-liches Ich ist gänzlich im göttlichen Selbst aufgegangen; Christus lebt in mir und ich in ihm; er und ich sind eins. Ich führe nun ein neues Leben aus dem Geiste Christi, aus dem Gewißsein: Christus in mir ist mein Helfer und Hort!

Dieses Innewerden Christi ist der Beginn lebendiger Teilhabe am *Reiche Gottes,* das in uns ist und dessen Erbe wir, als erwachte Gotteskinder, sind. So läuft le-bendiges Christentum im letzten auf die Verwirk-lichung unseres inneren *Christustums* hinaus. Die My-stiker nennen das „Christum anziehen" — die Trans-mutation oder Umwandlung des Erdenmenschen in den göttlichen Menschen.

Dieser inneren Umwandlung möge folgende Medi-tation dienen:

„Die Kraft Christi lebt und wirkt in mir! In mir er-wacht Seine erhab'ne Lichtgestalt; seliges Entzücken glutet in mir, daß ich Ihn schaue . . .

Erhabener Meister, Urbild, Vorbild, Christus: ich schaue, ich erkenne Dich! Der Du höchste Demut übtest,

*der Du barmherzig warst gegen die Schwachen, der Du
Dich hingabst für die Armen und Bedrückten, der Du
Freund warst allen Verstoßenen, Tröster der Leidenden, ich schaue Dein heil'ges Antlitz, das die Liebe und
der höchste Friede selbst ist.*

*Deine unendliche Barmherzigkeit und Liebe durch-
flutet und erhebt mich. Aus mir erquillt und in mir
schwingt und wächst Dein Liebes-Geist, und immer ju-
belnder entfalten sich die Kräfte meiner Seele, immer
gewaltiger empfinde ich Deiner Liebe und Güte Unendlichkeit, immer mehr werde ich Du!*

*Christus, Gottgeeinter, höchster Meister, Dein Herz,
Dein Wesen, Deine Urkraft lebt in mir. Aus nimmer-
müdem Sehnen erwache ich zu Dir! Ich bin ganz Dein,
ich bin in Dir wie Du in mir ..."*

≈

Was uns im Alltag weithin aus der Sicht geriet und
verlorenging, ist dieses Bewußtsein der lebendigen Gegenwart Christi und damit Gottes *in uns,* das eigentlich
unser ganzes Denken und Leben bestimmen sollte.

Wenn wir dieses Bewußtsein und Gewißsein in der
Meditation wiedererlangen, wird unser Leben mehr
und mehr zu einem ständigen Gespräch mit Gott als
unserem inneren Führer — bis schließlich, auf der Stufe
der Kontemplation, *Gott* es ist, der durch uns spricht
und wirkt.

Aus dem Bewußtsein der immerwährenden Gegenwart Christi in uns erwächst so höchste Selbst-Besinnung und Selbst-Verwirklichung. Das Licht der Gottheit hat sich in die suchende Seele gesenkt und eine

Flamme in ihr entzündet. Hellauf lodert die Flamme, alles mit ihrem Glanz überstrahlend, bis sie, himmelwärts lodernd, sich dem kosmischen Mutter-Licht eint ...

Und aus der Seligkeit des Erwachens zur Einheit quillt ahnend Erkennen und Dank:

Gott in mir!

Urgrund des Lichts, Abbild des Alls, Kraft ew'ger Liebe in mir, ewig dem Ursprung verbundener Geist!
Schwinge in mir!
Flamme in mir, strahlend in Schönheit, Helle und Kraft, herrliche Fülle leuchtenden Lebens, höchste Wonne, einziger Freund!
Erfüll' mich ganz!
Bringer des Friedens, Herr wahren Lebens, Du mein Erlöser aus Trug und Traum, Born höchster Seligkeit, Quell ew'gen Lichts!
Erstrahl' in mir!
Heiliger Geist, gottheitsentsprungene Kraft, Ewiges Leben im wandelnden Tag, Stimme der Stille, Licht im Dunkeln!
Leuchte in mir!
Träger der Liebe, des Weltenwillens, des Lebens! Ich schaue Dein Leuchten, ich sehe den Himmel, den Himmel in mir!
Wir sind geeint!
Ich selbst bin Flamme! Ich bin die Kraft, die Wahrheit, das Leben; geeint dem Unendlichen Weltengeiste, der Ewigen Wahrheit, der Göttlichen Sonne, ich bin
Das ewige Selbst!"

Die beseligende Gewißheit der Unsterblichkeit, Unzerstörbarkeit und Allhaftigkeit seines inneren Wesens ließ *Fichte* sich selbst, sein wahres *Ich,* mit jenen Worten bejahen:

„Ich erhebe mein Haupt kühn empor zu den drohenden Wasserstürzen und zu den krachenden, in einem Feuermeer schwimmenden Wolken und sage: Ich bin ewig und ich trotze eurer Macht! Brecht alle über mich herab, und du, Erde, und du Himmel, vermischt euch mit wildem Tumulte; und ihr, Elemente, schäumt und tobt und zerreibt im wilden Kampf das letzte Sonnenstäubchen des Körpers, den ich mein nenne; — mein Wille allein mit seinem festen Plan soll kühn und unberührt über den Trümmern des Weltalls schweben; denn ich habe meine Bestimmung ergriffen, und sie ist dauernder als ihr alle, sie ist ewig, und ich bin ewig wie sie!"

Zu der gleichen befreienden Gewißheit führt A. Drummond's Meditation

Christus in mir:

Christus in mir,

Du Sohn der Gottheit,

Vollkommenste Offenbarung des Höchsten in der
   Zeit,

Du ewiges „Ich Bin",

Unerschöpflicher Quell des Lebens, des Lichts und
   der Liebe:

Du bist mein Leben und meine Kraft,
   der Bringer aller Fülle und Vollendung,

Allen Lichts und aller Schönheit, aller Gerechtigkeit
und aller Freiheit,
Aller Göttlichkeit und aller Erlösung! —

Christus in mir!

Durch Dich bin ich eins mit der Vater-Mutter-Gott-
heit des Alls,
Durch die alles, was Leben hat, ist und wirkt.
Du bist der Fels, der Zeitlichkeit und Wechsel über-
dauert,
Der allen, die auf Dich vertrauen, Schutz gibt vor
den Stürmen des Lebens
Und einen Frieden und eine Sicherheit,
Von der die ruhelose Welt nichts weiß!

Christus in mir!

Ich habe nur einen Willen: Gottes,
Und nur ein Selbst: Dich, die Wurzel meines Lebens
und meiner Kraft,
Du mein Führer und Helfer auf allen Wegen! —
Offenbare in mir die Fülle Deiner Reinheit und
Macht,
Erfülle mein Herz mit dem Licht und Feuer Deiner
Liebe
Und laß mich heimfinden in Deine Welt
Und ein Tröster und Helfer sein allen Beladenen,
Allen Suchenden und allen Leidenden!
Laß mich alle Weisheit und alle Erfüllung in Dir
finden
Und laß mich in allem das Wirken Deines Willens
erkennen!

Christus in mir —

Du ewiges Licht des Innern!
Laß meinen Willen ganz eins sein dem Deinen
Und all mein Wirken Erfüllung meiner göttlichen
  Bestimmung!
Hilf mir, mein kosmisches Ziel immer klarer zu sehen,
Damit ich meines Schicksals Meister werde
Und ein Wirker des Guten, der Liebe und Hilfe
In Harmonie mit dem Willen der Gottheit
Und in Einheit mit allen hohen Geistern —
Zur Verwirklichung des Reiches Gottes auf Erden!

≈

Dafür, daß in allen Religionen das gleiche Hochgefühl lebendig ist, mag als Beispiel das

Gott-Gebet

Zarathustra's dienen, das den Gathas des Zarathustra, dem ältesten Teil des Avesta, der Heiligen Schrift der Parsen, entstammt:

„O Ahura, Höchster von allen, komme und offenbare Dich mir. O Ihr Engel der Wahrheit und Reinheit, zeiget Euch mir in sichtbarer Gestalt! O Ihr Engel der Vollkommenheit und Unsterblichkeit, schenkt mir Eure erhabenen Eigenschaften!

O Mazda, nach Deinem Willen schenke uns alle Güter des Lebens, die in Deiner Hand liegen. Mit Hilfe der Reinheit, der Herrlichkeit und Wahrheit lasse unser irdisches Leben gut und glücklich sein!

O *Ahura, offenbare Dich mir und gib mir Kraft durch Deine Liebe. Stärke mich durch die Hilfe Deines Geistes! O Engel der Treue, belehre meine Seele über die Wahrheit! In Dankbarkeit bringe ich Deinem Thron, o Mazda, o Wahrheit, meine Seele und die besten meiner Gedanken, Worte und Taten dar, mit allem, was sie an Ehrfurcht in sich tragen.*

O *Mazda, da Du den Menschen, die in Gedanken, Worten und Taten gut waren, das Reich der Unsterblichkeit, Vollkommenheit und Wahrheit öffnest, gib, daß ich zu diesen Menschen zähle, damit auch ich Deiner Güte teilhaftig werde. Da Dein die Herrschaft und die Macht ist, o Mazda, so ist dies für mich frohe Hoffnung für das Erreichen der Vollkommenheit schon in diesem Zyklus.*

O *Ahura, außer dem es keinen Schutz gibt! in dem Augenblick, da ich Dich mit dem Herzen erschaute, habe ich durch die Kraft Deines Geistes erkannt, daß Du der Anfang und das Ende bist, der Vater meines Geistes, der Schöpfer der Wahrheit und der gerechte Richter für die Taten dieser Welt!*

O *Mazda, Deinen Namen will ich anrufen und anbeten! O Ihr, die Ihr mit der Wahrheit vereint seid, Ihr Engel der Reinheit und der Liebe, gewähret uns Euren Segen, wenn wir Euch in Demut anrufen! Und leihet uns Euren Schutz, wie es uns verheißen ist!*

O *Ahura-Mazda, der Du durch Deinen heiligen Geist alle Dinge der Welt erschufest! Alle Taten, die ich wirkte, und alles, was ich von nun an wirken werde, wie auch alles, was meine Augen erfreut, das Licht der Sonne wie die leuchtende Morgenröte, sind nur zu Deiner Verherrlichung, o Wahrheit, o Mazda!"*

Weit hinaus schwingt sich das göttliche Ich, alle Er-
denschwere fällt von ihm ab, hinauf geht sein Sehnen
zu jenen Reichen des Lichts, denen einst es enteilt, zum
Höchsten, zu

Gott:

„Gott! Allmächtiger, Unnennbarer, ewig und überall Seiender, unerforschliches Geheimnis alles Lebens;
Ursprung und Ziel, Sehnsucht und Erfüllung alles Seins,
eins bin ich mit Dir!

Gott! Einzig Wirklicher, ewig leuchtendes Urlicht,
Quell aller Seligkeit, Ursprung aller Wesen und Wel-
ten, Urfeuer der Liebe,
Dein Leben brennt in mir!

Gott! Urgrund und Erhalter alles Lebens, ew'ge
Werdekraft, ewiger Wille, ew'ges Licht! Heilige Schauer
durchzucken, durchlodern mich:
Ich bin in Dir!

Ein Funke bin ich aus Dir. Dein Sein ist mein Sein,
ich bin ganz in Dir und der Seligkeit Deines Lichts,
meine brennende Liebe eint mich Dir.

Gott in mir, ich bin Du; ich selbst ward Flamme,
Strahl und Licht!"

GEMEINSAME MEDITATION

„Geistige Gemeinschaft ist der eigentliche Lebensquell des Einzelnen."

Othmar Spann

Diese Meditationsanleitungen wären unvollständig, würden wir hier nicht eine Sonderform der Meditation behandeln, die sich weitgehend eingebürgert hat: die *Gemeinsame Meditation*. Es gilt, Gott nicht nur in uns zu erleben, sondern ihn genau so im Nächsten zu erkennen und zu erfahren. Ein Weg dazu ist die Gemeinsame Meditation, die darüber hinaus eine Verstärkung des meditativen Erlebens für jeden Teilnehmer bewirkt und zeigt, daß sich die in ihr geweckten Kräfte nicht summieren, sondern potenzieren.

Die Gemeinsame Meditation ist ein Schlüssel zur Erweckung der in den meisten unzulänglich entfesselten allverwandelnden Kraft der *Liebe*. Der Alltagsmensch wertet die Liebe vorwiegend als ein *Gefühl*. In der Gemeinsamen Meditation erkennt man die Liebe als eine positive *Kraft*. In ihr wird Liebe in ihrer höchsten Form entfaltet: als göttliche Liebe.

Unter göttlicher Liebe verstehen wir nicht Liebe zum anderen Geschlecht, nicht Zuneigung zu bestimmten Dingen, kein passives Schwelgen in schönen Gefühlen, sondern bewußte Hingabe an alles Lebendige als Offenbarung des innewohnenden Göttlichen, die Bejahung der göttlichen Kraft in uns und in allen Wesen.

„Liebe Deinen Nächsten!" heißt danach: erkenne und liebe Gott in Deinem Nächsten, sieh ihn nicht in seiner äußeren Unvollkommenheit, sondern in seiner inneren

Vollkommenheit. Dadurch mehrst Du Deine Kraft und hilfst Deinem Nächsten, seine innere Vollkommenheit zu offenbaren. Denn was Du an einem Menschen siehst und liebst, das weckst und stärkst Du an ihm!

Du kennst die verwandelnde Kraft der Mutterliebe. Durch die göttliche Liebe, die in Deiner Seele lebt und nach Betätigung verlangt, kannst Du tausendmal größere Wunder der Wandlung vollbringen. Wenn wir das Göttliche in allem lieben, dann überwinden wir durch die Kraft dieser Liebe alles Ungöttliche, alles Unvollkommene und Leidbringende in uns und um uns — Schritt um Schritt.

≈

Wirksamstes Mittel, diese leidlösende Kraft zu wekken, sind die Gemeinsamen Meditationen, in denen wir in der Tiefe unserer Seele unsere Einheit mit den anderen Seelen erleben und, wenn wir noch tiefer in uns hinabdringen, unser aller Verwurzeltsein in der einen gemeinsamen All-Liebes-Seele Gottes. Je lebendiger wir das erleben, desto stärker quillt die Kraft des Unendlichen in uns auf.

Wir werden zum Strombett der göttlichen Kraft, lassen sie durch unsere Seele schwingen, jede Zelle des Leibes durchpulsen, unser Denken, Wollen und Tun von ihr erneuern und unser ganzes Leben durchgeistigen.

Seit Jahrzehnten gehört die Gemeinsame Meditation zu den täglichen Gepflogenheiten der Anhänger der verschiedensten geistigen Gemeinschaften, die den Segen dieser Übung erfahren haben. Wer mehr Kraft wünscht,

Hilfe, Trost und Ermutigung, sollte sich dieser Möglichkeit gegenseitiger Kraftübertragung in der Stille bedienen, indem er sich in die Neun-Uhr-Abend-Meditation einschaltet und aus den Minuten gemeinsamen Verweilens in der Unsichtbaren Kirche schweigenden Einsseins Kraft, Gesundheit und neuen Lebensmut schöpft.

Die Gemeinsamen Meditationen dienen der Schaffung zielbewußt gerichteter, jeden an sie Angeschlossenen fördernder *spiritueller Kraft- und Heil-Ströme*. Wer erfahren hat, welch starke geistige Kräfte bereits in den Meditationen im Menschen erwachen, der wird erkennen, wie viel mächtiger diese Kraft wird, wenn der Übende weiß und fühlt, daß, *wenn zur gleichen Zeit Tausende von Freunden mit dem gleichen Leitgedanken in die Stille gehen, wenn sich Tausende durch den gleichen Gedanken untereinander innerlich in Kontakt bringen, ein ungeheures biomagnetisches Feld geschaffen wird, das alles an sich zieht, was seiner Schwingung wesensgleich ist.*

Durch die Gemeinsamen Meditationen wird ein Stromkreis um die Erde geschlossen, in den sich jeder einzuschalten vermag, um Ruhe und neue Kraft zur Überwindung seiner inneren und äußeren Nöte und Sorgen zu schöpfen. Je regelmäßiger sich der Übende in diesen Stromkeis einschaltet, desto lebendiger, mächtiger und fördernder wird die Wirkung der in ihn einströmenden Energien sein.

In ihm erwacht nach und nach das Bewußtsein seiner Einheit mit der Christuskraft in seinem Innern und in allen Menschenbrüdern. Langsam wächst aus den Gemeinsamen Meditationen der riesige Geistesschatten des Kosmischen Christus empor ...

Heute überwiegen auf der Erde die negativen Gedankenkraftfelder, deren Auswirkungen die Kriegs- und anderen Massen-Psychosen darstellen, die nur in einer negativen geistigen Atmosphäre zu gedeihen vermögen. Auch andere Massen-Manien lassen sich auf die Wirkung jeweils vorherrschender Gedankenströme zurückführen. Aus diesen Tatsachen gilt es nun die ihnen zugrunde liegenden Gesetze herauszuschälen und diese praktisch zu nützen. Das geschieht am wirksamsten durch die Gemeinsamen Meditationen, wie sie heute in der ganzen Welt geübt werden. Die Tag für Tag ununterbrochen genährten positiven Gedankenströme beeinflussen nach und nach in immer stärkerem Maße auch die übrige Menschheit, und es läßt sich beinahe der Tag bestimmen, an dem sie die vorhandenen negativen Energien neutralisieren und auflösen und an dem ein neues, besseres Zeitalter sich erheben wird.

Den Gemeinsamen Meditationen liegt der Gedanke zugrunde, daß die zielstrebige Kraft *mehrerer* stets stärker ist als die Kraft eines Einzelnen und daß tausend zielbewußte Menschen größere geistige Wirkungen auszuüben vermögen als einige wenige. Schon nach kurzer Zeit bestätigen solche, die sich regelmäßig den Gemeinsamen Meditationen anschließen, daß sie „mit zunehmender Leichtigkeit alle Hindernisse in ihrem Leben zu beseitigen und mit völliger Ruhe und Harmonie alles, was sie tun, durchzuführen vermögen".

Die Übenden fühlen sich getragen von dem Bewußtsein, Zehntausende treuer Freunde zur Seite zu haben, deren spirituelle Kräfte ihnen zur Verwirklichung ihrer Wünsche zur Verfügung stehen.

Die Gemeinsamen Meditationen beginnen *jeden*

Abend um 9 Uhr ohne Rücksicht auf den Ort, an dem der Meditierende wohnt. Sie dauern etwa zehn Minuten. Sie beginnen mit einer Entspannung und Stille von ein bis zwei Minuten. In ihr wird der Boden vorbereitet, damit der Leitgedanke der Meditation sich lebendig entfalten kann.

Manche machen es so, daß sie kurz vor 9 Uhr in die Stille gehen und dann die neun Schläge der Uhr in der Weise als äußeren Impuls benutzen, daß sie bei jedem Schlag die hinausschwingenden Klänge gewissermaßen laden mit den Gedanken des Mantrams: „Ich bin eins mit allen meinen Brüdern. Meine Liebe möge hinausstrahlen und alle Schwachen und Suchenden stärken und fördern!" — Mit dem neunten Schlage treten sie dann in die Gemeinsame Meditation ein und beginnen mit der Verlebendigung und Verwirklichung des Leitgedankens.

Und welches ist die *stärkste* Energie bei den Gemeinsamen Meditationen, die den Übenden am schnellsten und sichersten vorwärts bringt? Ist es der Wille, die Vorstellungs- oder Glaubenskraft, die Zielstrebigkeit? Nein, es ist jene stärkste aller Kräfte, die wir kennen: die *Liebe*, die Hingabefähigkeit an den Nächsten und an die Kräfte und Mächte, mit denen der Übende eins werden will. Er wird darum aus eigenem Antrieb bestrebt sein, sich beim Beten oder Meditieren in das, über das er meditiert, *„inniglich zu verwandeln"*. Er weiß:

Mein Fortschritt wird um so größer, je williger ich mich in der Meditation dem göttlichen Leben, das mich in der Stille durchströmt, hingebe. Je inniger ich mich als Funke Gottes, als Schwingung des göttlichen Ur-

Lichts erlebe, ein desto strahlenderes Lichtzentrum werde ich in der geistigen Welt!

Immer bewußter gelange ich in lebendige Berührung mit der Bruderschaft der Großen Liebenden, immer bewußter eine ich mich der Christuskraft der großen Meister, die über die Menschheit wachen, und werde zum Pilger auf dem Pfade zum leuchtenden Urlicht ...

Wenn der letzte Glockenschlag den Beginn der Meditation kündet, tritt er bewußt ein in den Strom der Liebe und Kraft, der von Osten her den Erdball umbrandet, damit er ihn auf seiner höchsten Woge mit davontrage, alle Schlacken der Seele löse, so daß aus der Schale des alten immer lebendiger der *neue geistige Mensch* emporwächst!

Der Herbeiführung des Kontakts dient das *Mantram,* das gesprochen oder plastisch gedacht wird. Dieses Hinaussenden des Gedankens der Liebe zu allen Brüdern entspricht dem Anschließen einer Lampe an den elektrischen Strom. Sowie der Anschluß vollzogen ist, schwingt der Kraftstrom in der Seele des Meditierenden, durchflutet sie und läßt es licht werden auch in ihr!

Das Mantram zur Einleitung der Gemeinsamen Meditation lautet:

Ich bin eins mit Gott in allen meinen Brüdern!

Dieser Gedanke wird an den einzelnen Wochentagen entsprechend variiert, etwa wie folgt:

Montag: Wir sind alle eins. Millionen Brüder erheben gleich mir ihre Seele zum Höchsten. Wir bilden einen Stromkreis, der uns mit dem Urkraftfeld des Urlichts verbindet!

Dienstag: Ich strahle Kraft und Ruhe aus auf alle suchenden Menschenbrüder. Meine Liebe möge ihnen Kraft geben, zu erstarken und alle Hindernisse zu überwinden!

Mittwoch: Ich bin eins mit allen meinen Brüdern! Meine Liebe strömt von mir aus und erfüllt ihre Herzen mit der Lichtkraft des Geistes!

Donnerstag: Ich bin eins mit allen Brüdern, die gleich mir in dieser Stunde vor dem Unendlichen sich neigen, die gleich mir ihre Seelen dem Einströmen göttlicher Kraft und Fülle öffnen.

Freitag: Ich bin eins mit allen meinen Brüdern. Mögen unsere Wünsche und Liebesgedanken zusammenströmen zu einem unerschöpflichen Quell der Kraft für alle, die der Hilfe bedürfen!

Sonnabend: Ich bin eins mit Gott. Die Kräfte des Göttlichen erfüllen mich und strahlen durch mich hinaus auf alle Menschenbrüder. Sie entfachen in ihren Herzen den Funken der Liebe, der Hilfe und Kraft.

Sonntag: Ich bin eins mit Gott. Ich bin eins mit dem Göttlichen in allen meinen Brüdern. Möge der Geist der Einheit immer mehr Bruderherzen in Liebe erstrahlen lassen!

Beim Sprechen oder Denken des Mantrams werde der Übende sich der seelischen Verbundenheit mit allen bewußt, die den gleichen Gedanken zur gleichen Stunde in sich zum Schwingen bringen, und der inneren Einheit mit allen, die gleich ihm aus den unerschöpflichen kosmischen Kraftquellen Ruhe und Frieden, Gesundheit und Kraft, Fülle und Harmonie schöpfen. — Die Licht- und Leuchtkraft seiner Seele und die Kraft zur Ver-

178

wirklichung seiner Wünsche wird seiner Hingabe und Inbrunst entsprechen!

Dem Mantram folgt die eigentliche *Meditation.* Der Leitgedanke derselben wird vom Ziel bestimmt, das der Meditierende zu erreichen wünscht. Ihr Inhalt kann eine Sorge sein, ein Leid, ein Wunsch oder eine Bitte; die *Gewährung* hängt von der Inbrunst ab, mit der der Übende sich dem Göttlichen in seinem Innern und im All hingibt. Er muß sich bewußt sein, daß jeder Gedanke, den er in der Stille erzeugt, in den Tiefen seines Seins widerhallt, in die Welt hinausschwingt und in gleichgerichteten, gleichgestimmten Seelen ein lebendiges Echo wachruft; und er muß von *Liebe* zu allen Wesen erfüllt sein.

In dem, der mit Liebe und Inbrunst in den Gemeinsamen Meditationen sich dem Göttlichen in ihm und in allen seinen Brüdern hingibt, wird mit der Zeit das Gefühl der Allnähe und All-Einheit erwachen. Er wird dann nicht mehr denken: Ich bin hier, und da und dort sind meine Brüder! sondern er wird erfüllt sein vom Bewußtsein inneren *Einsseins* mit ihnen allen.

Die meisten Menschen stehen heute noch unter dem Einfluß fremder Gedankenwellen und Gedankenkraftfelder negativer Richtung. Darum wissen sie nichts von der Seligkeit gedanklicher Freiheit. Sie sind dauend in einem geistigen Bann und nur selten ihrer selbst bewußt. Anzeichen solchen Beherrschtseins von fremden Gedanken sind grundlos auftretende Niedergeschlagenheit, anscheinend ursachlose Bedrücktheit, Schaffensunlust, Bangigkeitsgefühle, Launenhaftigkeit usw. Dabei wissen die wenigstens, daß es hiergegen ein unfehlbares

Mittel gibt: die *Stille* und die schweigende Versenkung in der *Meditation*.

Wer, wenn eine Mißlaune ihn zu befallen droht, sofort in die *Stille* geht, sich auf die innere Kraft zurückzieht und sich von ihr durchfluten läßt, wird, in den Alltag zurückgekehrt, keine noch so störenden Einflüsse verspüren. Wenn ihm diese Gepflogenheit durch stete Wiederholung zur zweiten Natur geworden ist, wird keine fremde gedankliche Strömung mehr in sein Inneres eindringen können.

Wo es aus irgendwelchen Gründen nicht möglich ist, in einer kurzen Stilleübung Mißlaune und alles sonst durch fremde Gedanken aus dem Unterbewußtsein Aufgewirbelte zu beseitigen, vermag als stärkeres Hilfsmittel die *Gemeinsame Meditation* zu dienen. In ihr gelangt der Übende in Kontakt mit *positiven Kraftfeldern*, mit deren Hilfe er seine Seele mit Energien zu laden vermag, gegen die noch so viele negative Gedankenschwingungen nichts ausrichten können.

Auch hier gilt: *Um was Du bittest, das wird Dir gegeben!* Bittest Du um *Fülle*, wird sie Dir werden in dem Maße, in dem Du sie innerlich verwirklicht hast. Denn immer entspricht das Außen dem Innen. Bittest Du um *Erfolg*, dann wird sich aller Mißerfolg von Dir in dem Maße wenden, wie der Erfolg innerlich verwirklicht wird. Bittest Du um *Gesundheit*, dann wird Dir die Kraft zuströmen, deren Dein Organismus bedarf, um Gesundheit auch äußerlich zu manifestieren! —

Den *Abschluß* der Gemeinsamen Meditation bildet eine abermalige Stille von einer Minute. In dieser Stille wird der Leitgedanke als schöpferischer Impuls hinausgesandt:

„Mögen alle Wesen heute leidfrei sein!"

Die abendliche Gemeinsame Meditation ist eine Zeit der Stärkung für alle Schwachen, der Heilung für die Kranken, der Aufrichtung für alle Müden, der Ermutigung für alle Furchtsamen und Verzagten, der Ruhe für alle Ruhelosen und Gejagten, der Liebe für alle, die bisher vergeblich nach Liebe sich sehnten, und der *Wunschverwirklichung* für jene, die nach geistiger und leiblicher Nahrung hungern. Sie will eine Stätte sein, an der wir die Harmonie mit dem Unendlichen erleben. Und sie vermag das in vollem Maße zu sein!

≈

„Wo zwei oder drei in meinem Namen versammelt sind, da bin ich mitten unter ihnen", hat Christus verheißen. Das gilt in besonderem Maße, wenn diese Versammlung in schweigender Sammlung in der raum- und zeitlosen *inneren Welt* geschieht. Wer an dieser Versammlung teilhat, schöpft unmittelbar aus den Kraftquellen des Ewigen.

Wenn positives Denken eine Macht ist, dann bedeutet das gleichgerichtete bejahende Denken und gläubige Vertrauen einer Vielheit keine bloße Addition, sondern eine Multiplikation der dabei zur Entfaltung kommenden Kräfte, deren Segnungen jedem Teilnehmer an der Gemeinsamen Meditation nach dem Maße seines Vertrauens zugutekommen. In der Tat hat der Anschluß an die Gemeinsame Meditation schon viele Verzweifelte und Suchende mit neuer Kraft von innen her erfüllt.

Die dynamische Psychologie hat die Tatsache aufgedeckt, daß die Menschen, die äußerlich von einander getrennt scheinen und bewußt nur wenig voneinander wissen und aufnehmen, schon auf der Ebene des ‚Kollektiven Unbewußten‘ und noch mehr auf der des Überbewußtseins zusammenhängen und einander viel näher und verwandter sind, und zwar über alle Grenzen der Sprache, der Rasse, des Glaubens und der Farbe hinweg, als sie ahnen. Diese Tatsache erklärt nicht nur die Erscheinungen der Telepathie, der Gedankenübertragung und des unbewußten ‚Wissens um fremdes Wissen‘, sondern auch die Möglichkeit geistiger Heilungen, Fernbeeinflussungen und gegenseitiger geistiger Hilfe.

In der Gemeinsamen Meditation werden diese Möglichkeiten praktisch ausgewertet, wobei die Erfolge mit der Zahl der Teilnehmer anwachsen. Eben darum hat sich die Gemeinsame Meditation nicht nur in Europa, sondern auch unter den Anhängern der geistigen Bewegungen auf den anderen Kontinenten mehr und mehr eingebürgert, die sich, wenn in ihrem Lande die neunte Abendstunde naht, gleichfalls in schweigender Versenkung in den großen Ring der gemeinsam Meditierenden einfügen und so an den helfenden und heilenden Kräften teilhaben, die von Seele zu Seele schwingen und auch die Müden und Verzagten mitreißen, ermutigen und mit neuem Vertrauen zur Allseele erfüllen. Es ist ein Ring inneren Einsseins mit den Tiefenkräften des Ewigen, die im Seelengrund jedes Wesens pulsieren und sich dem Meditierenden mitteilen.

Hier sind noch 7 Leitgedanken für den, der in die Gemeinsame Meditation eintritt:

I. Ich bin eins mit dem Unendlichen Leben,

das alle Herzen aller Wesen und Welten erfüllt,
trägt und erhält,
eins mit dem unwandelbaren Einen!

II. In mir schwingt die Freude,
die Ruhe und die schöpferische Allkraft des Unendlichen.
Ich bin eins mit dem wirklichen Leben in der Tiefe
aller Wesen,
die sich gleich mir dem Göttlichen entgegenneigen.
Ich bin Kraft und Friede, Freude und Fülle!

III. Wo immer ich weile, bin ich geborgen und unter
dem Schutze Gottes in mir, der stärker ist als alle
Not der Welt!
Ich folge in allem der leisen Stimme meines In-
nern, die mich aus Nichterkenntnis-Dämmerung
zu Licht und Freude, Fülle und Erkenntnis führt!
Was immer ich beginne, was immer mich trifft:
Gott in mir wirkt mein Wohl!

IV. Ich bin eins mit dem Gott in mir,
der alles Dunkel in Licht und Freude wandelt und
und mich Tag und Nacht beschützt.
Das Vertrauen auf die stete starke Hilfe von Innen
erfüllt mich und alle meine Brüder und Schwestern
mit der Seligkeit der Geborgenheits-Gewißheit!

V. Durch den Gott in mir bin ich eins mit den kosmi-
schen Strömen der Liebe, Vollkommenheit und
Fülle! Ich bin eins mit der Kraft der Harmonie,
dem Grundgesetz meines Seins und Daseins!
Ich bin ein Wirker des Willens Gottes in mir, des-
sen Weisheit mich zu Selbst-Vollendung und
Selbst-Verwirklichung führt!
Mein Denken, Wollen und Tun ist bestimmt von

der All-Kraft des Guten; Segen erquillt aus allem,
was ich beginne!

VI. *Meine Liebe verbindet mich den Herzen aller Bru-*
derwesen, die der Gottselbstverwirklichung gleich
mir entgegenstreben!
So viel ich liebe, so viel bin ich in Gott.
Nichts anderes soll mich hinfort erfüllen als der
eine Wille,
die Liebe der Gottheit in Gedanke, Wort und Tat
hinauszuströmen,
eine strahlende Sonne der Liebe zu sein!

VII. *Gleich Millionen Brüdern*
bin ich ein leuchtender Träger und Tempel
göttlicher Liebe und All-Harmonie.
All unsere Gedanken schwingen jubelnd zusammen
zu höchster Einheit mit der Gottkraft des Unend-
lichen!

≈

Daß auch in manchen Jugendbünden und Pfadfinder-
Kreisen die Invokation angewandt wird, möge das folgende tägliche Gelöbnis eines Bundes zeigen, dessen Mit-
glieder das *Gutsein* auf ihre Fahne geschrieben haben.
Diese Meditation wird morgens und abends angewandt:
„Ich bin ein Glied der goldenen Kette der Liebe, die
die ganze Erde umspannt. Ich gelobe, mich als einzelnes
kleines Glied immer hell und stark zu erhalten. Ich
gelobe, mich zu bemühen, stets sanft und gut zu allen
Geschöpfen zu sein, Menschen und Tieren. Ich gelobe,
zu versuchen, alle, die schwächer sind als ich, zu be-
schützen, und ihnen zu helfen. Ich will nur reine und

schöne Gedanken denken, nur reine und edle Worte sprechen und alles, was ich tue, so gut tun, als ich nur kann. Möge jedes Glied in der goldenen Kette immer strahlender und stärker werden!"

Zum Abschluß dieser Beispiele folgt die

Große Invokation

der „Menschen guten Willens" und anderer geistiger Gemeinschaften:

„Aus dem Quell des Lichts im Denken Gottes
Ströme Licht herab ins Menschen-Denken.
Es werde Licht auf Erden! —

Aus dem Quell der Liebe im Herzen Gottes
Ergieße Liebe sich in alle Menschenherzen.
Möge Christus wiederkehr'n auf Erden!

Aus dem Zentrum, wo der Wille Gottes thront,
Lenke plan-beseelte Kraft den Menschenwillen
Zu dem Endziel, dem der Meister wissend dient!

Durch das Zentrum, das wir Menschheit nennen,
Finde dieser Plan der Liebe und des Lichts Erfüllung
Und des Übels Macht ein Ende!

Aus Gottes Licht, Liebe und Kraft
erstehe Gottes Plan auf Erden!"

ERWACHEN ZUR WAHRHEIT

„Es ist wie eine süße Melodie, dieses „Ich-Bin", die nicht mehr erlöschen kann, wenn sie einmal geboren ist, weder im Schlaf, noch, wenn die Außenwelt wieder aufwacht in den äußeren Sinnen, noch auch im Tode…"

Meyrink

Wenn alles Irdische verklungen und die Seele nichts ist als anbetende Versenkung in das göttliche Urlicht, sagt der Yogi, daß *Dhyana,* die Meditation, voll erreicht ist. Es ist ein beseligender Zustand, in dem alle Worte ersterben, da im Schweigen das Ur-Erkennen des *„Ich-Bin"* erwacht. Mitten aus dem Lauschen und der stillen Versenkung leuchtet plötzlich wie ein Flammenschein in finsterer Nacht die Erkenntnis empor:

Unsterblich bin ich, unvergänglich, unzerstörbar, ewig! Vor meiner Geburt, nach dem Verfall meines Körpers — ewig lebe ich, der Geist, der Weltengeist! In mir wird die Schöpfung Gottes sich ihrer selbst bewußt, und dieses selige Ich-Bin-Ich-Selbst-Erkennen ist Aufstieg und Hinaushebung über alle Vergänglichkeit; Gott-Erkenntnis und Einssein zugleich.

Von diesem Einheitsbewußtsein sagt Jakob *Boehme:* „Wenn das Zentrum aller Wesen ergriffen wird (das heißt: wenn ich in der mystischen Beschauung durch den in mir erwachten Gottesfunken mich eins weiß mit dem Urquell aller Kraft), geht eine solche Freude im Gemüt auf, daß sie alle Freuden der Welt übertrifft, denn es liegt der edle Stein der Weisen darin, und wer ihn findet, achtet ihn höher als die äußere Welt mit all ihrer

Herrlichkeit. Da kann man sich selber finden und erkennen. Wenn ich in das Zentrum eingehe, finde ich allen Grund; es ist nichts so fein, daß es sich nicht sonnenklar darin offenbart."

Unendlich viel ist gewonnen, wenn Du in diesem Leben lernst, den in Dir schlummernden, seiner Selbstverwirklichung seit Urzeiten entgegenharrenden Gottfunken zu wecken; wenn Du lernst, seine göttliche Sprache zu verstehen und mit dem Höchsten in Dir im Einklang zu leben. Aus der Meditation erwächst dann die *Kontemplation*.

... Ein langer Weg liegt hinter Dir: ein steinbedeckter, vielverschlungener Pfad durch die Höhen und Tiefen des Daseins. Doch auf der anderen Seite erstreckt sich vor Deinem vorwärts schauenden Auge der Licht-Pfad, den Du noch vor Dir hast, unendlich weit hinaus in jene Ferne, aus der mit ew'gem Schnee bedeckte Berge ihre Häupter zum Himmel emporheben, zu jenen Welten voller Licht, zu denen auch Dein Weg Dich, Welten-Wanderer, führt, bis Du einst an der Pforte Deiner wahren Heimat stehst, da alles Sein sich eint, und aus einem Wahrheits-Sucher zu einem Finder und Wahrer der Wahrheit wirst.

WAHRER DER WAHRHEIT

> *„Was einer im Reiche der Wahrheit erwirbt,*
> *hat er allen erworben."*   Schiller

Nur scheinbar war der Weise längst verklungener Zeiten den Tiefen der Wahrheit näher als die Menschen unserer Tage. In Wirklichkeit war er nur stiller und empfangsbereiter als wir dem Äußeren Ergebenen.

Er schaute unter den Wassern der Tiefe das ewige Antlitz der Wahrheit. Wir tausendfach Getriebenen haben die Wasser der Tiefe getrübt. Aber wenn wir stille werden und unbewegt, klären sich die Wasser, und die Wahrheit wird uns offenbar.

Wenn die äußeren Kräfte zur Ruhe kommen, werden die inneren Kräfte wach und tätig. Und wir gewahren, was Wahrheit ist. —

Was sich von der Wahrheit sagen läßt, ist nicht die Wahrheit selbst, sondern ihre Hülle nur, ihr Kleid. Die Wahrheit hat keine Namen. Was Namen hat, hat Form. Wo aber Form ist, ist die Wahrheit schon entwichen. Die Wahrheit hat keine Begrenzungen. Grenzen hat nur, was Gestalt hat. Wo aber Gestalt ist, ist die Wahrheit schon verborgen.

Streben nach Wahrheit hat nichts gemein mit Trachten nach Wissen. Wissen ist nur Schatten der Wahrheit, — und weisen nicht alle Schatten vom Lichte fort? Solange einer nur weiß, ist er nicht weise. Zur Weisheit erwacht, ist er erhaben über Wahn und Wissen.

Die Wahrheit ist kein Objekt der Sinne, sondern das Subjekt der Seele. Darum gilt es, auf dem Wege zur Wahrheit, die einen zu schließen und die andere zu öffnen.

Wer die Wahrheit jagt, verfehlt sie; wer sich von ihr erfüllen läßt, empfängt sie.

Solange wir suchen, sind wir Versuchte. Tälern gleichen wir, durch die jeder Wildbach sich ergießen mag. Sowie die Wahrheit uns berührt, sind wir Gefundene.

Besonnte Gipfel, grüßen wir die uns verwandten Riesen der Ferne.

Und der Weg dorthin?

Der steile Pfad der Wahrheit führt durch das Reich der Stille hinan zum Gipfel Deines höchsten Selbstes, zu dem kein Ton der Tiefe mehr hinaufdringt. Wer diesem Pfade folgt, der kann in einem Leben erreichen, was anderen in hundert Daseinsformen nicht gelingt.

Er streift in der Stille alles von sich, was bloß Schein ist — bis nur die Wahrheit übrig bleibt: sein wahres Selbst.

≈

Die Wahrheit schreitet dahin, ohne den Boden zu erschüttern. Nur der Irrtum wirbelt Staub auf. Sie überzeugt durch sich selbst; er aber bedarf der Beweise. Wer zu ihr erwacht, streitet nicht. Wer streitet, ist ihr noch fern.

Wo Lärm ist, ist keine Wahrheit. Denn die Stimme der Wahrheit ist die lautlose Stimme der Stille. Nur wo das Vergängliche schweigt, ertönt ihr ewig Wort.

Je mehr Worte, desto mehr Irrtum. Je näher wir der Wahrheit kommen, desto stiller werden wir. Ganz zu ihr erwacht, verstummen wir. Was erscheint noch sagenswert, wenn das Sein gefunden ist! Der von der Wahrheit Ergriffene redet nur, wenn sie ihn treibt.

Dem, was vergänglich ist an uns, bleibt die Wahrheit ewig Geheimnis. Doch die selbst-gestillte Seele trinkt aus der Wahrheit smaragdenem Kelch als aus dem Quell ihrer Kraft...

... und gewahrt, was die Wahrheits-Blinden noch nicht erkennen:

Die Worte sind Tropfen. Die Wahrheit ist der Strom.

Jeder Tropfen wird wieder zu Dunst und Nebel; der Strom aber ist ewig. Nie versiegend, rinnt er unaufhörlich aus sich selbst und in sich selbst zurück.

Dem geduldigen Wasser gleicht die Wahrheit: überall dringt es hin, aller Dinge Träger und Wandler. Es opfert sich in einem fort und bleibt doch sich selber gleich. Es reinigt und steigt dennoch immer wieder unbeschmutzt zum Himmel. Es widersteht nicht und ist doch stärker als der härteste Fels.

Gleich dem Wasser füllt die Wahrheit alles aus und ist doch ohne Form. Alles lebt aus ihr und zu ihr hin. Wie das Wasser ist sie unbesiegbar; nachgiebig, bricht sie dennoch jeden Widerstand und jede Starre.

Weil ihr Wille gütig ist, bezwingt sie alles.

Weil die Wahrheit unbewegt ist, bewegt sie alles.

Sie ist die ruhende Nabe am kreisenden Rade des Lebens. Je näher wir ihr kommen, desto gelassener werden wir.

Wie der Mittelpunkt des Rades, die Nabe, ein Nichts ist, und das Wichtigste eines Gefäßes, sein Hohlraum, ein Nichts ist, so ist das Höchste im Leben, die Wahrheit, ein Unbegreifbares. Aber wir können uns von ihr ergreifen lassen, können ihr Gefäß, ihr kreisend Rad, ihr Berger und ihr Wahrer sein.

Hüter des heiligen Grals, Wahrer der Wahrheit sein heißt von den Vielen unverstanden bleiben, ein Ärgernis den Lauten, Rater und Retter aber den zu sich selbst Erwachenden.

Nicht die Wahrheit erraten wollen, sondern ihr Rad sein und ihr Werkzeug — dadurch werden wir von der

Wahrheit bewegt. Nur so wird die Wahrheit zur Kraft, die uns zum Rechten treibt und führt.

Nicht die Wahrheit erfassen wollen, sondern ihr Gefäß sein — darin liegt die Lösung. Nur so wird sie uns gleich, nimmt unsere Form an und wird für uns ohne Fährnis erfahrbar.

Was wir mit den Händen erfassen und greifen können, ist nur Hülle. Aber im Stille- und Ergriffensein durchhaucht uns das Wesen der Wahrheit und wandelt uns zu ihrem Wahrer und Wirker. Eher erschließt sie uns nicht den Sinn unseres Daseins, ehe sie nicht in uns zu sich selbst erwacht.

In diesem Selbst-Anblick der Wahrheit gewahren wir:

Namenlos ist die Wahrheit. Wer sie nennt, verhüllt sie. Wer sie lebt, erlebt sie, erlebt sich. Die Wahrheit in ihm erfährt sich selbst.

Viele Glückseligkeiten birgt die Erde, aber nur eine Seelen-Seligkeit: die Wahrheit. Das begreift, wer zu sich selber heimfand. Er erfährt, daß sie stets unverlierbar in ihm war und bleibt und sich ihm so weit offenbart, als er sich von ihr leiten läßt.

Wer von der Wahrheit berührt ward, ist ohne Sehnsucht. Denn er schaut hinter den Schleier und erkennt sich selbst als das Eine in allem.

Wer aber sich selbst gefunden, der ist zum Ewigen entworden. Fremd ward ihm sein Vergängliches.

Jenseits des Scheines schaut er die Wirklichkeit, hinter dem Irrtum die Wahrheit, inmitten aller Bewegung die ewige Ruhe. Und erkennt Wahrheit, Wirklichkeit und Ruhe als *eines*.

Jenseits von Ich und Besitz, wandelt er im eigenen

Lichte. Den aber, der im schöpferischen Lichte seines Selbstes steht, täuschen keine Schatten von Glück und Unglück mehr.

≈

Wer währen will, sei ein Wahrer der Wahrheit. Denn Dauer besitzt nur, was wahr und wesenhaft, nicht scheinverhaftet ist.

Soweit Du mit der Wahrheit im Einklang lebst, soweit *bist* Du.

Je wahrer, desto wirklicher.

Wer ein Wahrer der Wahrheit ward, der weiß, daß Da-Sein und Nicht-Sein nur Schatten sind des Seins. Nicht sich will er mehr; durch ihn will die Wahrheit. Er ist des Ewigen Wirker. Leben und Tod sind ihm eins. Das ist das Geheimnis seiner Dauer.

Wer zur Wahrheit heimfand, leidet keine Not mehr, selbst wenn sein Leib zugrunde geht. Er lebt im Ewigen. Das ist das Geheimnis seiner Unverletzlichkeit.

Wer zum Gefäß der Wahrheit ward, der ist gestillt. Gestillt, ist er aller Dinge Eigner. Alles besitzend, verlangt ihn nach nichts mehr.

Wer zum Träger der Wahrheit ward, ist ein Quell der Erquickung für viele. Je mehr Dürstende er labt, desto mächtiger strömt seine Fülle. Doch obwohl er vielen zum Weiser wird, hat er keine Schüler. Denn er weist jeden auf sein eigenes innerstes Selbst. Und wirkt, daß die, die in der Stunde des Erwachens stehen, zur Wahrheit in sich selber finden.

Die Wahrheit gibt ihm Schöpferkraft; er zeugt, ohne zu besitzen; er wirkt, ohne sich zu mühen; er mehrt, ohne zu nehmen.

192

Er streitet nicht und besiegt doch alles. Er widersteht nicht und ist dennoch stärker als die, die sich widersetzen. Je mehr er sich zurückhält, desto vollkommener durchdringt er alles.

Das Große siegt dadurch, daß es sich erniedrigt, dient und sich hingibt: das Meer liegt tief, darum eilen die Ströme zu ihm hinab; der zur Wahrheit Erwachte ist gütig und gebewillig, darum fließt ihm alles Gute zu. Die Harten sind es, die das Schicksal zerbricht; den Gütigen hilft der Himmel.

Wer sich von der Wahrheit bestimmen läßt, kann die ganze Welt regieren. Denn die Wahrheit ist die Königin der Welt. Wer ihr dient, ist alles Vergänglichen Herr — frei von dem, was alle knechtet. Er ist gottverwandt; denn der Wahrheit höchster Wahrer ist die Gottheit, die Allverborgene.

II. Teil

DYNAMIK
DER KONTEMPLATION

Durch Selbstverwirklichung zum Kosmischen Bewußtsein

DENEN, DIE DEN PFAD GEHEN!

„O Sohn des Geistes! Reich habe ich Dich geschaffen. Wie kommt es, daß Du arm bist? Alle Macht habe ich Dir gegeben. Wie kommt es, daß Du schwach bist? Aus Liebe und Weisheit bist Du geboren. Wie kam es, daß Du in die Dunkelheit der Nicht-Erkenntnis stürztest?

Wende Dein Antlitz und schaue in Dich hinein, damit Du Mich findest in Deinem Innern, in der Fülle der Kraft und Allmacht!"

Also ruft unaufhörlich leise in Dir die Stimme der Stille, die Stimme Gottes.

Den Christus in uns finden, das Göttliche in uns erleben — das ist das höchste Ziel alles Mensch-Seins. Dies Erleben allein macht Dein Leben sinnvoll und zu einem lebendigen Teil des Weges zur Vollendung, während Du bis jetzt in einem der ungezählten Träume Deines wirklichen Lebens befangen warst.

Dies ist Sinn und letztes Ziel wahren Christentums wie jeder Religion: Deine göttliche Seele und die Deiner Brüder zu diesem Erwachen zu führen, jenen Göttlichen Funken in Deiner Brust, in dem verborgen die Gewißheit glimmt, daß Du nicht zu Mangel, Leid und Vergehen in dieses Leben gesandt, sondern als freier Gottes-Geist zu Glück, Freiheit, Harmonie und Liebe bestimmt bist.

Gott ist in Dir. Kein äußerer Beweis vermag, Dich ihm auch nur um einen Schritt zu nähern, Dich ihm zu einen; keine noch so erhabene Vorstellung vom Göttlichen, kein bloßes, mit dem Vergehen Deiner Körperhülle wieder von Dir fallendes Wissen über die letzten Dinge vermag Dich zu erlösen. Lehre, Bekenntnis, Formen — ihr Wesen ist Erstarrung, Stillstand, Tod, doch niemals Leben. Wahre Erkenntnis, schöpferische Weisheit, waches Sein, wirkliches Leben erfließt allein aus jenen ewigen Tiefen Deines Innern, die eins sind mit dem Urquell aller Kraft, dem Leben Gottes.

Was immer Du suchst und ersehnst, was immer Du Glück nennst, in Deinem Inneren findest Du es, nirgends sonst. Nur von innen heraus wirst Du Deine Gedanken, Ideale, Wünsche schöpferisch in Wirklichkeit wandeln. Nur aus den unergründlichen Tiefen Deiner Seele quillt die Fülle, die nicht Schein ist.

... Unzählige sind vor Dir den Weg in diese Wunderwelt des Geistes gegangen, haben in sich die Pforte zum Reich des Lebendigen Geistes gefunden und erschlossen, haben Gott geschaut und aus dem Quell Seiner Fülle getrunken. Sie wurden aus Tiermenschen zu Gott-Menschen, aus schlafenden Göttern zu Gott-Erwachten!

Auch Du hast schon die ersten Schritte getan, das Leben der Nacht zu verlassen und in den Tag hinauszutreten. Auch Du vermagst, zum wahren Leben, zur lebendigen Wahrheit zu erwachen und Gott zu schauen. Denn auch Du wandelst schon auf dem Pfad zur Vollendung.

≈

Wir stehen am Ende unserer Wanderung durch das Reich der Meditation. Vor unseren Augen breitet sich neues, fruchtbares Land, harrend seiner Erschließung und Nutzung: das Reich der *Kontemplation*. Bis weit in die Ferne verfolgt Dein Blick ein schimmerndes Band, dem Horizont sich einend — den Weg zur Vollendung. Versuchen wir, diesen Weg weiter gemeinsam zu wandern — bis dorthin, wo alle Wege enden, wo jeder sich selber zum Weg wird.

Eines bedenke vorweg: alle Worte der Erwachten und Weisen werden Dir nichts nützen, wenn sie Dir nicht Führer werden zu eigenem Tun, zu eigenem Üben und Verwirklichen. Vergiß niemals, daß jeder den letzten Teil des Weges selbst und — allein gehen muß, daß kein Eingeweihter und kein Heiliger einen Schritt an Deiner Stelle tun kann.

Je bewußter Du selber auf diesem Hochpfad auszuschreiten beginnst, desto mehr erwacht Deine Seele zur Erkenntnis der uralten Weisheit, daß das wahre Sein, das eine Leben, nicht unendlich fern, sondern in Wahrheit unendlich nahe ist, Dir näher als Dein Körper.

Unübersehbar weit dehnt sich das Sonnenland der Kontemplation vor unseren Blicken; unmöglich, hier, wie im vertrauteren Reich der Meditation, alle Wege zu seiner Hauptstadt, der Lichtstätte kosmischen Bewußtseins, aufzuzeigen.

Im Reich der Meditation war es möglich, die Licht-Pfade zu weisen, auf denen wir Unendlichkeits-Pilger es vermögen, bis zu den Grenzen dieses Reiches vorzudringen. Wir überschauten einen großen Teil dieses Reiches und wurden fähig, gute Wege von minder guten zu scheiden, die Merkzeichen der einzelnen Pfade zu erkennen. Und immer waren es Erleuchtete, Ältere Brüder der Menschheit, Meister des Lebens, die vor uns diese Wege gingen und uns zielsicher auf diesen Pfaden geleiteten.

All dies hört an der Grenze dieses Landes auf. Nur wenigen war es gegeben, in das Hochland der Kontemplation emporzusteigen, nur wenige kehrten von seiner Hauptstadt zurück, um leuchtenden Auges von der unvergänglichen Schönheit dieses Reiches zu künden. Und dennoch verheißt die Botschaft des Neuen Zeitalters, daß *jeder* Menschenbruder berufen und befähigt ist, Bürger dieses Reiches der Unsterblichen zu werden, wenn er nur will.

Wenn er nur will, und wenn er zuvor verwandelt wird: verwandelt durch Meditation und Kontemplation in einen neuen, von allem Niederen befreiten Menschen.

≈

Alles Sein sucht Gott. Und alle Menschen gehen — sehenden Herzens oder wider Willen — die Straßen der Religion, die Wege zur Wieder-Vereinigung mit Gott.

Aber manche Straßen sind steinig geworden und nur noch unter Mühen beschreitbar, so daß viele, die sie gehen, blutenden Fußes zurückbleiben oder andere, leichtere Wege nehmen. Und ihre Augen scheinen traurig zu fragen, wo die liebende Hand sei, die einst diese Straßen pflegte.

Man hat die Religion zu etwas außerhalb des täglichen Lebens Stehendem und damit zu etwas Totem gemacht, mit dem man sich bestenfalls an jedem siebenten Tag für einige Stunden beschäftigt, froh, mit dem Sonntagskleid auch die Religion wieder für eine Woche in den Schrank legen zu können.

Viele Mauern wurden errichtet zwischen Religion und Alltag, statt daß man dem Menschen zeigte, wie beide, Religion und Alltag, inneres und äußeres Leben, vereinigt werden, damit der Mensch als ein seiner Freiheit und Gott-Verbundenheit bewußter Geist zu wahrhaftem, aus den göttlichen Quellen der Fülle schöpfendem, lichtdurchflutetem freudig-harmonischem Leben sich emporschwinge.

Religion muß *Leben* werden und sich als Kraft erweisen, die jede Arbeit durchdringt und in Ewigkeitsschaffen wandelt, die alles, was der Mensch denkt, fühlt, will und tut, durchgeistigt und vergöttlicht, die das äußerliche „Gott mit uns" in ein bewußtes „Gott in uns!" verwandelt.

Den Weg zu dieser Wandlung allen Menschen zu zeigen, war und ist das Ziel der zeitlosen unsichtbaren „Gemeinschaft der Heiligen", die in eisgrauer Vergangenheit in Gupta's und Mysterien-Tempeln wirkte, die durch die großen Weltenlehrer und Heiligen aller Zeiten sprach und auch heute ihre Künder hat, weil eine *Neue Zeit* anhebt, in der sich nicht nur die Seelen der Menschen, sondern die ganze Natur, die Seele unseres Planeten den geistigen Licht-Reichen des Alls liebend öffnet: ein Zeitalter, in dem der Einzelmensch von Erwachen zu Erwachen aufwärts zu steigen bestimmt ist.

Dieser Weg von Wandlung zu Wandlung, zu immer größeren Höhen, zu immer vollerem, immer bewußterem Leben ist der Pfad der Kontemplation.

Kontemplation — auf dieser Oberstufe des Weges zur Vollendung hebt das volle Wirklichkeits-Erwachen an. In ihr erlebt der Suchende das Göttliche als die eine Quelle aller Kraft, alles Geistes, allen Lichts und Lebens. Er erkennt, daß diese göttlichen Kräfte in jedem Atom seines Körpers schwingen, daß er seinem wahren Wesen nach nichts ist als Verkörperung der Gott-Kräfte. Seinen sehenden Augen erschließt sich die Geistigkeit und lebendige Einheit des Alls, des von Gott getragenen, erhaltenen, belebten Kosmos, als dessen schöpferisch-lebendiges Spiegelbild er sich selbst erlebt. Und leuchtend offenbart sich die Kontemplation seinen Augen als der Weg zur Verwirklichung der Forderung des Meisters: „Seid vollkommen, wie Euer Vater im Himmel vollkommen ist!"

SCHÖPFERISCHE KONTEMPLATION

„Nur aus der heiligen Einfaltigkeit und Einsamkeit des Menschen kann der Geist der Religion in Wahrheit hervorgehen. Nur unter diesen Bedingungen erblüht die Meditation, das inbrünstige Entrücktsein, der erhabene Aufschwung. Nur hier geschieht das Heranreichen an die Mysterien, die ewigen Fragen des Woher und Wohin. Erst in der Einsamkeit, der Einheit mit dem All, der Kontemplation schwingt die Seele sich gottwärts und alle Zeugnisse, alle Kirchen und äußeren Predigten schwinden hin wie Nebel ...“

Whitman

Aus dem *meditativen Leben,* zu dem die zur Gewohnheit gewordenen Meditationsübungen hinleiten, erblüht die *Kontemplation:* das unbewegte Verweilen im Wesensmittelpunkt, im Frieden Gottes.

In der schöpferischen Kontemplation, die weit mehr ist als religiöse Meditation, weil sie jenes völlige Lassen und Gelassensein ist, in dem die genialen Potenzen des göttlichen Selbstes sich entfalten, wird zu lebendiger Gewißheit, was vorher nur beseligende Ahnung war: *daß wir unserem innersten Wesen nach Gottes fähig, weil gottgegründet und göttlichen Geistes sind.*

Das geht uns auf, wenn wir uns mit dem Heiligen Pedro de Alcantara den stufenweisen Unterschied zwischen Meditation und Kontemplation bewußt machen:

„In der *Meditation* sinnen wir über geistige und göttliche Dinge nach, bewegen sie in unserem Herzen. In der *Kontemplation* wird unser Herz von ihnen bewegt.

Die Meditation ist das Suchen, die Kontemplation das Finden der Wahrheit, das Ergriffenwerden von ihr. Die eine kaut die geistige Nahrung, die andere genießt sie. Die eine ist Hinstreben, die andere Hingabe und liebendes Einssein.

Der Mensch muß sich ganz dem Zentrum seiner Seele lassen und Gott erwarten. Er muß dabei sich selbst und alles Tätigsein fahren lassen und vergessen, wie es ein Kirchenvater ausdrückte: Jenes Gebet ist vollendet und führt zur Vollendung, in dem der Betende weder seiner selbst noch dessen bewußt ist, daß er betet."

Der gleichen Wahrheit gab Meister *Eckehart* diese Form: „Völlige innere Losgelöstheit von sich selbst bringt den Menschen Gott näher. Denn von sich und den Dingen voll sein heißt leer sein von Gott; von sich und den Dingen leer sein heißt von Gott voll sein."

Kontemplation — dem Worte nach Beschauung, Vertiefung und betrachtende Versenkung zugleich — meint Schau des Göttlichen im Innern des Menschen, Versenkung in die Wesenheit Gottes, Erhebung des Geistes zu den Lichtreichen des einen Absoluten, Erkennen der unauflöslichen inneren Einheit des Seelengrundes mit dem Gottesgrund.

Kontemplation ist — wenn wir alle ihre Aspekte zusammenfassen und die zahllosen glitzernden Flächen dieses Kristalls in einen Spiegel wandeln — ein Stillehalten des Gemüts und aller Kräfte des niedern Menschen, die mystische Erhebung der Seele zum Göttlichen tief im Innern, ein Wirkenlassen aller Kräfte des göttlichen Funkens im Menschen, ein Sich-Verbinden dem göttlichen Urlicht und ein weiseloses Schwingen in der Einheit.

Ist, wie Blavatsky sagt, die Meditation Ausdruck der „unaussprechlichen Sehnsucht des inneren Menschen nach dem Unendlichen", seiner wahren Heimat, so führt die Kontemplation zur Erfüllung dieses Sehnens.

Auf dem Pfade der Verinnerlichung und Vergeistigung ist die Kontemplation der letzte große Schritt nach innen. Sie stellt — als Einheit von Erkenner, Erkenntnis und Erkanntem — die höchste Stufe der Meditation dar und ist als solche, mit einem Wort, *Versenkung,* jene Versenkung, von der *Gregor* einst sagte, daß „durch das Licht der inneren Beschauung das Innere der Seele selbst erweitert wird und sich so in Gott ausdehnt, daß sie über die Welt erhoben, ja, daß die Seele des Beschauenden über sich selbst hinaus erhoben wird."

Ziel aller Kontemplation ist das Erwachen des höheren Selbstes, des göttlichen Funkens im Menschen, wodurch der niedere Mensch in den höheren, kosmischen Menschen übergeht. Ihr Ziel ist aber nicht nur die Erweckung des Göttlichen im Menschen, sondern seine Entfaltung und Hinaufführung zur Einheit mit dem Göttlichen im All, auf daß der Mensch, Kraft schöpfend aus ewigen Quellen, als Kosmischer Mensch sein Leben sub specie aeternitatis, im Lichte der Ewigkeit lebe...

WESEN UND ZIEL

„Meine Erkenntnis habe ich nicht aus Büchern oder Schriften geschöpft, sondern aus meinem eigenen Innern; denn Himmel und Erde und alles, ja Gott selbst wohnt im Menschen."

Jakob Boehme

„Gib mir, wo ich stehe, und ich will die Erde bewegen!" mit diesen durch die Jahrhunderte hallenden Worten gab Archimedes dem Sehnen seiner Zeit Ausdruck, einem Sehnen, das bis in unsere Tage hinaufreicht, ungestillt zumeist, als Echo nur eine Antwort vernehmend: Wir wissen es nicht! Einen solchen festen Punkt gibt es nicht!

Wahr ist, daß im ganzen All — im Umkreis der Sonnen und Planeten wie in dem der Atome und Elektronen — ein fester Punkt nicht zu finden ist, daß Du, wanderst Du auch bis ans Ende der Welt, nur neue Fernen schauen würdest, aber kein Ende, keinen Punkt der Ruhe. Und dennoch ist dieser Punkt da, *in Dir,* in dem geistig-göttlichen Wesen in Dir, das, ewig im ewigen Wechsel sich selbst gleich bleibend, über Zeit und Formen thront. Der Göttliche Funke in Dir ist der einzige feste Punkt.

Tief in Deinem Innern harrt er seiner Erweckung. Er ist immer da, ob Du seine Gegenwart leugnest oder nicht, fühlst oder nicht fühlst. Er ist die einzige Tatsache, der einzige Punkt im ganzen All, der Dir, Wanderer in der Unendlichkeit, unverrückbaren Halt gibt. Alles andere ist Schein! Er ist Deine Heimat, außer ihm ist Fremde.

206

Und wie gelangst Du zu diesem festen Punkt in Dir? Auf dem Innenpfad der Kontemplation.

Alle Weisen der Erde kündeten — tauben Ohren zumeist — die Notwendigkeit und den Weg kontemplativer Versenkung, da sie allein uns, nach einem Worte *Plotins,* „zu der Wahrheit in uns erwachen läßt, zur Einheit mit uns selbst, mit dem Unendlichen, dem All-Einen." Sie alle lehren uns Meditation und Kontemplation erkennen als den Weg, den festen Punkt in uns finden, die innere Flamme zum Leuchten, den unsterblichen Geistesmenschen in uns zum Erwachen zu bringen, zu wirklicherem, bewußterem Leben wiedergeboren zu werden und uns zu immer höheren Ebenen des Seins aufzuschwingen, bis das große Erwachen zum Kosmischen Bewußtsein anhebt.

Dieses Erwachen zum Kosmischen Bewußtsein — und damit zum festen Punkt in Dir — ist das höchste Ziel. Dazu muß vieles in Dir neu, verwandelt werden, aber dann bricht endlich — den Tag und die Stunde, wo Er kommt, weiß niemand! — allgewaltig die alles Niedere verzehrende, alles Göttliche in Dir lösende Flamme des Kosmischen Bewußtseins auf, des Bewußtseins Deines unauflöslichen Eins-Seins mit dem Göttlichen.

≈

Kontemplation — vom lateinischen ‚contemplatio' = andächtige Vertiefung, erkennendes inneres Schauen — führt über die meditative Selbstbesinnung hinaus zu fortschreitender Selbstverwirklichung und im letzten zur Erleuchtung und zum Kosmischen Bewußtsein der Gottunmittelbarkeit.

In der Meditation ist der Mensch noch strebend und wollend, in der Kontemplation erlischt jede Absicht. Das Eigentun weicht hier dem Lassen und gelassenen ‚Einsenken des Geistes in Gottes Geist', wie *Tauler* es umschreibt.

Dieses Sich-Lassen ist Kennzeichen der Kontemplation. Es ist ein Gott-durch-sich-wirken-lassen, das leiblich als Gelockert- und Gelöstsein, seelisch als Erlöst- und Freisein empfunden wird. Eben dies meint das Mystiker-Wort vom schweigenden inneren Gebet:

„Geschäftigsein ist gut, viel besser aber beten,

am besten aber, still und stumm vor Gott hintreten",

und zwar im Sinne des „Nicht wie ich, sondern *wie Du willst!*"

Alsdann bedarf es keiner Regeln und Übungen mehr. Jede äußere Form der Andacht, des Gebets, der Meditation entfällt, sobald Kontemplation und Leben eins sind. Wir empfinden dann wie *Tersteegen:*

„Ich bet' zwar stets, doch ohne Mund,

es macht des Friedens Zug im Grund

die müden Lippen schließen.

Ich weiß auch nichts zu beten mehr,

ich hab' erlangt, was ich begehr'.

Mein Beten ist Genießen",

es ist seliges Gewißsein unauflöslichen Verwurzeltseins unseres inneren Wesens, Christi in uns, im Reiche Gottes, wie es Paulus erfuhr: „Das Reich Gottes steht nicht in Worten, sondern in Kraft." Es ist Kraft, Friede, Licht, höchste Lebensfülle und Vollkommenheit.

≈

In der Kontemplation gelangen wir von der Selbstbesinnung zur ersten Berührung mit dem, was wir *Selbstverwirklichung* nennen, die nicht vom Ich, sondern vom Selbst her bewirkt wird.

Das Selbst ist ja keineswegs nur, wie C. G. Jung es sah, ein „Symbol Christi", sondern es ist *Christus als innere Wirklichkeit,* als Quell aller Kraft und Hilfe von innen und oben. Durch ihn ist Gott in uns Mensch geworden, damit wir in Gott unseres göttlichen Wesens innewerden.

Die Kontemplation — als der Weg zur „Geburt Christi im reinen Menschenherzen" — entspricht dem Dhyana-Pfade der indischen Weisen der ältesten Zeit bis hinauf zum buddhistischen Sangha-Orden und dem „Weg der Abgeschiedenheit" der Mystiker aller Zeiten.

„Abgeschiedenheit" werde hier recht verstanden! Der Meditationspraktiker will uns ebenso wenig wie der Mystiker zu einem weltabgewandten Einsiedler machen; er will vielmehr den einzelnen zu einem bewußten schöpferischen, lebendigen Glied im Menschheitsorganismus wandeln; er will ihn lehren, das Göttliche in sich zur Entfaltung zu bringen und aus dem Erleben der Einheit mit dem Göttlichen heraus zu einem voll erwachten Geist-Menschen zu werden, der nicht mehr Sklave des Alltags, sondern Meister seines Lebens geworden ist.

Man verwechsle nicht Mystik mit Mystizismus! Mystizismus ist Selbsttrug, entstanden aus der Sucht nach dem Wunderbaren, Magischen, Geheimnisvollen. Mystizismus ist Weltflucht, Welt-Verneinung, Stillstand, Tod. Mystik hingegen ist Welt-Verinnerlichung, Welt-Vertiefung, Ich- und Welt-Vergeistigung und — im Höchsten — Daseins-Bemeisterung.

Ein Haus baut man auf festen Grund, ein Übel packt man erfolgreich nur an der Wurzel: sein Leben meistern kann nur, wer eins ist mit dem Quell alles Seins und selbst zum Ursacher wird!

Wo diese aus der Kontemplation hervorquellende *Einheit* völlig verwirklicht ist, kann es nicht mehr heißen: „Ich bin schwach, ich bin arm, elend!" nein, hier ist der Mensch in Wahrheit zum heiligen Tempel göttlichen Lebens der Fülle und Gesundheit, Kraft und Liebe geworden; ein Lebemeister im Sinne Meister *Eckeharts.*

≈

Wenn gesagt wurde, Kontemplation sei *Lassen,* so ist das dahin zu verdeutlichen, daß es sich hier um kein passives Sich-gehenlassen, sondern um ein williges *Sich-hingeben* handelt, um ein Hineinfließenlassen des Ich-Stroms in den göttlichen Lebensozean. Der Mystiker unterscheidet hier mit Hari Prasad *Shastri* drei Stufen:

„Die erste Stufe der Hingabe ist der Gedanke, daß Gott alles ist — der Geist, der in allem wohnt.

Die zweite Stufe ist die Bejahung, daß Gott im eigenen Geiste gegenwärtig ist, sich durch unser Selbst äußert — etwa wie die elektrische Kraft immer gegenwärtig ist, sich aber in der Glühbirne erst zeigt, wenn sie aufstrahlt.

Die dritte Stufe ist die Überzeugung: Er ist mein Selbst; Gott und ich sind eins. Auf dieser Stufe ist das Ziel der Kontemplation erreicht."

Es ist das Ziel aller *praktischen Mystik,* das heißt aller *unmittelbaren Gottes-Erfahrung* im Gegensatz zur bloß glaubensmäßigen Gottes-Verehrung. Sie führt zu

dem, was der Kirchenvater *Augustin* als höchste Gewißheit aussprach: „Der Mensch ist Gottes fähig, er ist
auf Gott hin angelegt, er ist in seinem letzten Wesens-
grunde mit dem Göttlichen eins."

Die Kontemplation ist der Schlüssel zu dieser Erfahrung des ‚Einsseins mit dem Einen', wie Plotin sie in
Übereinstimmung mit allen erleuchteten Geistern und
Meistern der Menschheit nannte — von Krishna bis zu
Sri Aurobindo, der von ihr sagt: „In ihr vollzieht sich
das Hinübertreten aus dem Ichbewußtsein in das kosmische Bewußtsein des Selbstes, das nicht durch das per-
sönliche Ich begrenzt, sondern mit dem All-Selbst geeint ist. In ihr wird man sich zugleich des eigenen innersten Selbstes und der Wirklichkeit seiner Existenz wie
seines Einsseins mit dem göttlichen All-Selbst bewußt."

DYNAMIK DER KONTEMPLATION

„Ich will Dich kennen, Unbekannter, . . .
. . . Du tief in meine Seele Greifender,
Mein Leben wie ein Sturm Durchschweifender,
Du Unfaßbarer, mir Verwandter:
Ich will Dich kennen, selbst Dir dienen!"

Nietzsche.

Wenn die Aufgabe der vorangehenden Stufen — all
Dein Denken, Fühlen und Wollen gleichzurichten, alle
Deine Sinne in einen einzigen, nur auf Gott abgestimm-
ten Sinn umzuschmelzen — erfüllt ist, vermagst Du die
Stufe der Kontemplation mit Erfolg zu beschreiten.

Auf ihr gelangst Du nach und nach in das eigentliche

kristallene und zugleich lebendigste kontemplative Schweigen; eine Stille, in der alles Niedere vergeht wie ein Salzkorn im Wasser; ein Schweigen, in dem alles Denken und Sprechen aufhört, in dem der Geist in Dir zu denken und zu sprechen beginnt, in dem Du zum Erkennen Meister Eckeharts erwachst, daß „Deine Seele in sich alles Können besitzt, und daß alles, was Du von außen auch üben magst, nichts ist als Erweckung dieses Könnens".

Kehrst Du aus diesem Schweigen zurück, dann hast Du jedesmal einen neuen und größeren Schritt getan auf dem Wege zum Gott-Erleben, hat Deine Seele von neuem getrunken aus den kosmischen Quellen der Kraft und der Fülle des Lebens.

VORBEDINGUNGEN UND NOTWENDIGKEITEN

„Erinnere Dich Tag und Nacht daran, daß Du ein Teil der Weltenseele bist. Wiederhole es Dir Tag und Nacht, bis es in Fleisch und Blut übergegangen ist. Laß Dein ganzes Ich von dem Einen Gedanken erfüllt sein: „Ich bin die geburtlose, die keinem Tode unterworfene, glückselige, allmächtige, ewig herrliche Seele!" Denke daran Tag und Nacht, bis es ein Teil Deines Wesens und Lebens wird. Meditiere darüber, und die Tat, das Erleben, wird aus Dir hervorbrechen. Immer wieder: Erfülle Dich mit dem Gedanken Deiner Allmacht und Deiner Herrlichkeit!"

Swami Vivekananda.

Bevor Du den Pfad der Kontemplation betrittst und mit Erfolg auf ihm aufwärtszuschreiten vermagst, sind einige Vorbedingungen zu erfüllen. Je williger Du diese Notwendigkeiten erfüllst, desto leichter wird Dein Schreiten. Prüfe Dich selbst, wie weit Du sie bisher erfüllst hast.

Der Weg, der sich vor Deinen Augen breitet, ist schmal; unverrückbar muß Dein Ziel vor Dir stehen, unermüdlich Dein Fuß vorwärtsschreiten. Nicht darfst Du hier zurückschauen oder zögern, willst Du nicht von der Höhe stürzen oder Dich auf Abwege der Magie verirren. Daher die Forderung, *vor* Betreten dieses Hochpfads alle in Dir noch vorhandenen Hindernisse zu beseitigen und zu lernen, jede Versuchung, jede Lockung, jeden niederen Wunsch durch bewußte Hinwendung auf das Göttliche zu überwinden.

Das erste und wichtigste ist klare Zielsetzung. Hier genügt es nicht mehr, daß Du morgens und abends einige Minuten in der Meditation verbringst, hier mußt Du das Göttliche in Dir in jeder Stunde des Tages und an jedem Tage Deines ferneren Lebens wollen und handeln lassen; Du mußt leben, als ob Du die Einheit mit dem Göttlichen bereits verwirklicht hättest, als seiest Du bereits Träger göttlicher Fülle.

Diese gedankliche Verwirklichung muß Dir, dem Herzdenker, Bedürfnis sein, Du mußt Dich dazu getrieben fühlen aus der heißen Sehnsucht, eins zu werden mit dem Ewigen. In Deiner Seele muß dieses stete, stille Sehnen nach dem Eins-Sein mit dem Einen brennen wie ein verzehrend Heimweh, bis Du zum wahren „Ich-Bin" erwacht bist.

Über die Notwendigkeit der Abwendung vom Niederen, rein Sinnenhaften, wurde bereits früher gesprochen. Aber sie ist auf dieser Stufe nicht mehr Gebot, sondern dem Ermessen und der Entschlußkraft des Lichtsuchers überlassen. Je tiefer Du in die Reiche des Göttlichen hineindringst, desto mehr wirst Du die Lust am Sinnenhaften jeder Art von selbst in Dir ersterben fühlen, desto mehr wird Dir alles, was Du tust, zum Handeln Gottes. Aus den Hüllen der Außenwelt leuchtet Dir immer strahlender das wirkliche Leben des Geistes entgegen. Je mehr Du Dich nach Innen aufschließt, desto freier fühlst Du Dich vom Wahn des Sonder-Seins.

Um Dich immer mehr dem Göttlichen in Dir zuzuwenden und von Ihm erfüllt zu werden, ist folgendes angeraten, weil not-wendend und weg-verkürzend:

1. *Selbstbeobachtung.* Prüfe Dich allabendlich, schaue zurück auf den sich neigenden Tag und sieh, ob alles, was Du getan, aus dem Bewußtsein Deiner Einheit mit dem Ewigen geschah, ob Du bei allem den Gott-Menschen in Dir, Dein Selbst, denken, fühlen, wollen und handeln ließest oder den Sinnen-Menschen, Dein Ich. Dies sei Maßstab Deiner Selbstprüfung.

Schon auf den Pfaden der Meditation wirst Du vielleicht beobachtet haben, wie hier ursprünglich nur geringfügig erscheinende seelisch-geistige Schwächen und Unzulänglichkeiten stärker hervortraten, wie Du, je weiter Du vordrangst, gleichzeitig hüllenloser wurdest. Es ist eine natürliche Folge Deines Reifer-Werdens, daß Deine Seele auf den höheren Stufen zunehmend empfindlicher wird nicht nur für alles, was von außen an Dich herantritt, sondern auch dem gegenüber, was an Stärken und Schwächen, schlechten Gewohnheiten und Neigungen bei Dir von innen nach außen tritt. Besaßest Du eine schlechte Gewohnheit, tritt sie stärker hervor; wie umgekehrt auch die lichten Seiten Deiner Seele leuchtender sich offenbaren.

Sorge Dich deshalb nicht! Es ist nichts als das letzte Aufbäumen Mara's, des Dämons Materie, des niederen Menschen in Dir, der fühlt, wie ihm langsam die Herrschaft entgleitet. „Widerstehe dem Übel nicht!" überwinde es, indem Du Dich davon ab- und dem Göttlichen in Dir mit um so hingebungsvollerer Inbrunst zuwendest.

Verschwende keinen Gedanken und kein Wort an das Negative in Dir und außer Dir, denn in dem Maße, in dem Du Dich dem Göttlichen zuwendest, schwindet das Niedere in Dir von selbst — aus Mangel an Nahrung — dahin. Wirklich hemmen auf Deinem Pfade kann es Dich nicht, wenn Du nicht willst. Bedenke, daß Du Herr bist und daß Deine Leidenschaften nur so viel Macht über Dich haben, als Du ihnen einräumst!

2. *Verwirklichung.* Auch im inneren Verwirklichen mußt Du Meister werden. Immer mehr muß in Dir an die Stelle bloßen Hirn-Denkens das lebendige, vom Gott-Eins-Bewußtsein durchflutete Herz-Denken treten. Im gleichen Ausmaß wird in Deiner Kontemplation den lebendigen Bildern des Göttlichen in Dir wie Deinen Invokationen, Deinen Innenrufen, schöpferisches Echo von Oben werden. Erfasse in diesem Sinne auch die Worte des erleuchteten Chassidisten Rabbi Pinchas:

„Sobald die Macht des Gedankens in göttlicher Fülle entfaltet wird, erstarkt diese rein geistige Macht so sehr, daß alles sinnliche Empfinden schwindet und die Ideen ganz vom Stofflichen losgelöst werden; dann vermag man im Gefühl des Geistigen (im geistigen Schauen) das reine Denken zu greifbarer Form emporzuheben und die vollkommenen Wahrheiten zu erfassen."

3. *Liebe*. Liebe ist die dritte der großen Notwendigkeiten; Liebe nicht als Gefühlsüberschwang, der die Welt umarmen möchte und über den eigenen Bruder stolpert, sondern stetig glutende Liebe im Sinne Angelus Silesius': „Mensch, was Du liebst, in das wirst Du verwandelt werden; Gott wirst Du, liebst Du Gott, und Erde, liebst Du Erden!" Mit diesem Worte ist alles gesagt, was zu sagen ist.

4. *Vertrauen*. Nichts sollte auf dieser Stufe stärker sein als Dein Vertrauen, Deine freudig-bejahende Aufgeschlossenheit nach innen, nichts unerschütterlicher als Dein Glaube an die göttlichen Kräfte in Dir und an ihre Hilfe.

Nichts in Dir und nichts in der Welt erschließt sich ohne Vertrauen. Je hingebender Dein gläubiges Vertrauen, je inbrünstiger Dein Hinneigen zum Göttlichen in Dir und im All, desto mehr Quellen brechen in Deiner Seele auf, desto strömender wird der Reichtum, der sich Dir erschließt. Daß der Mehrzahl der Menschen dieses Vertrauen — nicht auf äußere Dinge und Menschen, sondern auf das Göttliche in ihnen — mangelt, ist eines der größten Hemmnisse in ihrer Entwicklung und eine der Hauptursachen ihres Leidens.

Greif, wenn Dein Vertrauen der Stärkung bedarf, zu den Hilfsmitteln des Gebets und der Meditation, zu Bejahungen und Invokationen, damit sie Dir auf Deinem Pfade die nötige Kraft verleihen, auf daß der Strom Deiner Inbrunst von unten sich dem in der Kontemplation zu Dir sich neigenden Licht-Strahl von oben vermähle.

5. *Hingabe*. Diese oft nur durch Leiden erweckbare kosmische Kraft erfließt unmittelbar aus der liebenden Inbrunst des Vertrauens. Ohne Vertrauen keine rechte Hingabe; ohne rechte Hingabe keine Verwirklichung. Der Ewige neigt sich Dir zu in dem Maße, als Du Dich ihm hingibst.

Bedenke, daß alles, was ist, göttlichen Ursprungs ist und, so lange es Dasein hat, mit den göttlichen Urkraftquellen in Verbindung bleibt, daß auch Du mit Gott verbunden und im innersten Grunde nicht von Ihm zu trennen bist. Und erkenne, daß Du eben in dem Maße, als Du Dich diesem Bewußtsein Deines Einsseins mit den göttlichen Quellen der Kraft hingibst, von innen durchflutet und gekräftigt wirst.

6. *Reinheit*. Das Gebot innerer Reinheit ist eine Selbstverständlichkeit. Du sollst, wie der Mystiker Molinos sagt, wissen, daß „Deine Seele das Zentrum, die Wohnung und das Königreich Gottes ist. Damit der Beherrscher dieses Reiches den Thron Deiner Seele einnehmen kann, mußt Du Dich bemühen, diesen Thron rein von Schuld und Mängeln und frei von Furcht, Leidenschaften und Begierden zu halten und in allen Versuchungen und Trübsalen Deinen innern Frieden, die Gelassenheit und innere Harmonie nicht zu verlieren." —

7. *Beharrlichkeit*. Was Du heute säest, kannst Du nicht schon morgen ernten. Es wird immer einige Zeit vergehen, bis die neuen Denk-Gewohnheiten an die Stelle der alten getreten sind, bis das neue Bewußtsein, das volle Erwachen vorbereitend, sich gebildet und durchgesetzt hat. Unermüdlicher Eifer, beharrliche Ausdauer und Geduld wird darum von dem gefordert, der den Pfad der Kontemplation gehen will. „Zweifellos, o Ar-

juna", sagt Krishna in der Bhagavad-Gita, „zweifellos ist das niedere Ich des Menschen schwer zu zügeln und ruhelos, aber man kann ihm durch stete Übung und Gelassenheit die Zügel anlegen."

8. *Gleichmut* heißt das nächste Erfordernis; ein Gleichmut, geboren aus Beharrlichkeit, Gelassenheit und Ausgeglichenheit und aus der Gewißheit, daß das Geistig-Göttliche allein Bestand hat; ein Gleichmut, der göttliche Freude über irdische Scheinfreude stellt und mit jener *Dankbar*keit verbunden ist, die keinen Zweifel kennt, kein Zögern, kein Verzagen; unermüdlich glutet sie dem Göttlichen entgegen — Flamme, die sich selber aufwärtsträgt.

Versuche, diese Eigenschaften in Deinen Meditationen in Dir in lebendige Wirklichkeiten zu wandeln. Mit dem Wachsen dieser Kräfte werden die Schwingen Deiner Seele sich immer fühlbarer entfalten und Dich auf dem steilen Pfad der Kontemplation höher tragen.

≈

Welchem Ziel dient die Erfüllung dieser Forderungen? Diese Frage führt uns auf das Wesentliche, das hinter allem Bisherigen Stehende, von Dir Herbeizuführende und zu Verwirklichende: auf die Notwendigkeit Deines steten Auf-Gott-Gerichtet-Seins.

„Trachte zuerst nach dem Reiche Gottes in Dir, so wird Dir alles andere zufallen!" leuchtend steht diese Forderung, mitten in den Dingen beständig der Gegenwart des Göttlichen bewußt zu sein, über allen Wegen zur Höhe. Was Du auch denkst und fühlst, willst oder tust, muß, sofern Du Gott in Dir erleben willst, fürder-

218

hin, auch im Kleinsten, stets mit dem Göttlichen in innigstem Zusammenhang stehen.

Aus der Erkenntnis, daß Du das bist und immer mehr wirst, was Du denkst, daß Dein tägliches Denken für die Richtung Deines Lebenspfads bestimmend ist, daß es Dich zum Tiermenschen zu erniedrigen oder zum Gott-Menschen zu erhöhen vermag, erfließt die Folgerung und Forderung, jeden Deiner Gedanken mit dem Bewußtsein Deiner unzertrennlichen Einheit mit dem Ewigen zu laden und zu stärken.

Diese Forderung ist wichtiger, als Du im ersten Augenblick annimmst: in jeder Minute, in der Deine Gedanken auf Gott gerichtet sind, werden neue seelisch-geistige Energien in Dir wach, schaffst Du mit neuen Kräften an der Selbstverwirklichung des Geistig-Göttlichen in Dir.

Aber dieses stete Auf-Gott-Gerichtet-Sein heißt noch mehr: es heißt, das ganze Leben zu einer einzigen Meditation und Kontemplation zu machen, in der auf schwarzem Weltengrund flammend die unerschütterliche Gewißheit leuchtet, daß Gott Dir nicht fern, sondern unendlich nahe ist. Es heißt, aus der Gewißheit des *„Ich und der Vater sind eins!"* zu leben, Dir unablässig zu vergegenwärtigen, daß Gott in Dir ist, ohne Aufhören, all Dein Fühlen mit dieser Gewißheit zu verketten, all Dein Sehnen auf dieses Bewußtsein zu richten, Deine tägliche Arbeit mit diesem Geiste der Gott-Gegenwarts-Gewißheit und aus ihm heraus zu erfüllen, immer erneut allem Denken und Tun die Gewißheit voranzustellen:

„O Du mein Gott in mir! Du erleuchtest mich. Kör-

per, Seele und Geist sind erfüllt von Deinem Licht,
Deiner Kraft und Deiner Vollkommenheit!"

Hast Du dies gelernt, trägst Du Gott beständig im Herzen, so mächtig, daß Du das Übel nicht mehr siehst vor Gott, ist Gott Dir Leben geworden, dann wird Dir der Geist Führer — und nicht mehr fern bist Du dem Erleben des Ewigen. „Erblickst Du dann" — wie Meyrink im „Grünen Gesicht" kündet — „den Tag des ewigen Wachseins, der Dich fernrückt von den Nachtwandlern, die da glauben, sie seien Menschen, und nicht wissen, daß sie schlafende Götter sind, dann verschwindet für Dich auch der Schlaf des Körpers und das Weltall ist Dir untertan."

HINDERNISSE AUF DEM WEGE

„Wenn Du auf dem Wege des Erwachens das Reich
der Gespenster durchquerst, wirst Du allmählich
erkennen, daß es nur Gedanken sind, die Du plötz-
lich mit den Augen sehen kannst."

Meyrink.

Dies ist die Erkenntnis aller wahrhaft Weisen:

Alle Hindernisse, die sich Dir auf diesen Stufen Deines Pfades entgegenstellen, haben ihre Wurzel in Dir; Du allein bist der Meister dieser Schwächen, Du allein vermagst, sie zu überwinden. Laß Dich darum durch kein Hindernis schrecken, und scheine es noch so groß und unüberwindlich. Auch hier gilt Christi Wort: „Widerstehe dem Übel nicht", sondern überwinde es gewaltlos durch um so stärkere Hinwendung zum Göttlichen. Dies sei Dir Richtschnur bei der Überwindung dessen, was Dir auf Deinem Pfade an Beunruhigendem und Widrigem entgegentritt.

Außer den auf der Stufe der Meditation genannten möglichen Hindernissen sind hier folgende zu nennen:

Zu Beginn der Kontemplation stellt sich zuweilen ein Durcheinanderschießen der Gedanken ein, oft der allertrivialsten. Dies rührt daher, daß die Praxis der Meditation noch nicht gründlich genug gemeistert wurde, seltener auch von dem abwegigen Versuch, nichts zu denken, den Gedankenstrom zum Stillstand zu bringen.

Achte, wenn dieses Hindernis auftritt, darauf, daß gleich zu Beginn Deiner Einwärtswendung und Einsenkung ins Überbewußte eine auf das Göttliche gerichtete Bejahung in das Blickfeld des Bewußtseins gerückt wird, damit nicht in einem unbewachten Moment der Bienenschwarm der Gedanken zu schwirren beginnt.

Du wirst hier vielleicht sagen: Ich habe in Büchern gefunden und in Geheimschulen vernommen, daß auf dieser Stufe eine Reihe astraler und mentaler Erlebnisse eintreten, die für den Schüler ein zweischneidiges Schwert bedeuten. Ich hörte von Schwellenhütern und geistigen Führern, die sich feindlich oder freundlich nahen würden.

Darauf ist zu antworten:

Es wurde bereits gesagt, daß vom Pfad der Kontemplation Nebenwege abführen, die in das Gebiet der Magie, der psychischen Erlebnisse und zuletzt in ein unentwirrbares Gestrüpp medialer Visionen hineinführen. Bei vielem, was diesbezüglich an Hindernissen und Gefahren aufgezählt wird, handelt es sich um niedere psychische Erlebnisse, die Bereichen zugehören, über die der Kontemplierende längst hinausgewachsen ist.

Auf dem Pfad der Kontemplation selbst treten Dir keine Schreckgespenster entgegen; die einzigen Geister, die Dich zu stören vermögen, sind Deine Gedanken. Aber über sie bist Du Herr durch das magische Wort: „Ich und der Vater sind eins!" —

An sich sind parapsychologische Erfahrungen lehrreich; aber für Dich bedeuten sie Umwege auf dem Pfade inneren Wachstums, die den Tag Deines wirklichen Erwachens in die Ferne rücken. Dein Ziel ist etwas unendlich Höheres als Manifestationen noch unerforschter Kräfte: Du willst das Höchste erleben, die Urquelle alles Offenbarten und Unoffenbaren, Du willst Gott schauen.

Schon auf der Stufe der Meditation gibt es Abwege, die in das Zwischenreich parapsychischer Erlebnisse hinabführen. Ein solcher ist — um ein Beispiel zu nennen — die Entstehung eines Traumzustandes oder besser das Übergehen in einen solchen während des Übertritts aus der Meditation in die Stille.

... Der Meditierende fühlt sich plötzlich aus dem stofflichen Kleide herausgehoben, wie über seinem Körper schwebend, von ihm befreit, erdenthaftet. Manchmal vermag er sogar, auf seinen Körper unter ihm hinabzuschauen wie auf etwas Fremdes und sich von ihm zu entfernen.

Dieser Zustand wird von einigen für etwas Wesentliches gehalten, ist es jedoch nicht. Es handelt sich nur um eines jener vielen Erlebnisse, die den Wahrheitssucher aufhalten, statt ihn auch nur einen Schritt vorwärts zu bringen, die dem Mystiker daher mit Recht gleichgültig bleiben.

Hierher gehört noch ein anderer Irrtum, nämlich der, daß gewisse Erlebnisse seelischen Erhobenseins bereits den Beginn des Kosmischen Bewußtseins bedeuten. Der Unterschied zwischen solchen psychischen Erlebnissen und dem Erwachen zum Kosmischen Bewußtsein ist der, daß während die ersteren mit der Zeit verblassen und in Vergessenheit geraten, letzteres das ganze fernere Leben von Grund auf verwandelt und neu bestimmt und in seiner Wirkung immer nachhaltiger wird. Darauf ist noch einzugehen.

KONTEMPLATIONS-BEISPIELE

„Gleich einem Reiskorn trage ich den Ewigen Urmenschen in meinem Herzen, Ihn, aus dessen Gliedern die Welt entstand. Gleich dem strahlenden Licht ist E R größer als der Himmel, größer als alle Dinge, die sind; Er, mein eigenes Selbst. Und wenn ich von hinnen gehe, wird mir dieses Selbst zuteil. Wahrlich — wen dieser Glaube trägt, dem ist nichts ungewiß" . . .

Upanishaden.

Ziel der Kontemplation ist die Einsenkung in die unerschöpflichen Kraftquellen des Göttlichen und das Erwachen zur Einheit von Mensch und Gott.

In der Regel schließt sich die Kontemplation an eine Schweige-Meditation an. Sie wird eingeleitet durch ein Mantram, am besten durch das Christus-Wort „Ich und der Vater sind eins!". Ist dies nach innen gesprochen —

als bewußte *Invokation* oder Anrufung Gottes in Dir —, dann wende Dich ganz dem Göttlichen zu mit dem stillen Wunsch, die Wahrheit und Weisheit Gottes möge sich Dir offenbaren.

Nachdem das Mantram gesprochen, folgt die eigentliche Kontemplation, in der wiederum — wofür im weiteren Beispiele gegeben werden — ein bestimmter Leit-Gedanke zum Ausgangspunkt der Versenkung gemacht wird.

Hierbei ist zu merken, daß auf dieser Stufe nichts mehr laut gesprochen wird, nicht einmal das Mantram: an die Stelle des äußerlich gesprochenen tritt hier das innerliche Wort.

Die Zeitdauer der Kontemplation hängt vom Übenden selbst ab; es ist geraten, die Zeit nur nach und nach weiter auszudehnen.

Hat sich in der Abgeschiedenheit der Versenkung ein klares Bild des göttlichen Gegenstandes derselben geformt, wird dieses für einige Augenblicke schweigend festgehalten.

Hieran schließt sich das kontemplative Schweigen. In diesem Schweigen beginnt das Göttliche in Dir sich zu regen und zu Dir zu sprechen.

Nahrung der Seele soll die Kontemplation sein, ein Weg zu lebendigem Schauen, zum Erwecken „substantieller Worte" (St. Johann vom Kreuz), die erfüllt und getragen sind von dem unerschütterlichen Bewußtsein, daß Du in Gott lebst und Gott in Dir und daß Seine Kräfte die Deinen sind. Ein Weg will die Kontemplation sein zur Erweckung des kosmischen Sinns Deiner Seele, auf daß in ihr das Kosmische Bewußtsein anhebe, die Stufe der Sichtbarmachung und Verwirklichung des Göttlichen im Innern.

Noch einmal: Nicht sollst Du die Invokationen in der Kontemplation äußerlich sprechen, sondern nur innerlich; in Deinem Herzen, nicht im Munde, sollst Du sie bewegen; im formlosen Sein in Dir erleben, nicht in formhafte Worte kleiden sollst Du ihren inneren Sinn. Ihre Kraft sollst Du in Dich einatmen, damit ihr Geist Dich erfülle und Dein wahres Selbst zu schöpferischem Leben erwecke.

Als Grundlagen und Leitgedanken für die Kontemplation mögen etwa folgende Gedankenketten dienen:

Ein Leben im All

Erhebe Deine Seele zum befreienden Erkennen, daß *ein* gewaltig Leben das ganze All durchflutet und erhält, das Leben des schöpferischen Gottesgeistes. Erfühle und erkenne die Geistigkeit alles Seins und seine lebendige Einheit. Fühle, wie in allem die göttliche Liebe lebt und wirkt, wie alles genährt wird aus einem großen Leben.

Gott in mir

Bejahe und erlebe Dich als Tempel des Göttlichen Geistes, der in Dir wohnt. Erkenne, daß das „Himmelreich inwendig in Dir" ist, daß Du nur in Dir, niemals außer Dir, zum Einssein mit dem Göttlichen gelangst.

Bejahe unablässig, daß tief in Dir der Geist des Lebens seiner Erweckung entgegenharrt und daß Sein Erwachen Dich den kosmischen Kraftquellen eint.

Eins mit Gott

Entflamme zum beseligenden Erkennen, daß Du —
Unsterblicher Geist — eine Zelle im Strahlenleibe Got-
tes bist, des Unendlichen Geistes des Guten. Erlebe, daß
Du Eigner bist der unerschöpflichen Fülle des göttlichen
Geistes. Erschließe Dich dieser Einheit, laß Dein ganzes
Sein in diesem Einssein verlangend schwingen, wie es
der heilige Benediktus erflehte:

„Dich, Vater, bitte ich: verleihe mir einen Verstand,
der Dich ergreift, einen Sinn, der Dich wahrnimmt, einen Eifer, der Dich sucht, eine Weisheit, die Dich findet, einen Geist, der Dich erkennt, eine Seele, die von
Dir erfüllt ist, ein Herz, das Dich liebt, ein Tun, das
Dich verherrlicht. Gib mir ein Gehör, das immer nur
Deine Stimme vernimmt, Augen, die Dich sehen, eine
Zunge, die von Dir redet, einen Wandel, der Deiner
Bahn folgt, eine Beharrlichkeit, die nicht von Dir läßt,
ein rastloses Streben in Christo, eine beseligende Wiedergeburt im Geiste durch das Schauen der Wahrheit
und damit das ewige Leben!"

In gleicher Hingabe lodere die Inbrunst, mit der
Deine Seele sich zum Erleben des kosmischen Seins emporschwingt!

Gott — mein Sein

Erwache zu Deinem wahren Selbst; erkenne, daß
Gott Dein Leben, Deine Kraft ist, Dein Wille, Deine
Liebe, Dein Sein; daß nichts in Dir ist, das nicht von
Ihm und in Ihm wäre. Erkenne, daß Er — das Sein,
das hinter allem Werdenden und Vergehenden steht, die
Kraft, die alles Vergehen in neues Erstehen wandelt, der
Geist, der hinter allem Geoffenbarten lebt — auch *Deine*

Kraft, *Dein* Geist, *Dein* Leben ist. Erkenne Dich als das All-Eine selbst, tauche hinab in die tiefsten Tiefen Deines Innern und erwache zum Absoluten, Urewigen, Zeit-, Raum- und Wandellosen in und über Dir!

Gott-Kraft in mir

Verspüre das unaufhörliche Wirken der Kräfte des göttlichen Funkens in Dir, die Dich hinaufziehen wollen zur Eins-Werdung mit dem Weltengott. Erkenne die Kraft, die Dich trägt, die Dir den Mut und die Macht gibt, Dein Leben zu meistern; erkenne *Gott*. Und erkenne, wie immer neue Kräfte, gespeist aus dem Ozean göttlicher Fülle, in Dir aufbrechen.

Erkenne, daß Du stark bist, weil Gott Deine Stärke ist, daß Du mächtig und reich bist, weil Gott Deine Fülle ist, daß Du frei bist von Leid und von Zwang, weil Gott Deine Freude und Deine Freiheit ist. Fühle Seinen heiligen Geist in Dir fluten, laß Seine Kräfte Dich immer neu wandeln, alle Dunkelheit in Dir in Licht, Unwissenheit in klares Erkennen wenden, in das Erkennen Deines Einsseins mit Ihm.

Erlebe Dich als Tempel Seines Geistes, als heiliges Gefäß der Gott-Kraft der Liebe und Güte in Dir. Erkenne Sein gewaltig Leben als Dein Leben, senke Dich ganz in Ihn hinein, werde Schwingung Seiner göttlichen Harmonie, sei Er selbst!

Rückkehr in Gott

Schaue mit wachen Augen, daß der Weg alles Seins der Weg zu Gott ist, daß Gott Ausgang und Endziel ist aller Daseins-Ketten. Erkenne, daß Gott Leben ist, daß

Leben Wirken heißt, und daß Gott unaufhörlich wirkt, da Wirken sein Wesen ist. Erkenne alles Sein als Stätte Seines Wirkens, als Spiegel Gottes und Offenbarung Seines Selbst.

Und erkenne, daß Gottes Wirken *Liebe* ist; erlebe alles Sein als Offenbarung der Liebe Gottes. Erlebe endlich, daß das Wesen der Liebe Einssein ist und daß die letzte Bestimmung alles Gott-Gewirkten, alles Offenbarten ist, zurückzukehren zum Wirker selbst, wieder eins zu werden mit dem Ursprung — Gott!

Laß in dieser Weise die heiligen Bücher aller Zeiten und Völker zu Deiner Seele sprechen und Dir künden vom Erleben des Göttlichen in den Herzen aller Erwachten.

≈

Wenn wir in solcher Weise die Heiligen Schriften aller Zeiten und Völker zu unserer Seele sprechen lassen und damit dem Rat des Paulus folgen: „Betet ohne Unterlaß!", erreichen wir mit der Zeit jene Stufe *kontemplativen Lebens*, von der Bruder *Lorenz* spricht:

„Die Zeit meiner Arbeit unterscheidet sich nicht von der des Gebets. Im Lärm der Küche, während mehrere Personen zugleich nach verschiedenen Dingen rufen, bin ich der Gegenwart Gottes genau so in ruhiger Gelassenheit gewiß, als läge ich vor dem Altar auf den Knieen. Jederzeit, ob ich von äußeren Beschäftigungen frei bin oder den Dingen der Umwelt in Anspruch genommen werde, erhebt sich die Spitze meines Geistes ohne Mühe empor zu Gott und verharrt, über allen Dingen, schweigend in ihm."

Kontemplativ lebend, fühlen wir uns wie ein Samenkorn, das als solches entwird, damit aus ihm das Größere, der Keim, der Baum des Lebens, hervorgehe. So erblüht aus dem Ich das Selbst, aus dem Selbst das Gott-Selbst. Das ist der Sinn des Wortes: „Wer sein Leben verliert, wird es gewinnen." Indem das Ich sich läßt und hingibt, wird es zum Selbst. Der Ichmensch entwird zum Gottmenschen.

Wir sind alsdann von jener beglückenden Gott-Gegenwarts-Gewißheit erfüllt, der *Tersteegen* Ausdruck gab: ·

„O höchstes Gotteswesen, Du,
mein Seelenfreund und innige Ruh,
   den ich in mir gefunden:
Wie bist Du mir so innig nah!
Kehr ich hinein, so bist Du da
   und hältst mein Herz gebunden."

Nichts beglückenderes, heilsameres und befreienderes als dieses Erwachen höchster Gewißheit in der Kontemplation, von der *Plotin* sagt:

„Wer dessen inne wird, welche Liebesglut durchflutet ihn, welche Wonneschauer durchzittern seine Seele! Wer es noch nicht geschaut hat, den verlangt es sehnsüchtig danach wie nach dem höchsten Gut; wer es schon geschaut hat, wird von seliger Bewunderung erfüllt."

Zu allen Zeiten haben Sucher der Wahrheit ähnliches erfahren: *In einem Nu,* das durch den Glanz eines Tautropfens auf einem Blatte, durch den Blick eines Tieres, das Glitzern eines Kristalls, durch einen Ton oder ein Wort, das man wachen Herzens vernimmt oder liest, einen Sonnenstrahl, der durch ein Kirchenfenster fällt, oder durch sonst einen kontemplativ angeschauten Gegenstand oder ein inneres Wort ausgelöst sein mag, *sind*

Wesen und Welt verwandelt, verklärt, vom inneren Licht überströmt und durchsonnt. Der Geist des Ganzen atmet spürbar in allem. Das Herz wird von Seligkeitsschauern durchbebt und von der Gewißheit der Geborgenheit in der göttlichen Allgegenwart durchseligt ...

... *Nach* solchem Augen-Blick kosmischer Bewußtseinserweiterung bricht der Alltag wieder herein. Das Leben geht weiter — aber es ist von da an verändert, tiefer, wesentlicher, sinnerfüllter und reicher. Nun ist es unmöglich, bei dem, was man tut, nicht an Gott zu denken; ja, im Grunde ist es nun Gott, der einen bewegt und handeln läßt.

Swami *Shivananda* sagt darüber: „Das Bewußtsein ist von der Außenwelt abgezogen, nach innen gelenkt und vom Gewißsein des Einsseins mit dem Allbewußtsein, dem Geist der Gottheit, erfüllt. Das Selbst ist in diesem Zustand der Erleuchtung auf eine höhere Daseinsebene erhoben und seiner Welt-Einheit wie seiner Unvergänglichkeit gewiß. Jede Dualität ist dem Bewußtsein völligen Einseins allen Lebens und Seins gewichen. Das Selbst erkennt sich selbst als das Eine Leben in allem. Die Allgegenwart Gottes ist zu beseligender Wirklichkeit geworden. Alles ist Licht, alles ist Liebe, alles ist Gott.

Jeder kann dieser höchsten Erfahrung teilhaftig werden. Denn das kosmische Bewußtsein ist allen Wesen als natürliche Fähigkeit angeboren. Jeder kann das Absolute, Göttliche als in sich seiend erleben und mit ihm eins werden — durch Meditation und Kontemplation."

Wenn Kontemplation und Leben *eins* geworden sind, ist außen wie innen alles gleich heilig, alles gut, weil

Offenbarung Gottes. Alles wird nun als dienlich bejaht, weil sichtbar vom Glanz der Ewigkeit erfüllt.

Das ist die Frucht jener Erfahrung, die Augustin meint: „Gott ist Mensch geworden, damit der Mensch Gott werde." Er kann es, weil er mit Gott eines Wesens und Teilhaber des göttlichen Geistes ist. So führt alle Kontemplation am Ende zum Leben aus dem Geiste, zu jenem wirklichen Leben im Reiche Gottes schon hier und jetzt, das lebendige Teilhabe ist am göttlichen Leben und Sein, an der göttlichen All-Liebe, All-Kraft, All-Weisheit und All-Einheit. —

Als letzte Hilfen und Wegweisungen zu solchem kontemplativen Leben mögen die abschließend gegebenen Kontemplations-Worte dienen.

KONTEMPLATIONS-WORTE

„Wohin führt die Liebe zu Gott? Sie führt zu dem Frieden und zu der Stille, die im Leben des Baumes wahrzunehmen sind: er trägt Blüten und Früchte für andere und erwartet keine Vergeltung."

Hazrat Inayat Khan.

Als geistige Hilfen seien hier einige den verschiedenen Stufen des inneren Erwachens entsprechende *Kontemplationsworte* Erwachter wiedergegeben, die, herzdenkend nacherlebt, schrittweise zum inneren Leben führen. Sie sind zugleich Bekräftigung und Weiterführung der bis hierher gegebenen Unterweisungen:

Wer bin ich?

Ich bin das Selbst — und als solches das höchste Wesen

selbst. *Als Selbst bin ich unerreichbar für jeden Hauch der Angst oder Eifersucht, des Neides oder Hasses.*

Als Selbst bin ich unvergänglich, durch nichts zerstörbar. Denn mein Leben und Bewußtsein ist Leben und Sein des All-Selbst.

Alle äußeren Erscheinungen an mir und um mich, alles äußere Sein, das ganze sichtbare All ist endlich. Ich aber bin unendlich; denn ich bin das Selbst, Parama-Shiva, das kosmische All-Selbst und Über-Selbst.

Zur Selbstverwirklichung gelangt, bin ich allem Gewordenen entworden und überlegen, Träger höchster Seins-Bewußtseins-Seligkeit und Fülle. Denn mein Ich-Bin ist das göttliche Selbst in allem, was lebt.

Wissen, Weisheit und Gewißheit aller Wesen, der höchsten wie der geringsten, ist in mir. Leben, Licht und Liebe aller Wesen, Geister und Götter ist in mir.

Was dem Ich ewig ungewiß ist — mir ist es gewisseste Wirklichkeit. Denn ich bin im Herzen der Welt, ich bin das Herz der Welt.

In mir lebt der Geist des Lebens. Ich war, ehe die Welt ward, und werde sein, wenn die Weltennacht hereinbricht, und wirken, wenn der neue Weltenmorgen und Werdetag beginnt.

Denn der Weltengeist ist in mir und ich bin in ihm. Wir sind eins!

Sankaracharya

Das Göttliche im Menschen

Jedes Wesen ist seiner Herkunft und innersten Anlage nach göttlich — ein werdender Gott. Die Gottheit will selbst-erwachte Götter.

Religion ist Bejahung und schrittweise Offenbarung des Göttlichen im Menschenwesen. Ziel dieser Offenbarung ist die Gottentfaltung von innen her und die Verwirklichung ihrer Herrschaft über Leib, Leben und Schicksal.

Bejahe und offenbare das Göttliche in dir durch Selbst-Besinnung, Gebet und Meditation, durch rechtes Denken und durch deine tägliche Arbeit oder in allem zugleich — und sei f r e i!

Das ist der Kern aller Religion. Alle religiösen Lehren und Dogmen, Glaubensformen und Riten, alle äußeren Tempel und Pagoden sind demgegenüber zweitrangig.

Swami Vivekananda

Ewiges Leben

Aller Tod in der Natur ist Geburt, und gerade im Sterben erscheint sichtbar die Erhöhung des Lebens. Es ist kein tötendes Prinzip in der Natur, denn die Natur ist lauter Leben; nicht der Tod tötet, sondern das lebendigere Leben, welches, hinter dem alten verborgen, beginnt und sich entwickelt. Tod und Geburt ist bloß das Ringen des Lebens mit sich selbst, um sich stets verklärter darzustellen.

Jeder meinesgleichen, der aus der irdischen Verbindung heraustritt, zieht meine Gedanken mit sich hinüber; er i s t noch. Indes wir hienieden um ihn trauern, ist drüben Freude, daß ein Mensch zu ihrer Welt geboren wurde, so wie wir Erdenbürger die unsrigen mit Freude empfangen. Wenn ich einst ihnen folge, wird für mich nur Freude sein; denn die Trauer bleibt in der Sphäre zurück, die ich verlasse.

Dieses ewige Leben und Regen in allen Adern der sinnlichen und geistigen Natur erblickt mein Auge durch das, was andern tote Masse scheint, hindurch; und sieht dieses Leben stets steigen und wachsen und zum geistigeren Ausdrucke seiner selbst sich verklären. Das Universum ist mir nicht mehr jener in sich selbst zurücklaufende Kreis, jenes unaufhörlich sich wiederholende Spiel, jenes Ungeheuer, das sich selbst verschlingt, um sich wieder zu gebären, wie es schon war: es ist vor meinem Blick vergeistigt und trägt das Gepräge des Geistes: stetes Fortschreiten zum Vollkommneren in einer geraden Linie, die in die Unendlichkeit geht . . .

Und nicht erst, nachdem ich aus dem Zusammenhang der irdischen Welt gerissen sein werde, werde ich den Eintritt in die überirdische erhalten. Ich bin und lebe s c h o n j e t z t in ihr, weit wahrer als in der irdischen; schon jetzt ist sie mein geistiger fester Standpunkt, und das ewige Leben, das ich schon längst besitze, ist der einzige Grund, warum ich das irdische noch fortführen mag. Was die Menschen Himmel nennen, liegt nicht jenseits des Grabes, es ist schon hier um unsere Natur gebreitet, und sein Licht geht in jedem reinen Herzen auf.

Ich b i n unsterblich, unvergänglich, ewig, ich soll es nicht erst werden. Die übersinnliche Welt ist keine künftige Welt, sie ist gegenwärtig; sie kann an keinem Punkte des endlichen Daseins gegenwärtiger sein als an dem andern, nach einem Dasein von Myriaden Lebenslängen nicht gegenwärtiger als in diesem Augenblick.

Nachdem der ewige Wille uns in diesem Dasein für unsere nächste Bestimmung geprüft und wir uns für dieselbe gebildet haben, wird er dieses Dasein durch das, was wir Tod nennen, für uns vernichten und uns in ein

234

neues, das Produkt unseres Handelns in diesem, einfüh-
ren. All unser Leben ist Sein Leben. Wir sind in Seiner
Hand und bleiben in ihr, und niemand kann uns daraus
reißen. Wir sind ewig, weil Er es ist.

Erhabener, ewiger Wille, den kein Name nennt und
kein Begriff umfaßt! Wohl darf ich mein Gemüt zu Dir
erheben, denn Du und ich sind nicht getrennt. Deine
Stimme ertönt in mir, die meinige ertönt in Dir wieder;
und alle meine Gedanken, wenn sie nur wahr und gut
sind, sind in Dir gedacht. In Dir, dem Unbegreiflichen,
werde ich mir selbst und wird mir die Welt vollkom-
men begreiflich und alle Rätsel meines Daseins werden
gelöst.

J. G. Fichte

Vom wahren Besitz

Der Gier-Verhaftete und Besitz-Besessene ist ein Tor
und ein armer Mann, da er die Schätze des Himmels
mit denen der Erde vertauscht, obwohl er weiß, daß er
alles irdische Gut bald wieder aufgeben muß. Er wählt
statt der Frucht die Hülse; er trinkt das Wasser der
Gier, und je mehr er trinkt, desto durstiger und bedürf-
tiger wird er. Denn so viel er auch hat, so ist er doch nie
zufrieden, weil ihm alles, was die andern haben, noch
fehlt, so daß ihm das, was er besitzt, gering dünkt.

Nun ist es so: wenn er auf alles verzichten und alles
weggeben würde, sich aber behielte, so hätte er noch
gar nichts hingegeben. Wer dagegen sich selbst Gott
hingibt, der hat alles drangegeben, mag er auch noch so
viel von seinem Reichtum für sich behalten. Denn er
weiß alles zu Gottes Ehre zu benutzen — wie einer, dem

ein Gut anvertraut ist, damit er mit ihm haushalte. Er hat erkannt, daß alles Gottes ist, und diese Einsicht hat ihn von aller Besessenheit und Gier geheilt.

Sieht er, daß ein anderer der Dinge, die er besitzt, mehr bedarf als er selbst, so wird er ihm freudig von dem geben, was ja nicht *sein*, sondern *Gottes* Eigen ist. In seinem innersten Wesen steht er nun über der Welt, und die Schätze des Himmels gelten ihm mehr als die flüchtigen Güter der Erde.

Ein tiefes Tal wird von der Mittagssonne wärmer und fruchtbarer als das ebene Ackerfeld. Wer erkannt hat, daß er im Grunde nichts besitzt, daß alles Gottes ist — auch er selbst und ebenso alle anderen — und wer darum gegen die andern ist wie gegen sich selbst, der macht sich zu einem tiefen Tal, in das Christus, die Sonne der Liebe, seine Strahlen sendet, die es erleuchten und durchwärmen und mit der Fülle des Lebens segnen.

Wenn er noch weiter geht und sich selbst völlig hingibt, wird er so völlig von Gott aufgesogen, daß alles, was ihn auch treffen mag, zuerst Gott berührt und durch Gott hindurch muß, da er in Gott ist und Gott in ihm. Dadurch aber bekommt alles, was in seinem Leben geschieht, einen neuen Sinn und Geschmack und wird Ausdruck des Willens Gottes. Trifft ihn ein Leid, so wird er es leicht tragen, da er es, mag es kommen, woher es will, als aus Gottes Hand kommend ansieht und erfährt, daß alles, was aus Gott kommt, *gut* ist.

Johann v. Ruysbroek

Der Weg zur Vollendung

Sei gelassen in Freud und Leid, denn ein gelassener Mensch bringt es in einem Jahr weiter als ein stürmischer

*in dreien. Sorge, daß keine Gemütserregung Dich über-
manne und niederziehe! Ein gelassener Mensch gestaltet
in sich kein Unglück!*

*Führe ein nach innen gerichtetes Leben und wirke nie
gewaltsam nach außen — weder in Worten noch in
Taten. Beharre auf nichts, das nicht Gott ist.*

*Achte darauf, daß Du keine zerstreuenden Dinge
treibst. Lerne es, jederzeit in Dich selbst einzukehren.
Wer am inneren Leben teilhaben will, muß sich aller
Mannigfaltigkeit entleeren und es dahin bringen, daß er
auf das Viele zugunsten des E i n e n zu verzichten vermag. Der Sinne Untergang ist des inneren Lebens Aufgang.*

*Richte Deine Gedanken auf den inneren Menschen,
darin liegt das Glück Deines inneren und äußeren Lebens. Wirke, daß der äußere Mensch mit dem inneren
in Einklang komme. In dem Maße, wie Du Dich auf
dem Wege nach innen von Dir selbst und allen geschaf-
fenen Dingen abkehrst, wirst Du innerlich geeint und
beseligt.*

*Bleibe fest in Dir selbst, bis Du aus Dir selbst ohne
Dich selbst gezogen wirst und — in der Stille der Kontemplation — das wirkliche Leben in Dir aufgeht.*

*Ein gelassener Mensch vermag alle Kräfte seiner Seele
so zu zähmen, daß, wenn er in sich sieht, sich ihm das
All offenbart.*

*Gott will Dich keineswegs der Lust berauben; er will
Dir Lust zur Allheit machen. Wann ist die Lust größer,
als wenn Du Dich als das E i n e , das Du sein sollst, erkennst und als das A l l , das Du sein sollst? Nichts ist*

voll Lust, als was mit dem innersten Grunde der gött-
lichen Natur übereinstimmt.

Wenn Du zu Deinem inneren Reichtum gelangt bist,
verrichtest Du alle äußeren Aufgaben hinfort um so
vollkommener. Wenn Du solchermaßen auch die äußere
Tätigkeit verinnerlichst, sie zu einer inneren machst,
dann ist Deine Innerlichkeit inniger, als wenn nur Dein
Inneres sich nach innen kehrt!

Harre aus und laß es Dir genügen, wenn Du mitten
in der Zeitlichkeit des gegenwärtigen J e t z t der Ewig-
keit lebendig inne und teilhaftig wirst, soweit Dir dies
möglich ist.

Und vergiß nie: nur ein gelassener Mensch kann ent-
bildet werden von aller Kreatur, gebildet werden mit
Christus und überbildet werden in der Gottheit!

Heinrich Seuse.

Die sieben Stufen des kontemplativen Lebens

Dies sind die sieben Grade oder Stufen des kontem-
plativen Lebens:

1. Wer sich im schauenden Leben üben will, der suche
eine abgeschiedene, stille Stätte und gedenke als erstes,
wie edel seine Seele ist, daß sie unmittelbar aus Gott ge-
flossen ist. Diese Betrachtung setze man fort, bis man
in eine große Freude gerät.

2. Wer dies wohl betrachtet hat, der soll als zweites
dessen gedenken, wie Gott seine Seele geliebt hat, daß er
sie geschaffen nach seinem Bilde, so daß sie alles, was
Gott von Natur ist, durch seine Gnade sein kann. Bei
dieser Betrachtung muß der Mensch notwendig in eine
noch größere Freude geraten als zuvor; denn es ist viel

adliger, daß wir geschaffen sind nach dem Bilde Gottes,
als nur geschaffen sein unmittelbar von Gott.

3. Als drittes soll der Mensch dessen gedenken, wie
er ewiglich von Gott geliebt ist; denn so, wie Gott ewig-
lich gewesen ist, hat Gott den Menschen ewiglich geliebt.

4. Als viertes soll der Mensch gedenken, wie ihn Gott
ewiglich dazu berufen hat, daß er dasselbe genieße mit
Gott, was Gott ewiglich genossen hat und immerfort
genießt: und das ist — G o t t s e l b s t.

5. Danach soll der Mensch sich gänzlich in sich selber
versenken und Gott in sich erkennen, und das geschieht
in dieser Weise, daß er sich bewußt wird, daß sein
menschliches Wesen genährt wird vom göttlichem We-
sen. Denn seine Seele kann von keinem Dinge genährt
werden als nur von Gott. Wenn der Mensch so in sich
selber geht, findet er Gott in sich selber. Denn will Gott,
daß ich bestehe und lebe, so muß er mir Wesen geben.
Nun kann kein Wesen ohne Gott bestehen, und darum,
will er, daß ich Wesen habe, so muß er sich selber mir
geben.

6. Hiernach soll die Seele sich selber in Gott erken-
nen, und das geschieht auf diese Weise: All das, was in
Gott ist, das ist Gott. Da nun mein Bild ewiglich in Gott
gewesen ist, wie es noch in ihm ist und immer sein wird,
so ist darum meine Seele ewig e i n s gewesen mit Gott
und i s t G o t t, und also finde ich mich in Gott in so
hoher Weise stehen, daß ich ewiglich bin gewesen Gott
in Gott. Und diese Erkenntnis bringt dem Menschen, der
zu ihr erwacht, solche Freude, daß er niemandem davon
sagen kann.

7. Als letztes soll der Mensch Gott erkennen in sich
selber, wie er ohne Anfang ist, und aus dem alle Dinge

geflossen sind. Diese Erkenntnis aber kann in diesem Leben keinem ganz werden, es sei denn, der Beschauende nehme göttliches Wesen an, was hier keinem ganz möglich ist.

Meister Eckehart.

Versenkung und innere Führung

Die Versenkung in Gott ist kein untätiges Ausruhen, sondern ein inneres Wirken, bis die Seele sich immer stärker von Gott angezogen fühlt und, diesem Zug sich hingebend und sich immer tiefer in die göttliche Liebe einsenkend, aus dem Wirken zum Lassen kommt und sich von innen her führen läßt.

Alles muß zu seiner Zeit geschehen. Der Seemann bringt sein Schiff nur mit Mühe vom Ufer weg und in die offene See; hat er es aber einmal draußen, wendet er es gleich dahin, wohin er zu gelangen wünscht. So läßt sich auch die in den Alltag verstrickte Seele nur mit Gewalt von der Nichterkenntnis losreißen. Die sie fesselnden Bande müssen zuerst zerrissen werden und in der Versenkung muß sie vom Ufer weg und ein Stück gottwärts gezogen sein, bis sie dem Geiste folgt und in die rechte Richtung gelenkt werden kann.

Wenn das Schiff den Hafen verlassen hat, kann das Rudern als unnötig eingestellt werden. Jetzt zieht der Seemann die Segel auf und stellt sich ans Steuerrad. Die Segel aufziehen heißt im Bereich des inneren Lebens: sich in der Meditation ganz Gott öffnen, um von seinem Geiste bewegt zu werden. Und sich ans Steuerrad stellen heißt: sein Herz in der Kontemplation auf den rechten Weg ausrichten und es vom Geiste Gottes leiten

lassen, der sich des Steuerrades allmählich ebenso be-
mächtigt, wie der Wind nach und nach die Segel füllt
und so das Schiff vorwärts treibt.

Segelt das Schiff mit gutem Winde, so ruhen Steuer-
mann und Ruderer. Sie kommen rasch voran, ohne sich
mühen zu müssen. In einer Stunde legen sie so, ruhig
das Schiff dem Winde überlassend, einen weit größeren
Weg zurück als mit noch so viel Arbeit und Anstrengung.
So sollen wir uns von innen her treiben und leiten las-
sen; wir werden dann durch Gottes Antrieb und unter
der inneren Führung in weit kürzester Zeit viel schnel-
ler und weiter vorankommen als vorher durch noch so
anstrengendes Mühen und Streben. Schlage nur diesen
Weg ein — und Du wirst bald finden, daß er der nächst-
liegende und der leichteste ist.

Hat der Seemann Gegenwind und stürmt es heftig,
dann wirft er den Anker ins Meer und befestigt sein
Schiff. Für Dich heißt der sichere Anker: Vertrauen auf
Deine innere Führung, Gewißheit des göttlichen Bei-
stands, Glaube an die göttliche Güte. Er läßt Dich in
stürmischen Zeiten geduldig ruhen und günstigen Wind
erwarten, der Dich nach dem Sturm dann aufs neue vor-
wärts trägt.

Jeder kann diesen Weg des Lebens, des inneren Lebens,
gehen und auf ihm wie zur Glückseligkeit so auch zur
Gewißheit der Gegenwart Gottes sowohl in diesem
als auch im künftigen Leben gelangen. Man muß sich
nur ganz Gott hingeben und sich von seinem Willen und
Antrieb leiten lassen, dann wird man immer in der rech-
ten Richtung voran- und zugeich Gott näher kommen.

Mme de la Mothe Guyon.

Von der inneren Heimat

Wie Gott dem Menschen Tempel, Wohnung und Paradies ist, so ist jeder Gottgläubige Paradies, Tempel und Wohnung Gottes. Also ist das Paradies, C h r i s t u s oder das R e i c h G o t t e s nicht außerhalb unser, sondern i n u n s. Darum: wenn wir den Himmel nicht in uns suchen und finden, suchen wir vergeblich und finden ihn nirgends. Gott ist in uns, im inwendigen Grund der Seele; im Geiste steht das Reich Gottes und nicht im Leibe. Darum können wir Gott nicht sehen außer uns, sondern i n u n s werden wir Ihn sehen von Angesicht zu Angesicht.

Der Himmel ist kein Ort, sondern ein Sein, das wir in uns tragen. Wer sich selber nicht kennt, kennt seine Heimat nicht: das Paradies, den Himmel, Christus in ihm, das Reich Gottes. Denn unsere Heimat ist nicht diese Welt, nicht Europa, nicht Deutschland, nicht diese Stadt und dieses Haus, darinnen wir wohnen; denn daraus können uns Menschen verjagen oder der Tod, der uns auch den Körper nimmt. Darum ist kein äußerer Ort, auch der Leib nicht, unsere Heimat, sondern nur G o t t i n u n s.

Wer in Gott lebt und Gott in ihm, der ist daheim in seinem Vaterland und kann nicht verjagt werden, er sei an welchem Ort er wolle. Wer da sagt, er habe seine Heimat verloren, er sei durch Tyrannen in die Fremde getrieben, der kennt noch nicht seine wahre Heimat: den Himmel, das Reich Gottes in ihm. Kein Weiser kann in die Fremde vertrieben werden, und ebensowenig ein wahrer Christ: ob er Weib und Kind, Haus und Hof *verläßt und verliert, so hat er doch nichts verloren, wenn er Gott in sich weiß.*

Gott ist in allem und alles ist in Gott. In der Körperwelt ist jedes Ding für sich und an seinem Ort und nicht mit anderen Dingen vereinbar. Ich kann wohl sagen: ich bin in diesem Garten, aber nicht: der Garten ist in mir. Im Geiste hingegen ist Gleichheit und, wenn man will, eines im andern, so daß ich sagen kann: Ich bin im Reiche Gottes und das Reich Gottes ist in mir; ich bin in Christo und Christus ist in mir; ich bin in Gott und Gott ist in mir; ich bin im Himmel und der Himmel ist in mir; ich bin im Willen Gottes und der Wille Gottes ist in mir, wie auch Christus sagt: Ich bin im Vater und der Vater ist in mir, ich und der Vater sind e i n s !

Wenn man Christi Wort — „Das Reich Gottes besteht nicht in äußeren Dingen und Gebärden, sondern es ist inwendig in euch!" — recht befolgt, wird man bald gewiß, daß keine äußeren Dinge selig machen, sondern allein die Hingabe an Gott in uns. Du findest keinen Frieden außer Dir, sondern allein in Gott: in Dir selbst. Hier ist Deine wahre Heimat. Je näher Du Dir selber bist, desto vollkommener und seliger. Hast Du gelernt, in Dich selber einzukehren, zum Gott in Dir heimzukehren, so gelangst Du in Deine wirkliche Heimat, Dein wahres Vaterland.

Deine Wohnung ist Dir nahe; aber Du kannst sie verlassen. Dein Kleid ist Dir noch näher, aber Du kannst es ausziehen. Noch näher ist Dir Dein Leib; aber auch er schwindet dahin. Tausendmal näher ist Dir die Seele; am nächsten aber ist Dir Gott, der im Innersten Deines Innern wohnt. Wenn Du zu Ihm heimgefunden hast,

bedarfst Du keiner äußeren Dinge mehr und keiner ver-
gänglichen Heimstatt.

Valentin Weigel.

Erneuerung des Geistes

Wenn der Geist in der Kontemplation völlig entsinkt
und einschmilzt mit seinem Innersten in Gottes Inner-
stes, so wird er da erneuert und neu gebildet. Und so viel
mehr wird der Geist vom Geistes Gottes überflutet und
überformt, so viel er diesen Weg nach innen bewußt
und reinen Herzens gegangen ist und nichts als Gott im
Sinne gehabt hat: so völlig erfüllt Gott sein Wesen, wie
am Morgen der Sonne Licht die Luft erfüllt und sie mit
Helle durchstrahlt. Wer könnte diese Einswerdung schei-
den, da der Geist eingekehrt und einsgeworden ist mit
dem Abgrund seines Ursprungs. Wäre es möglich, den
Geist im Geiste zu sehen, man sähe ihn ohne Zweifel
für Gott an.

In dieser Einkehr und Erneuerung schwingt sich der
Geist über sich selbst hinaus und hinein in die Finsternis
der Unerkanntheit Gottes, wo er jenseits von allen Bei-
legungen, allem Gewordenen ist: jenseits von Name,
Form und Bild, über alle Weisen und über alle Wesen.

Zu dieser Einkehr und Erneuerung des Geistes ist die
Nacht und ihre Stille sehr förderlich. In der Stille der
Nacht soll er sich allen Sinnen und Neigungen entziehen
und sich recht in sich hineinsenken, sich über alle Bilder,
Formen und Kräfte hinausschwingen und hinein in die
Finsternis der Unerkanntheit Gottes; darin überlasse er
sich völlig Gott und frage nach nichts und fordere nichts,
wende sich nur mit seiner ganzen Liebe Gott zu und

*werfe in ihn alle seine Schwächen, Sorgen und Fehler,
alle Dinge, die er vor hat und die sein Herz bewegen —
alles das übergebe er dem göttlichen Willen und überlasse es der wirkenden göttlichen Liebe.*

*Nichts anderes soll der Einwärtsgewendete im Sinne
haben, nichts mehr wollen, weder Ruhe noch Wirksamkeit, weder dies noch jenes als allein das e i n e : sich gänzlich dem Willen Gottes hinzugeben und zu überlassen.*

*Wenn er alsdann in diesem inneren Wirkenlassen
steht und Gott gäbe ihm dann ein, die Stille und ihre
Seligkeit zu lassen und hinzugehen, um einem Kranken
zu dienen oder einem Bedürftigen zu helfen, so soll er
hingehen und es in Freude und Willigkeit tun. Wer solchermaßen Gottes Willen tut — ohne Warum —, dem
kann es geschehen, daß Gott ihm gegenwärtiger ist und
ihm mehr Gutes erweist in dem äußerlichen Werk als
vielleicht in der tiefsten Stille und Meditation.*

Johannes Tauler.*)

Christus in uns

*Christus ist nicht, weil er außer uns ist und von ferne
angebetet wird, gerühmt. Er muß in unserem Herzen
lebendig werden und muß in uns mit unserer Seele vereint werden, damit er in uns herrschen und das Wort
in uns wie in ihm Fleisch werden kann. Dann erst ist*

---

*) Weitere Kontemplationsworte *Taulers* enthält das Tauler-
Brevier: „*Das Reich Gottes in uns.* Wegleitungen zum Inneren
Christentum". Abschließende Wegweisungen zur Erfahrung des
inneren Lichts und des kosmischen Bewußtseins gibt das fünfbän-
dige Kontemplationswerk von Hilarion: „*Die Bücher des Flam-
menden Herzens*" (sämtlich Baum-Verlag).

Christus in uns geboren, dann erst ist er das Wort in uns, ist er unser Leben.

Die Arznei muß, wenn sie heilen soll, eingenommen werden, außer uns wirkt sie nicht. Ein gleiches gilt von Christus, von Gott und vom Reiche Gottes. Das Wort muß in uns lebendig werden, auf daß wir eins und ein Christus mit ihm werden, der darum unser Fleisch geworden ist, daß er's vergeistige und in sich ziehe, auf daß wir sein Fleisch und Blut würden. Das nennt die Schrift: Christum in unsere Seele nehmen im Glauben und Geist, in ihn versetzt und verwandelt werden.

Das Reich Gottes besteht nicht in äußerlichem Wesen, Zeremonien, Pomp und Titeln, weder im Raum noch in der Zeit, sondern frei im Geiste und Glauben i n u n s und nicht außer uns, wie Christus spricht: „Das Reich Gottes ist inwendig in euch!"

Wahres Christentum ist darum C h r i s t u s t u m: Reinheit des Herzens, gotterfülltes Leben, Gerechtigkeit, schrankenlose Liebe und unerschütterliche Gläubigkeit und Gottgewißheit. Daher hatten die ersten Christen keine Tempel, weil sie Christum in sich trugen. Erst als der Glaube verfiel, entstanden Tempel, Zeremonien und Bekenntnisse ...

Gott, der ein Geist ist, achtet der äußerlichen Übungen nicht, sondern sieht allein auf ein gelassenes, ihm hingegebenes Herz. Christus lehrt uns, wie wir zu ihm kommen sollen. Und auch der heilige Cato lehrt: Ist Gott Geist, so ehrt ihn mit dem Geiste, mit dem, was er ist. Wer auf das innere Wort Gottes in seinem Herzen acht hat und auf das Licht, das in ihm entzündet ist, der wird vor Freude und Seligkeit in seinem Herzen entbrennen und durch sein Sein und Tun vom Christus in *ihm und von Gott zeugen, daß es selbst ein Gottloser nicht übersehen kann.*

Eben darum nennt Christus sich selbst und die Seinen nicht Lehrer und Meister, sondern Zeugen, die von der Gegenwart Gottes und der Wahrheit, die Gott im gelassenen Menschen und durch ihn kündet, Zeugnis geben — und eben dadurch überzeugen.

Gleichen Sinnes spricht Tauler: Gott muß Dich im Grunde Deines Seins anrühren mit seinem einigen Wesen — ohne das Mittel irgendeines Bildes. Soll Gott sein Wort sprechen in Deiner Seele, so muß sie gestillt und in Frieden sein; dann spricht Er sein Wort und sich selber in der lebendigen Seele und nicht ein Bild. Je mehr Du von Bildern loskommst, desto empfänglicher wirst Du für das Wirken und das Wort Gottes in Dir.

Sebastian Franck.

Von wahrer Gottesweisheit

Gott ist die ewige Einheit, das unermeßliche einige Gut, ohne alle Neiglichkeit und Eigenschaft, ohne Ursprung in der Zeit, in sich selber nur Eines, lauteres Licht, zugleich außer der Welt und in der Welt, tiefer, als ein Gedanke sich schwingen mag. Er ist weder Natur noch Kreatur, was er in sich selber ist; er ist der Ungrund und Urgrund aller Wesen; der Kreatur und Natur ein Nichts und Alles zugleich. Die Kreatur und Natur ist sein Etwas, damit er sich sichtbar, empfindbar und findbar macht, beides nach der Ewigkeit und Zeit.

Gott-Selbst ist das Wesen aller Wesen, und wir sind alle Götter in ihm, durch welche er sich offenbart. Ein Stück Eisen ist an sich finster und schwarz, aber das

Feuer durchdringt das Eisen, daß es leuchtet. So ist die Seele in das Feuer der Gottheit gesetzt: die Gottheit durchscheint die Seele, daß sie leuchtet, und wohnt in der Seele.

Die ganze christliche Religion steht darin, daß wir erkennen lernen, was wir, unserem innersten Wesen nach, sind, von wannen wir gekommen, wo wir in der Einigung gewesen, als wir Gottes Kinder waren, wie wir jetzt in der Uneinigkeit sind, in dem Streit und Unfrieden der Welt, und wo wir hinwallen aus diesem zerbrechlichen Wesen, wo wir mit dem Unsterblichen unseres Wesens hinwallen.

Gott muß Mensch werden, Mensch muß Gott werden; der Himmel muß mit der Erde eins werden, die Erde muß zum Himmel werden. Willst Du aus Himmel Erde machen, so gib der Erde des Himmels Speise, auf daß die Erde des Himmels Willen ausdrücke. Der Mensch hat die Macht, sofern er als ein Werkzeug Gottes dem Willen Gottes folgt, die Erde in die Benedeiung einzuführen und Todesangst in höchste Freude zu verwandeln. Hat Gott uns Macht gegeben, seine Kinder zu werden und über die Welt zu herrschen, warum nicht auch über den Fluch der Erde? Es sollt's keiner für unmöglich halten; es gehört nur ein göttlicher Verstand und Erkenntnis dazu.

Wer so still liegt im eigenen Willen wie ein Kind im Mutterleib, wer durch seinen inwendigen Grund, aus aus dem der Mensch entsprossen ist, sich leiten und führen läßt, der ist der Edelste und Reichste auf Erden. Denn wenn er mit Sinnen und Willen seiner Selbstheit stille steht, wird in ihm das ewige Hören, Sehen und

Sprechen offenbar. Gott sieht und hört und spricht durch ihn.

Was fragst Du: Wo ist Gott? Höre, Du blinder Mensch! Du bist in Gott, und Gott ist in Dir; wenn Du Dich nach innen wendest, bist Du selbst in Gott und erkennst Gott in Dir und überall, wohin Du blickst.

Der Heilige, zu Gott Erwachte hat seine Kirche allerorten bei und in sich; er steht und geht, liegt und sitzt in seiner Kirche. Der heilige Geist predigt ihm aus allen Kreaturen; was immer er sieht, da gewahrt er einen Verkünder Gottes und seiner Herrlichkeit. Darum hat der Christ keine Sekte. Er kann mitten unter den Sekten wohnen, auch in ihrem Gottesdienst erscheinen und hängt doch keiner Sekte an; er hat nur eine einzige Wissenschaft und Religion, die ist C h r i s t u s i n i h m ; er hat nur einen Willen: den, recht zu denken, recht zu reden und recht zu tun.

Jakob Boehme.

Von der Einswerdung

Wenn ich sage, und auch Christus sagt so: um zur Einswerdung zu gelangen, muß man alles „lassen" und von sich tun — so heißt das nicht, daß Du nun nichts mehr tun und Dich um nichts mehr bekümmern sollst. Denn solange der Mensch lebt, muß er wirken und tätig sein. Sondern es heißt, daß des Menschen Vermögen, sein Tun und Lassen, sein Erkennen und Wissen nicht das ist, worauf es für die Einswerdung ankommt.

Was aber ist diese Einswerdung dann? Nichts anderes, als daß Du als ein jeder Bestimmung barer, innerlich eins Gewordener wahrhaft eins wirst mit dem einigen ewigen Willen und Wesen Gottes, daß Du selbst ohne Willen bist, weil Dein Ichwille in den Gotteswillen eingeflossen und darin verschmolzen und zu nichts geworden ist, so daß der Wille Gottes hinfort allein Dein Tun wie Dein Lassen bestimmt.

Und wie gelangt man dazu? Kein Tun führt dahin, sondern allein das Lassen und Von-sich-Tun. Denke nicht, daß irgendwelche Werke, Worte und Weisen oder noch so hohe Kunst und Meisterschaft oder was sonst in den Bereich des Erschaffenen und Vergänglichen gehört, Dir hierbei helfen kann. All dies mußt Du lassen und Dich gänzlich hingeben und eingehen in die Einung. Wenn diese Einswerdung zustande kommt und Wesensbesitz wird, steht hinfort der innere Mensch in der Einung unbeweglich, und nur den äußeren Menschen bewegt Gott zu diesem und jenem, das gerade geschehen muß. Es ist der Zustand, in dem der äußere Mensch spricht: „Ich will — von mir aus— weder sein noch nichtsein, weder leben noch sterben, weder wissen noch nichtwissen, weder tun noch lassen, sondern lasse mich von innen her bewegen zu dem, was geschehen muß." Der äußere Mensch hat kein Warum und Wozu mehr, kein Ziel als allein das: dem ewigen Willen Werkzeug zu sein. Er hat erkannt, daß der innere Mensch unbewegt in Gott verharrt, daß es aber dem äußeren Menschen bestimmt ist, vom Willen Gottes bewegt zu werden.

Wo immer die Einswerdung erlangt ward, wo immer Gott Mensch ward oder ist, da stehen die Dinge so, wie es das Beispiel Christi beweist. Und wo das Göttliche Licht am Werke ist, da gibt es weder geistigen Hochmut noch hemmungslose Freiheit, sondern nur schrankenlose Hingabe, ein in Gott versunkenes Gemüt

*und ein williges sich Einordnen und Fügen unter den
Ewigen Willen — und zugleich sind Wahrhaftigkeit
und Ehrfurcht vor allem Lebendigen da, Friede und
Genügsamkeit. Wo es anders ist, ist die Einswerdung
noch nicht erlangt.*

*Und ebenso wie nicht dieses oder jenes äußere Ding
oder Tun zu jener Einswerdung verhelfen oder sie fördern kann, so gibt es andererseits nichts, was sie ver-
hindern oder stören kann als allein der Mensch selber
mit seinem Eigenwillen, der ihn ablenkt und blind macht
für das, was allein wesentlich und wirklich ist.*

„Theologia deutsch".

Je mehr Du Dich in der Kontemplation in solche
göttlichen Gedanken versenkst, sie in Dir zum *Leben,*
das Wirken, Liebe und Einssein ist, erweckst, desto lebendiger erblüht in den Tiefen Deines Seins das Bewußt-
Sein Deiner Einheit mit dem Göttlichen, desto mehr
flammt die Erkenntnis Meister Eckeharts auch in Deiner Seele auf, daß „der höchste Grad der Freiheit ist,
daß die Seele vermag, sich zu erheben über ihr Selbst und
mit allem, was sie tut, einzufließen in den grundlosen
Grund ihres Urbildes — in Gott selber." Desto mehr
erlebst Du, daß das Göttliche nur den einen Wunsch
hat, sich Dir zu einen.

Wenn das Licht dieser Erkenntnis in Dir entbrennt,
sei ganz Stille. Dann beginnt in Dir leise die Wandlung.

Kehrst Du dann aus dieser Stille zurück, hast Du getan, was menschenmöglich war. Hast Du es mit allen
Deinen Kräften, mit Liebe, Hingabe und Inbrunst getan, wird das Göttliche das Seine tun, und der Funke
in Dir wird zur strahlenden Sonne.

251

KONTEMPLATIVES SCHWEIGEN

„Wir verzichten darauf, Gott zu begreifen,
streben aber um so eifriger danach, Ihn zu er-
greifen. Begriffliche Gottes-Erkenntnisse sind
uns versagt, nicht aber herzhafte Gottes-Erleb-
nisse."

Immanuel Kant.

Aus der Kontemplation erfließt jenes Schweigen, in dem
Du nicht mehr betest, nicht mehr meditierst, in dem Du
ganz seliges Schauen und Schwingen im Bewußtsein
Deines Gotteinsseins bist und Dich den göttlichen Kräften der Harmonie, Fülle und Liebe hingibst.

Keinem jedoch ist es gegeben, in dieses Schweigen
einzutreten, der es nicht zuvor in sich errungen, der es
nicht Schritt für Schritt verwirklicht hat. Nur der innerlich Reifgewordene vermag den Tempel des Schweigens zu betreten, über die Schwelle zum innersten Hei-
ligtum — die Schwelle zwischen dem Sonder-Sein der
Welt und der Sinne und dem Eins-Sein mit Gott —
schreitend als ein neuer Mensch mit neuen kosmischen
Sinnen durch den Schleier des Mysteriums zu schauen.

Zwiefach ist dieses erste Erleben im kontemplativen
Schweigen:

Das eine ist ein Erwachen zur Seligkeit des Schweigens, zu jenem „Frieden, der über alle Vernunft geht",
jener himmlischen Ruhe, die Einkehr ist in Dich selbst,
Zurückkehren zu Deinem wahren Urgrund und ein Still-
estehen im Lautlosen.

Es ist ein Hinübertreten aus der Form ins Formlose,
aus dem Endlichen ins Unendliche, ein Wachwerden

für Dein Verbundensein mit dem unendlichen Sein des Göttlichen in Dir. Dieses Erwachen meint Angelus Silesius':

„Ist Deine Seele still und dem Geschöpfe Nacht,
So wird Gott in Dir Mensch und alles wiederbracht!"

Das andere ist ein Erwachen zur Kraft des Schweigens, dem „hohen Glück der innerlichen Einsamkeit". Dieses Schweigen ist immer in Dir, aber Du bist nicht immer in ihm. Und solange Du nicht in ihm bist, wird auch der wahre Friede des Gemüts nicht völlig Dein sein, wirst Du nicht frei von Wunsch und Haftung, wirst Du nicht Eigner seiner Kraft. In allen Heilslehren des Ostens ist das oberste Erfordernis Stille und Schweigen — neun Jahre hindurch soll Bodhidharma schweigend in höchste Kontemplation versunken gewesen sein —, und nicht ohne Grund heißt das Schlüsselwort aller Mystik: Schweigen.

Der Tempel schweigenden Einsseins ist die einzige — unsichtbare — Kirche, in der Du wirklich Gott dienen, Dich Gott zu nähern vermagst; er ist jenes vollkommene Entsunkensein, in dem, wie *Longfellow* sagt: „Mund und Herz stille sind, wo wir nicht mehr unsere eigenen unvollkommenen Gedanken und Wünsche zum Schwingen bringen, sondern wo Gott allein in uns spricht und wo wir leuchtenden Herzens und in dem völligen Schweigen unserer Sinne warten und dem Willen Gottes lauschen, damit wir Seinen Willen tun und ihn allein."

Dieses dynamische Schweigen ist es, in dem Geist-Kräfte in den Urgründen Deiner Seele erwachen, stärker als alle Kräfte der Materie, die Götterkräfte der stillen Ewigkeit, der Stille der Einheit.

Halte hier bitte mit dem Lesen an, bis Du folgendes getan hast:

Setze Dich hin, entspanne den Körper und blende Dich allen Gedanken gegenüber ab bis auf den einen: „Ich bin Stille!" Ist dieser Gedanke in Dir zum einzigen und lebendig geworden, tritt mit ihm ein in das Schweigen der Kontemplation. Werde ganz lauschende Stille, damit Du Rückerts Erkenntnis nacherlebst:

„Wenn Du der Außenwelt verschließest Deine Sinne,
Wirst Du in Dir das Welt- und Gott-Geheimnis inne
Und weißt nur eines noch und weißt dies eine ganz:
Gott ist die Geister-Sonn' und die Natur Sein Glanz."

Lausche in Dich hinein, fühle das Leben des göttlichen Geistes in Dir, fühle den Licht-Strom des Alls, die Wärme Gottes. Horche hinein in das Schweigen der Ewigkeit, das sich über die Lande Deiner Seele breitet, lausche dem tiefen Schweigen in Dir entgegen — ein Weltenwanderer, der einen Ruf vernimmt aus der Unendlichkeit.

Bist Du ganz Lauschender, ganz Lauschen geworden, ist alles Anderssein erloschen, dann schwebt aus unergründlichen Tiefen in Dir wie eine neue aus Urnebeln geborene Sonne das Bewußt-Sein Deines Selbst empor und Du bist eingetreten in den Tempel des Schweigens.

IM INNERSTEN HEILIGTUM DES TEMPELS

„Wenn die Stille im Menschen erstanden ist,
wenn jede Tätigkeit des Niederen aufgehört
hat und höchste Gelassenheit an deren Stelle
getreten ist, dann geht im Grunde der Seele ein
himmlisches Licht auf, das Licht Gottes ent-
zündet sich . . . Meister Eckehart.

Zu Deiner Seele sprechen jetzt meine Worte:

Wenn der letzte Laut der Außenwelt erstorben, wenn
Dein Lauschen Inbrunst geworden, beginnt der göttliche Funke in Dir zu erwachen, beginnt, leise zunächst,
dann, wenn Du sie verstehst, immer mächtiger anschwel-
lend, die Stimme Deines Innern zu Dir zu sprechen.

Nichts bist Du als Lauschen; alle Stützen der Meditation und Kontemplation fallen von Dir ab, wie im
Tode die Hülle sich von Dir löst, wenn Du ihrer nicht
mehr bedarfst. Alles Sprechen endet hier. Hier gilt
Taulers Wort: „So klein ein Pfennig gegen hunderttau-
send Mark Goldes ist, so klein ist alles auswendige Wort-
gebet gegen das schweigende Innengebet, das da ist und
heißt wahre Einigung mit Gott."

Aber nicht nur endet hier das Wort. Hier hört alles
eigene Tun und Bewegen auf, hier wird das Göttliche
in Dir zum allein Bewegenden und Wirkenden. Nichts
bist Du als einwärts lodernde Flamme . . . Und immer
tiefer wird das Schweigen in Dir, immer grundloser die
Quelle, aus der das göttliche Leben in Dir fließt, immer
alltagsferner die schweigende Stille, die in Dir wächst,
bis Du selbst zur Stille geworden, bis Du erwachst zum
Mysterium des Schweigens.

Hier ist es, wo Du, Seele, durchflutet von kosmischen Wellen der Kraft, zu klingen beginnst, wo mitten aus Deinem Suchen und Fragen nach Halt und Frieden Dein Sehnen zu verzehrendem Heimweh erglüht, zum Heimweh nach dem Einssein mit Deinem leuchtenden Ursprung, wo die letzten Fesseln fallen.

Hüllenlos, getragen vom brennenden Heimweh, schwingst Du Dich hinein in das Leben Gottes. Aller Bande ledig, öffnest Du Dich weit, weiter als das Universum, um das Sein Gottes in Dich aufzunehmen. Weihenacht der Seele, Welten-Brand, aus dessen läuternden Flammen die Seligkeit der Einheit mit dem Geist des Alls sich erhebt, das Erleben Deiner Gotteskindschaft.

Gott und Mensch berühren sich in Deinem Innern. Im namenlosen Schweigen Gottes beginnt die Flamme des Selbst zu wachsen, immer gewaltiger zu lodern, zu einem alles verzehrenden Feuer sich zu entfachen, sich entgegenschwingend dem göttlichen All-Selbst.

... Wunder der Wandlung, Wunder des Erwachens! Ein neuer Sinn wurde in Dir geboren, neue Augen schauen eine neue Welt ...

... Und kehrst Du aus den Urgründen des Schweigens in das Leben des Alltags zurück, hast Du abermals einen entscheidenden Schritt getan zum neuen geistigen Menschen. Wieder offenbart sich Deinen schauenden Augen die Außenwelt anders, schöner, durchgeistigter, durchgottet; wieder ist Schweres leichter, Dunkelheit heller, Leid freudeerfüllter geworden, wieder lebst Du geistbewußter als zuvor Dein Leben durch das Göttliche in Dir, meisterst Du die Dinge und das Leben vollkommener als ein zur Wirklichkeit Erwachender.

DIE NÄHE DES EWIGEN

Der nächste Gewinn, den die Lebenshilfen der Meditation und Kontemplation vermitteln, ist der des Erlebens der *Nähe des Ewigen,* das am Ende unseres Weges in das *Kosmische Bewußtsein* einmündet.

Hier ist auch der Prüfstein, ob der hier dargelegte *Weg zur Vollendung* mit Sicherheit zu jener Wirklichkeitserwachtheit führt, die den Menschen zum Sieger über Leid, Not und Tod erhebt und zu jener *Gott-Gegenwarts-Gewißheit,* die ihn mitten in der Wüste und Wirrnis des Daseins mit dem beseligenden Bewußtsein absoluten Geborgenseins und Weltüberlegenseins erfüllt.

Dies mag am Beispiel einer geistigen Strömung demonstriert werden, die in der heutigen Übergangszeit viele Gemüter erregt und aus der Bahn gerissen hat: am Beispiel des *Existentialismus.* Während dieser alle Abgründe der Verzweiflung und Gottferne aufreißt, schreitet der, der den Weg der Vollendung geht, ruhig und unbeirrt durchs Leben, der Nähe des Ewigen, der Gegenwart Gottes in ihm gewiß.

I.

Menschen, die in ernstem Gebet Gott um Hilfe in ihrer Not anflehten, aber keine Erhörung fanden, sind leicht geneigt, denen zuzustimmen, die sagen: Es ist sinnlos, zu erwarten, daß Gott auf unser Flehen antwortet. Gott läßt uns allein. Er bleibt dem Menschen unerreichbar fern. Es gibt keinen Zugang zu ihm, was bedeutet, daß wir ohne Gott auskommen und so leben müssen, als gäbe es keinen Gott!

Andere Menschen gibt es, die in lebendiger Einheit mit dem Ewigen leben und dankbar bekennen, daß ihr Beten immer aufs neue Erhörung findet — um so sicherer, wenn sie für andere baten. Für sie ist Gott lebendig gegenwärtig.

Die ersteren sagen mit den Existentialisten, daß, wenn es einen Gott gibt, er so fern und unerreichbar sei, daß wir ihn niemals zu erkennen vermögen.

Die letzteren wieder betonen, daß Gott keine Frage des Glaubens, sondern eine Tatsache der Erfahrung sei, des Erlebens. Sie sagen, daß ihnen angesichts der erlebten Führung und Hilfe von innen ein Zweifel am Wirken Gottes im Leben und Schicksal alles Lebendigen unbegreifbar sei. Und sie fügen hinzu, daß eben das rückhaltlose Vertrauen zum Ewigen die göttliche Hilfe sichtbar werden lasse.

II.

Die einen leben aus dem Gefühl der *Ferne Gottes* oder gänzlich ohne Gott. Die andern schöpfen Kraft aus dem Gewißsein der *Nähe des Ewigen*. Beide leben in der gleichen Welt, oft im gleichen Raum — und doch trennt sie eine unsichtbare Mauer.

Dabei gestehen die ersteren: Auch wir möchten gern wie ihr die Nähe Gottes erleben, seine Hilfe spüren, seine Stimme in uns vernehmen. Aber uns antwortet kein Gott. Wir fühlen sein Dasein nicht. Wir müssen uns selber helfen.

Und die letzteren erwidern: Gott ist nicht unzugänglich und unerreichbar. Er ist *in uns* und uns näher als unser Körper. Das Geheimnis der Innewerdung und Einswerdung liegt in der Hingabe.

Beide haben Recht, da jeder aus seiner Erfahrung spricht, die richtung-gebunden ist. Und eben weil jeder in eine andere Richtung blickt, versteht keiner den anderen.

Der von der Unzugänglichkeit Gottes spricht, hat Recht, da er nach *außen* blickt: er sieht um sich die Welt der Erscheinungen und sucht den Ewigen jenseits der Grenzen der Erkenntnis, jenseits des Horizonts, den sein Erkennen umfaßt, außerhalb der trugvollen Erscheinungswelt. Auf diesem Wege bleibt Gott unerreichbar und unenträtselbar.

Und der von der Nähe Gottes spricht, hat auch Recht, da er nach *innen* gerichtet ist: er weiß um das Dasein des Reiches Gottes in ihm; er erlebt, daß Gott in ihm ist und in ihm wirkt — als sein innerer Führer und Helfer, als seine innere Kraft und sein innerstes Selbst.

III.

Ist nun die beglückende Gewißheit der inneren Gegenwart Gottes, der Nähe des Ewigen, des Geborgenseins in Gott auch für jene erreichbar, die es noch nie erlebten?

Zweifellos ist es eine Frage der Blickrichtung: was bisher vergeblich *außen, jenseits* des Reiches der Erscheinungen gesucht wurde, muß *inseits* gesucht, kann nur im *Innern* gefunden werden.

Es ist eine Erfahrungstatsache, daß, wenn wir in Stille und Schweigen gelassen in uns hineinlauschen, wir in einem Augenblick völliger Hingabe innewerden, daß Gott unendlich nah ist: daß er unser innerstes Wesenszentrum bildet, mit dem wir eins werden, sowie wir von uns tun, was an uns endlich ist, was der Außenwelt der Erscheinungen zugehört.

Um das verständlicher zu machen: Die moderne Tiefenpsychologie hat gezeigt, daß sich unterhalb des wachbewußten Tages-Ich das viel größere Reich des Unbewußten dehnt. Noch tiefer innen stoßen wir auf die Sphäre des „kollektiven Unbewußten". Während im Reich des Wachbewußtseins jedes Ich für sich allein lebt und keines vom wirklichen Wesen des anderen weiß, ist in der Sphäre des kollektiven Unbewußten die Scheidewand zwischen Ich und Ich für Gedanken, Vorstellungsbilder, Gefühlskomplexe, Willensimpulse durchlässig, so daß ich auf dem Wege „außersinnlicher Wahrnehmung" von anderen Ichen erfahre und um ihr Denken, Fühlen und Wollen weiß.

Wenn wir noch tiefer dringen, berühren wir weiter innen gelegene Schichten oder Sphären, die als die des „Überbewußtseins" und des „Allbewußtseins" bezeichnet werden und deren innerste als die des „Gottbewußtseins" erlebt wird.

Wie wir in der Sphäre des kollektiven Unbewußten an fremden Gefühls- und Vorstellungsinhalten Anteil haben und in der Sphäre des Allbewußtseins unserer brüderlichen Gemeinsamkeit mit allem Lebendigen innewerden, so erleben wir in der innersten Sphäre unseres Wesens, zu der wir auf dem Innenpfad der Meditation und Kontemplation gelangen, unsere Gemeinsamkeit mit dem göttlichen Leben und Sein in allen, unsere Wesenseinheit mit dem Ewigen.

In den Außen-Sphären unseres Wesens sind Ich und Gott getrennt wie Angehörige verschiedener Gestirne oder Dimensionen. *Innen* aber, im raum- und zeitlosen

Zentrum unseres Wesens, erfahren wir die Nähe Gottes und wissen uns mit ihm eins. Der Mystiker nennt dieses Erleben die „unio mystica", die „Geburt Gottes in der Seele", das „Erwachen des Gottfünkleins im Seelengrund" oder mit Christus: „Ich und der Vater sind eins!"

Es handelt sich hier in keiner Weise um ein verstandesmäßiges Erkennen, vielmehr um ein schrittweises *Erleben,* zu dem man findet, wenn man sich nach innen wendet und beim Betreten der inneren Heimat auch vor den letzten Tiefen nicht zurückschreckt. Aus diesem Erleben entspringt jenes einschränkungslose *Vertrauen,* das wiederum die Kräfte auslöst, die die sichtbare Erfüllung des gläubig Bejahten bewirken.

Wer so nach innen und von innen her lebt, lebt im Ewigen, lebt aus Gott und mit Gott. Er lebt glücklich auch unter Trümmern und sein Weg führt mit Sicherheit aus Zerstörung und Not Schritt um Schritt aufwärts in ein neues Leben der Fülle und der Liebe.

IV.

Wer um die Nähe des Ewigen weiß, bleibt unberührt vom jahrtausendealten unfruchtbaren Streit der Philosophen und Atheisten, Metaphysiker und Gottesgelehrten um das Dasein oder Nichtdasein Gottes, seine Verborgenheit oder Erkennbarkeit, sein Nichteingreifen oder sein Wirken in der Welt. Als Lebenspraktiker anerkennt er nur eines: die eigene *Erfahrung.* Er weiß: Gott ist und wirkt in mir.

Zu dieser Erfahrung der unmittelbaren lebendigen Gegenwart Gottes führt der Weg zur Vollendung, nach

innen. Und dieser Weg zu den Höhen lebendigen Gott-
Erlebens ist, wie hier gezeigt wurde, für jeden beschreitbar. Wer sich entschließt, ihn zu gehen, tut für sein Le-
bensglück mehr, als er auf irgendeine andere Weise zu
erreichen vermöchte.

V.

Es ist eine Frage der Blickrichtung, ob wir, fern dem
Göttlichen, *im Schatten des Schicksals* oder, der Nähe
des Ewigen bewußt, *im Lichte der inneren Führung*
leben. Und es ist nur Ausdruck der inneren Dynamik,
wenn wir, ohne zu suchen, das finden, was die anderen
außen suchen, ohne es zu finden.

Die Blickrichtung bestimmt auch das Weltbild:

Der Eine sieht sich wehrlos den unerbittlichen Mächten des Schicksals ausgeliefert — verdammt, leidend zu
leben, schon im Entstehen zum Sterben verurteilt, vergeblich nach Sicherheit vor dem Grauen des Daseins,
vor der Willkür der Götter und der Nacht des Chaos
Ausschau haltend.

Der Andere sieht sich in einem Kosmos der Gerechtigkeit und Ordnung — den Kräften des Ewigen verbunden, berufen, liebend zu leben und aufwärts zu
schreiten vom Zeitlich-Vergänglichen ins Unvergäng-
lich-Ewige, seiner Gott-Geborgenheit gewiß. Und er
bekennt, daß es keinen gibt, der nicht gleich ihm, gleich
Meister *Eckehart* und allen Gott-Erwachten, *selbst* erfahren könnte: „Ich bin deß so gewiß, wie ich lebe, daß
nichts mir näher ist wie Gott. Gott ist mir näher, als
ich mir selber bin."

VI.

Nicht um *Gottes-Beweise* geht es hier, sondern um *Gottes-Erfahrung.*

Wer liebt, bedarf keines Beweises, daß es Liebe gibt. Wer seiner Gotteinheit inne ward, bedarf keiner Beweise des göttlichen Seins und Wirkens. Er sieht sich vom Lichte der inneren Lebens-Sonne geleitet, er horcht in die Tiefe des Lebens und folgt der inneren Stimme. Er sucht nicht mehr, weil er Gott, die innere Heimat, gefunden hat.

Und der, der all dies nie erfuhr? Wird sein Leben dunkel bleiben und leer und ohne die Erfahrung der Nähe des Ewigen?

Nein, gerade dem Zweifelnden und Verzweifelnden ist die Gewißheit des Einsseins am nächsten. Je dunkler die Schatten des Schicksals, desto näher ist das Licht der Gewißheit. Je größer das Vakuum, desto mächtiger der Einstrom der Fülle. Je brennender das Gefühl der Unzulänglichkeit, des Verlassenseins, der Gottesferne, desto näher ist die Erfüllung, das Erleben des Ewigen, die Begegnung mit Gott.

Und diese Begegnung hat statt, sowie der Suchende alle äußeren Stützen fahren läßt und sich gänzlich *nach innen* wendet, den Spuren derer folgend, die Gott in sich fanden, den Mystikern und Gottesweisen, die, gleich *Augustin,* dem inneren Ruf gehorchten und den Weg zur Vollendung betraten:

„So erkannte ich die Mahnung, heimzukehren zu mir selbst, und trat unter Deiner Führung ein in mein Innerstes. Ich trat ein und sah mit den Augen meiner Seele das unveränderliche *Licht:* nicht das *Licht der Welt,* das den Sinnen sichtbar ist, sondern die *Welt des Lichts,* die innen ist. Wer die Wahrheit kennt, kennt dieses Licht; und wer es kennt, kennt die Ewigkeit. Die Liebe kennt es. Sobald ich Dich, Gott, erkannte, hast Du mich bei Dir angenommen. Und mit Deinem hellen Strahlenglanze hast Du mein schwaches Auge getroffen, daß ich erbebte in den Schauern der Liebe. Und es war mir, als hörte ich Deine Stimme aus der Höhe: „Ich bin die Speise der Starken; wachse, und du wirst mich schmekken. Doch nicht wirst du mich in dein Wesen umwandeln wie deine irdische Speise, sondern du wirst verwandelt werden in mein Wesen!" Ich vernahm es in meinem Herzen, und nicht weiter konnte ich zweifeln."

VII.

Diese Begegnung mit dem Ewigen findet *in uns* statt und nirgends sonst. *In uns finden* wir heim zu Gott — oder gar nicht. Diese innere Gottesbegegnung und Einswerdung ist die beglückendste und befreiendste Erfahrung, die dem Menschen werden kann, eine Kraftberührung mit dem Ewigen, deren Folgen der innerlich noch Unerwachte nicht zu ermessen vermag:

Das vorher sinnlose, leidvoll-chaotische Dasein offenbart sich im Lichte des Ewigen als unendlich sinnvolles Sein, bis ins Kleinste und Letzte voller Weisung und Weisheit. Alles Vergängliche enthüllt sich als Gleichnis des Ewigen. Verzweiflung, Zweifel und Vermutung weichen der gewißesten Gewißheit: „Der Ewige ist und wirkt in mir! Ich bin ihm nicht nur nahe; ich bin mit ihm eins; ich bin Er selbst!"

Einwärts schreiten heißt also: in die Nähe des Ewigen kommen und, am Ende des Weges nach innen, des Einsseins mit ihm inne werden. Es heißt vom Schein zum Sein erwachen, vom Wahn zur Wirklichkeit. Es heißt aus dem Kraft-Ozean der Gottheit schöpfen und an der Fülle des Ewigen lebendigen Anteil haben.

VIII.

Je tiefer wir auf dem Pfade der Meditation und Kontemplation in Stille und Schweigen in uns hineinschreiten, desto rascher wächst unser Anteil an den Kräfteströmen des Ewigen. Und wenn wir den unaufhörlichen Aufstrom dieser Gotteskräfte in uns nicht stören, leben wir schon hier und *jetzt* im *Reiche Gottes* — in einem Universum der Liebe, Kraft und Fülle. Und wir *erfahren* und erkennen in wachsender Beglückung:

Die Kraft Gottes ist in uns und leitet uns auf unserem Lebensweg lichtwärts;

die Kraft des Lebens läßt uns wachsen und bewirkt, daß wir uns unseres Fortschrittes lebendig bewußt sind und bleiben;

die Heilkraft des Geistes wirkt, daß wir an Seele und Leib gesunden und keinen Schaden leiden;

die Kraft der Alliebe läßt uns, im Bewußtsein unseres Einseins mit dem Ewigen, gelassen bleiben in den Wechselfällen des Daseins;

und die Fülle des Ewigen äußert sich, indem uns immer sichtbarer alles das zufällt, dessen wir auf unserem Erdenwanderwege bedürfen. —

Solchermaßen leben wir aus der Kraft und Fülle des

Ewigen — solange wir ihren Aufstrom und ihr Wirken in Leib und Leben nicht selbst unterbrechen und den inneren Kreislauf stören.

Das geschieht leichter, als die meisten ahnen; denn der Regler des Zustroms der göttlichen Kräfte ist *in uns:* es sind unsere *Gedanken,* diese stillsten und feinsten Seelenkräfte, die die Unerwachten nicht beachten, obwohl sie schicksalbildend wirken:

Die feinen Adern, die uns mit den inneren Kräfteströmen des Ewigen verbinden, erweitern sich mit jedem bejahenden, liebevollen, dem Ewigen zugewandten Gedanken und verengern sich mit jedem verneinenden, lieblosen, auf das Vergängliche gerichteten Gedanken. Und je nachdem vermehrt oder verringert sich der Zustrom an Kraft und Fülle. So kündet unser äußeres Leben dem Kundigen, welche Gedanken in unserer inneren Welt herrschen und wie wenig oder wie viel Kraft wir aus dem Brunnen der inneren Gottestiefen schöpfen.

IX.

Hier, in den Gottestiefen unserer Seele, ist das Zentrum unseres Lebens, — nicht in der Außenwelt. Hier ist der Punkt, wo wir die Nähe, die Gegenwart des Ewigen spüren, wo Gott, der innere Helfer und Heiler, wirkt und sich uns offenbart.

Von hier aus geschieht es, daß wir in einen neuen Menschen verwandelt werden, der seiner Teilhabe an der Kraft des Ewigen und an der Fülle des Reiches Gottes gewiß ist. Diese Wandlung vollzieht sich von innen nach außen und erfaßt alle Bezirke des Seins und Daseins — zuerst der inneren Welt und dann der äußeren.

Der schicksalhafte Ablauf der Dinge mag äußerlich unverändert bleiben — aber die Auswirkungen wandeln sich von selbst aus Hindernissen in Fördernisse auf dem Wege zur Vollendung. Immer sichtbarer leben wir in der Welt über der Welt, im Zeitlichen aus dem Ewigen, im äußeren Schein aus dem inneren Sein, das mit dem Sein der Gottheit eins ist, und erfahren, was *Beethoven*, der Leidenthobene, gleich anderen Erwachten aussprach:

„Höheres gibt es nicht, als dem Ewigen sich mehr als andere Menschen zu nähern und von hier aus die Strahlen der Gottheit unter das Menschengeschlecht zu verbreiten!"

X.

Wie entscheidend die *Blick-Richtung* das Weltbild des Menschen und sein Verhältnis zum Ewigen bestimmt, sei an der Wirklichkeits-Erfahrung des *Existentialisten*)* dargetan:

Jeder schafft sich seine Welt durch die Richtung seines Denkens. Jeder wird und erlebt, was er vorwiegend denkt, und findet, was er sucht. So kommt es, daß der *Existentialist* dort auf letzte Einsamkeit, trostlose Verlorenheit und unheimliche Fremdheit stößt, wo der

---

*) Unter ‚Existenz-Philosophie' versteht man eine moderne philosophische Strömung, die, im wesentlichen auf den dänischen Philosophen *Kierkegaard* zurückgehend, von einer neuen Besinnung auf die menschliche ‚Existenz' in ihrer Endlichkeit, Zeitlichkeit und letzten Einsamkeit vor Gott und dem Nichts her zu den Grundproblemen der Philosophie Stellung nimmt. Wir haben es hier nicht mit der Existenz-*Philosophie*, sondern nur mit ihren praktischen Auswirkungen, also mit dem *Existentialismus als Lebenshaltung*, zu tun.

meditierende *Wahrheitssucher* zur All-Gemeinsamkeit findet, zur Geborgenheit aus dem Einssein mit dem Ewigen.

Chaotisch, ohne Sinn und Ordnung erscheint die Welt dem Existentialisten, rätselvoll, bedrohlich und beängstigend. Wie er, so mögen jene Ameisen empfinden, an deren Bau im Walde eine Eisenbahn vorbeiführt: von Zeit zu Zeit erbebt die Erde, ein Ungeheuer braust vorüber und hinterläßt auf den Schienen hunderte von zermalmten Ameisen und unter den Überlebenden Angst und Grauen . . .

Wenn wir tiefer blicken, enthüllt sich der Existentialismus als Ausprägung der durch zwei Weltkriege ausgelösten allgemeinen inneren Unsicherheit angesichts des Zusammenbruchs aller bisherigen Grundlagen und Werte des Daseins, als Weltanschauung der Übergangszeit zwischen zwei Entwicklungsperioden der Menschheitsgeschichte, in der sich die Verzweiflung über den Untergang der alten Welt — des ‚Fische'-Zeitalters — ebenso spiegelt wie die Angst vor dem Neuen, das werden will und noch kein Gesicht hat, das hier das ‚Wassermann'-Zeitalter genannt wurde.

Aber — gerade der Zweifelnde und Verzweifelnde ist der Gewißheit des Einsseins mit dem Ewigen im Grunde am nächsten. Je schmerzvoller das Gefühl des Verlassenseins, der Gottferne ihn bedrängt, desto näher ist er dem Ewigen. Doch um das zu erkennen, muß er sich von der Existenz-Angst weg und nach *innen* wenden, zum innersten Kern seines Wesens.

Keine Wende der Not ohne diese Blickwendung zum Innerweltlich-Ewigen.

XI.

Gleichwie unter der Nacht Tag ist, so ist im Existentialismus der Weg angedeutet, der zur Überwindung der inneren Not führt:

Der Existentialismus fordert von dem, der zur Wirklichkeit erwachen will, daß er *alles von sich tue, was nicht zu seiner eigentlichen ‚Existenz‘, zum innersten Wesen des Menschen gehört.*

Nun führt aber dieser Weg den Existentialisten unvermeidlich ins — *Nichts,* solange sein Blick auf das Negative, das Außen, gerichtet ist. Erst wenn sich seine Blickrichtung ändert, wandelt sich auch das Ergebnis seiner Wahrheitssuche.

Seit langem habe ich in meiner „Neuen Lebensschule" aufgezeigt, wie der Wahrheitssucher auf dem Wege stufenweiser meditativer Selbst-Enthüllung zu immer umfassenderen Einsichten gelangt, deren erste, kurz zusammengefaßt, diese ist: Körper und Sinne sind nicht das Ich, sondern nur Attribute, Masken, Verhüllungen. Als zweites wird erkannt: Auch die Gedanken und Gefühle sind nicht das Ich. Als drittes: Auch die Neigungen und Gewohnheiten und der Charakter sind nicht das Ich. Als viertes: Auch der Wille ist nicht das Ich. Als fünftes sodann: Auch das Bewußtsein ist nicht das Ich. Und noch tiefer dringend als sechstes: Auch das Unbewußte ist nicht das Ich... Bis der Wahrheitssucher schließlich hinter allen Hüllen und Masken des Ewigen auf den innersten Kern seines Wesens stößt: das *göttliche Selbst,* das keinem Wechsel Unterworfene, allen Wechsel Bestimmende, das Unbedingte, alles Bedingende, den *Gott in ihm,* der von sich weiß: Ich bin, der ich bin!

Daß der Existentialist bei seiner Wirklichkeitssuche dieses Ziel verfehlt und als Letztes, Absolutes nur das Nichts findet, ist eben die Folge seiner falschen Blickrichtung. Eine Parallele aus der Geschichte der Religionen möge dies verdeutlichen:

Die Wirklichkeitssuche des Existentialisten gleich der Art, wie die Neubuddhisten die Anatta- oder ‚Nicht-Ich'-Lehre Buddhas deuteten: „Wenn ich alles von mir tue, was nicht wesentlich zu mir gehört, was ich nicht bin, was nicht mein Selbst ist, also Körper, Gefühle, Wahrnehmung, Unterscheidung, Bewußtsein, so bleibt nach dem Abtun aller endlichen Attribute des Selbstes das Nichts als das einzig Absolute, Unbedingte, Wirkliche."

Im Gegensatz hierzu haben die Altbuddhisten, die den Weltenlehrer vollkommener verstanden, dargelegt, daß nach dem Abtun aller endlichen Attribute des Selbstes eben das S e l b s t als die letzte Wirklichkeit, als der innerste Kern bleibt. Und mit dieser Wirklichkeitsfindung als Folge positiver Blickrichtung stimmen die Gottsucher und Mystiker aller Zeiten, Zonen und Religionen überein:

„Wer alles von sich tut und allem Schein entworden,
Der ist — o Seligkeit! — zu lauter Gotte geworden."

Anders ausgedrückt: Wenn ich alles, was nicht wesentlich zu mir, meinem zentralen Wesenskern, gehört, von mir tue — Hab und Gut, Körper und Gedanken, Eigenschaften und Charakter, ja selbst Bewußtsein und Unbewußtes —, dann bin ich immer noch ich selbst und in keiner Weise geringer geworden. Und dieses innerste Ich-Selbst oder Gott-Selbst kann jeder auf dem Wege nach innen als seinen unverlierbaren Wesenskern und Seinsbesitz erfahren.

Was der Existentialist als das jenseits aller äußeren Bestimmbarkeit liegende innerste Sein des Menschen, eben als seine ‚Existenz' umschreibt und doch letztlich unerlebbar läßt — es sei denn in negativer Weise als letzte Einsamkeit und Ungeborgenheit —, das nennen wir ohne die Gedankenkonstruktionen der Berufsphilosophen schlicht und wirklichkeitsgemäß: Gott, unser Anderes Ich, unser wahres, innerstes *Selbst*.

XII.

Dem Existentialisten erscheinen — wiederum als Folge seiner Blickrichtung nach außen — die von ihm so genannten „Grenzsituationen" — die Bedrohung des Daseins durch das Leid, die Schuld, den Zufall, den Daseinskampf und den Tod — als unentrinnbar und unaufhebbar. Sie sind es, die dem Menschen die Unheimlichkeit und Ungeborgenheit seines Daseins bewußt machen und ihn zwangsläufig in Angst und Verzweiflung stürzen, in Pessimismus und Schwermut.

Nun versucht der Existentialist allerdings, diese Angst und Verzweiflung, die er bis in ihre letzten Tiefen bloßlegt und auskostet, fruchtbar zu machen, indem er sich aus dem Grauen des Fremdseins und aus dem hinter allem stehenden Nichts auf sich selbst zurückwerfen und dazu treiben läßt, sich mit den Aufgaben des Daseins abzufinden und sie entschlossen zu meistern.

Damit erweist sich der Existentialismus als eine Philosophie des *Umwegs*. Denn was er auf dem negativen, schmerzvollen und langen Wege über Angst, Verzweiflung und Ungeborgenheitsgewißheit zu erringen lehrt, kann auf dem positiven Wege meditativer Selbstbesinnung und Lebensbejahung einfacher und sicherer gewonnen werden.

Statt auf dem weiten und gefahrvollen Umweg über das Grauen vor dem allseitigen Bedrohtsein und der Wehrlosigkeit des Menschen, der gespenstischen Vergänglichkeit alles Lebens und dem hinter allem gähnenden Nichts den Menschen aus dem gedankenlosen Dahintreiben im Alltag herauszureißen und ihn schließlich „auf sich selbst zurückzuwerfen und zur Freiheit zu führen", erscheint es naheliegender, auf dem direkten, unmittelbaren Wege der Selbstverwirklichung und Gotteinung zur inneren Freiheit zu finden — auf einem Wege, der zu allen Zeiten von den zur Wirklichkeit Erwachten beschritten wurde und mit Sicherheit zum Ziele führt.

Kierkegaards Wort, daß „der, der gelernt hat, sich recht zu ängstigen, das Höchste gelernt hat", ist auf Grund tausendfacher Wirklichkeitserfahrung entgegenzuhalten, daß der, der zum Bewußtsein seiner Gottverbundenheit erwacht ist, allen Ängsten enthoben ist und das Höchste erreicht hat. Warum die Menschen erst, wie es *Sartre* versucht, zum Lebensüberdruß führen, zu Schwermut, Verzweiflung und Daseinsmüdigkeit, wenn das dem Existentialisten vorschwebende letzte Ziel der Selbstbestimmung und Wirklichkeitsfindung auf dem Wege über die Erweckung der göttlich-guten Kräfte unseres Wesens einfacher und rascher erreicht wird!

Warum den existentialistischen Umweg der Selbstauslieferung an die Angst und das Grauen des Verloren- und Verworfenseins, wenn es einen unmittelbaren Weg zum Erleben der letzten Wirklichkeit gibt: den hier gezeigten Weg zur Vollendung, den Weg nach innen: zum Kern unserer Existenz, zum *Gott in uns!*

XIII.

Der größte Seelenarzt aller Zeiten, *Christus,* verweist uns auf diesen positiven Weg der Bejahung mit seinem viel zu wenig beachteten Wort: „Widersteht dem Übel nicht!" Eben weil er wußte, wie sehr die Blick-Richtung das Ergebnis der Wirklichkeitssuche bestimmt, forderte er, daß wir nicht auf die zu überwindenden Übel und Nöte, sondern auf das zu erreichende Gute und Göttliche blicken und es durch gläubige Bejahung erlangen — wobei das Negative dann von selbst aus unserem inneren und äußeren Bewußtseins- und Lebens-Umkreis verschwindet.

Der Existentialist stellt mit Vorliebe die Unheimlichkeit und Unbegreifbarkeit des Todes als die letzte und endgültige Bedrohung des Lebens in den Mittelpunkt des Denkens, um den Wahrheitssucher dadurch anzuregen, sein Dasein angesichts dieser beständigen Todesbedrohung so zu leben, daß der Sinn seines Daseins schon im gegenwärtigen Augenblick erreicht ist.

Auch dieses Bemühen erweist sich in der Praxis als Umweg. Demgegenüber wirkt die meditative Selbstbesinnung, die zur lebendigen Gewißheit unserer inneren Unvergänglichkeit, zur Erkenntnis der Unberührbarkeit unseres innersten Wesens durch den Tod führt, weit mehr als Ansporn, bewußt zu leben und aus jedem Augenblick so viel wie möglich an Gewinn und Reichtum für die Zukunft zu schöpfen — in Befolgung des Mystikerwortes:

„Mensch, werde wesentlich! Denn wenn die Welt
vergeht,
So fällt der Zufall weg; das Wesen, das besteht!"

XIV.

Statt also mit dem Existentialisten den mühseligen und gefahrvollen Umweg über die Bewußtmachung der Existenzangst, des Verlorenseins und baldigen Nicht-mehrseins zu gehen, beschreitet der Wahrheitssucher den positiven und direkten Weg der Selbstverwirklichung und Ewigkeitsgewißheit, auf dem er mit Sicherheit dazu gelangt, aus dem gegenwärtigen Augenblick entschlossen das Höchste zu gewinnen und über jede Furcht und Angst hinauszuwachsen.

Und statt mit Kierkegaard dem Übel zu widerstehen, indem er „die Verzweiflung will, um über die Verzweiflung hinaus und zur Ruhe zu kommen", geht der Wahrheitssucher den positiven Weg Christi: den Weg zum *‚Himmelreich in uns'*, zum Ewigen in und über uns. Auf diesem Wege gelangt er zur inneren Heimat, die unverlierbar ist, da sie ja sein innerstes Selbst ist, und zum Bewußtsein der Gottgeborgenheit allen Lebens.

Eben weil die Blickrichtung eine andere ist, sieht der zur Wirklichkeit Erwachte dort, wo der Existentialist Untergang gewahrt, All-Einsamkeit, „Hineingehalten-sein ins Nichts", nur Übergang, All-Gemeinsamkeit, Eingebettetsein in Gott. Was dem einen zum Quell immer neuer Enttäuschungen und Zwiespältigkeiten wird, leitet den anderen zur Entfernung von aller Täuschung und zur Einheit:

„Wenn sich der Mensch entzieht der Mannigfaltigkeit
Und kehrt sich ein zu Gott, kommt er zur Einigkeit."

Damit aber ist er wahrhaft frei von den Ängsten der Zeitlichkeit und Vergänglichkeit, weil er nun bewußt im Zeitlos-Ewigen wurzelt und von dorther die Kraft gewinnt, nicht nur sein Schicksal zu meistern, sondern am Aufbau einer neuen Welt tätig mitzuhelfen.

Und gleich ihm kann jeder das, was der Existentialist sucht, ohne Mühe finden, wenn er den Weg nach innen geht und in stufenweiser Selbstbesinnung der Wahrheit inne wird, daß sein innerster Wesenskern, jener feste Punkt, von dem aus alles Geschehen in der Außenwelt in seinem Ablauf bestimmt wird, das Absolute jenseits alles Relativen, G o t t ist, sein Anderes, Höheres Selbst.

Für den, der sich selbst auf den Grund geht und alles Vergängliche als nicht zu seinem innersten Wesen gehörig erkannt hat, ist kein Grund mehr zu Angst und Verzweiflung, sondern in Wahrheit Anlaß zu ständiger Freude, Dankbarkeit und Gelassenheit, da er sich unauflöslich mit Gott eins weiß und mitten in der Endlichkeit und Zeitlichkeit im Ewigen und aus dem Ewigen lebt:

„Ein Mensch, der sich in sich in Gott ganz sammeln kann,
Dem hebt schon in der Zeit das ew'ge Leben an!"

XV.

„Was kann ich, der ich nie die Nähe Gottes spürte, tun, um sein Dasein und sein Wirken zu erleben? Wie gelange ich zu jener Gottgewißheit, von der die Mystiker wie von einer Selbstverständlichkeit reden? Wie werde ich der Nähe des Ewigen inne?" —

Die Antwort auf diese Frage wurde hier gegeben: Du wirst zum Bewußtsein der Gegenwart Gottes in Dir erwachen, wenn Du Deine Blickrichtung änderst und statt nach außen nach innen blickst. Denn die nach außen gewendet sind, das sind die Schlafenden. Die nach innen blicken, das sind die Erwachenden: sie sind auf dem Wege zur Einsicht, die Sicht der Einheit ist.

... Vielleicht hast Du im Kriege erlebt, wie eine Gefahr unentrinnbar auf Dich zukam, wie etwa eine Bombe erbarmungslos herabsauste, wie das Geheul anschwoll, bis es zum mächtigen Rauschen wurde und dann dem Einschlag die vernichtende Explosion folgte. Wie den, der der Nähe der Bombe bewußt wird, das Entsetzen lähmt, so erlebt der, der der Nähe Gottes bewußt wird, die Seligkeit des Geborgenseins ...

Möge der Kontrast dieser beiden Erlebnisse Dir nicht nur ihre alle Alltagserfahrungen übersteigende Stärke bewußt machen, sondern Dir einen Vorgeschmack des Erwachens zur Wirklichkeit geben.

XVI.

Der Weg zu Gott, der Weg zum LEBEN, ist ein Pfad stufenweisen *Erwachens zur Wirklichkeit*.

Die meisten Menschen leben nicht, — sie vegetieren nur.

Leben — das ist höchstes Wachsein, lebendiges Bewußtsein dessen, was wir sind und tun! Weil wir schlafen, statt wach zu sein, ist so viel Leid. Weil wir in Schlafträumen dahindämmern, statt aus der Kraftfülle der Wirklichkeit zu leben, ist so viel Schwäche und Wirrnis, so viel Unzufriedenheit und Unrast und so wenig Friede, Freude und Glück.

Was Erwachen zur Wirklichkeit bedeutet und wie man dazu findet, mag uns ein Dichter sagen, Gustav Meyrink:

„Von nichts ist der Mensch so fest überzeugt wie davon, daß er wach sei; dennoch ist er in Wirklichkeit in einem Netz gefangen, das er sich selbst aus Schlaf und Traum gewebt hat. Je dichter dieses Netz, desto mächtiger herrscht der Schlaf; die darin verstrickt sind, das sind die Schlafenden, die durchs Leben gehen wie Herdenvieh zur Schlachtbank, stumpf, gleichgültig und gedankenlos.

Einige unter den Menschen hat's gegeben und gibt es noch, die wußten, daß sie träumen, — Pioniere, die bis zu den Bollwerken vorgedrungen sind, hinter denen sich das ewig wache Selbst verbirgt, Seher wie *Goethe, Schopenhauer, Kant,* aber ihr Kampfruf hat die Schläfer nicht erweckt ...

Wach sein ist alles! Sei wach bei allem, was Du tust! Glaube nicht, daß Du's schon bist. Nein, Du schläfst und träumst.

Stelle Dich hin, raff' Dich zusammen und zwinge Dich einen einzigen Augenblick nur zu dem körperdurchrieselnden Gefühl: ‚Jetzt bin ich wach!!‘

Gelingt es Dir, das voll zu empfinden, so erkennst Du auch sogleich, daß der Zustand, in dem Du Dich vorher befandest, dagegen wie Betäubung und Schlaftrunkenheit erscheint.

Das ist der erste Schritt zu einer langen Wanderung von Knechttum zu Allmacht.

Auf diese Art geh' vorwärts von Aufwachen zu Aufwachen. Es gibt keinen quälenden Gedanken, den Du damit nicht bannen könntest; er bleibt zurück und kann nicht mehr zu Dir empor, Du reckst Dich über ihn hinaus.

Die Schmerzen fallen von Dir ab wie welkes Laub, wenn Du einmal so weit bist, daß jenes Wachsein auch Deinen Körper ergreift.

Laß Dich nicht abschrecken durch die Angst, das Ziel in diesem Leben nicht erreichen zu können! — Wer diesen Weg einmal betreten hat, der kommt immer wieder auf die Welt in einer inneren Reife, die ihm die Fortsetzung seiner Arbeit ermöglicht, — er wird als ‚Genie‘ geboren.

Alles, was ich Dir hier sage, steht auch in den Büchern der Frommen jedes Volkes — und doch trennt uns von ihnen eine unüberbrückbare Kluft:

Sie glauben, daß ‚Wachen und Beten‘ ein Offenhalten der Sinne und Augen und ein Aufbleiben des Körpers während der Nacht sei, damit der Mensch Gebete verrichten könne, — wir wissen, daß das ‚Wachen‘ ein Aufwachen des unsterblichen Selbstes bedeutet und die Schlummerlosigkeit des Leibes eine natürliche Folge davon ist;

sie glauben, der Körper müsse verachtet werden, weil er ‚sündig‘ sei, — wir wissen: der Körper ist der Anfang, mit dem wir beginnen müssen, und wir sind auf die Erde herabgestiegen, um ihn in Geist zu verwandeln;

sie glauben, man müsse mit dem Leib in die Einsamkeit gehen, um den Geist zu läutern, — wir wissen, daß zuerst unser Geist in die Einsamkeit gehen muß, um den Leib zu verklären.

Bei Dir allein steht es, Deinen Weg zu wählen ..."

XVII.

Ein anderer Großer, der wußte, wie wir Träumenden zum Wachsein finden, war Arthur *Schopenhauer*. Aber „sein Kampfruf hat die Schläfer nicht erweckt", wie Meyrink sagt.

Gewiß: Einzelne haben sich von diesem Rufer zum Wachsein führen lassen; sie haben ihren Weg gefunden und gewählt. Wenn nicht viel mehr zur Wirklichkeit erwachten, so nur, weil dieses Rufers Wort bisher nicht allgemein als Weckruf verstanden wurde.

In der heutigen Wendezeit aber, wo die mannigfachen Erschütterungen der letzten Jahrzehnte viele aus allen Träumen des Gesichertseins herausgerissen und bis an die Grenze der Verzweiflung, bis an die Schwelle des Erwachens getrieben haben, wird auch Schopenhauers Ruf wachere Ohren und hörende Herzen finden und vollkommener verstanden werden.*)

Und abermals weiter, den letzten Schritt vom Erwachen zum Erleben der höchsten Wirklichkeit, des Einsseins mit Gott, vermag uns Meister *Eckehart,* der größte Gottfinder des Abendlandes, zu führen. Wie er den Weg ging, können auch wir ihn gehen: den Weg nach

---

*) Zu all denen, die aus dem schlafgleichen Dahintreiben im Alltag herausstreben, zu klarem Denken und Wollen und zu bewußtem *Leben* gelangen und ihr Schicksal selbst in die Hand nehmen wollen, spricht *Schopenhauer* mit letzter Eindringlichkeit in meinem Brevier: „*Das Erwachen aus dem Lebens-Traum.* Philosophische Meditationen mit Arthur Schopenhauer". (Baum-Verlag, Pfullingen).

innen, in die Nähe Gottes — bis zum Einssein mit dem Ewigen . . .

Und was können wir nach Meister Eckehart tun, um der Nähe des Ewigen gewiß zu werden?

Höre: „Das Allerbeste, dazu man in diesem Leben gelangen kann, ist — Schweigen und schweigend Gott in sich wirken und reden zu lassen. Wo alle Kräfte dem äußeren Wirken und Vorstellen entzogen sind, wo der Mensch ganz kontemplative Stille wird und Hingegebensein ans Schweigen, da beginnt Gott in ihm zu reden.

Darum heißt es: ‚Mitten im Schweigen ward zu mir das heimliche Wort gesprochen.‘ Je mehr Du alle Kräfte nach innen ziehst und in ein Vergessen aller äußeren Dinge und Vorstellungen gelangst, je mehr Du der Kreatur vergissest, desto näher bist Du Gott und desto empfänglicher für die Wahrnehmung Seiner Gegenwart in Dir.

Wohl Dir, wenn Du in ein so völliges Nichtwissen aller Dinge gelangen könntest, wie es Paulus geschah, als er sagte: ‚Ob ich im Leibe war oder nicht, ich weiß es nicht, Gott allein weiß es.‘ Da hatte der Geist alle Kräfte so völlig in sich gezogen, daß er des Leibes und der Außenwelt vergessen hatte; da wirkten weder Gedächtnis noch Bewußtsein, weder die Sinne noch die Kräfte, die den Leib führen; Körperwärme und Lebensglut waren unterbunden.

So sollte sich die Seele aus allen Sinnen ziehen, alle Kräfte nach innen kehren und aller Dinge und ihrer selbst unbewußt werden. Soll Gott sein Wort in der Seele sprechen, muß sie gänzlich zur Ruhe gekommen und der Friede selbst sein.

Und warum müssen wir uns allen Dingen und Gedanken entziehen?

Weil Gott nicht zu uns sprechen kann, solange unser Bewußtsein mit anderen Vorstellungen erfüllt ist. Als Paulus entrückt war in der Erkenntnis Gottes, da war ihm, als er in den Alltag zurückkehrte, nichts entschwunden: es lag ihm aber so tief drinnen im Grunde der Seele, daß sein Bewußtsein nicht hingelangen konnte. Darum mußte er ihm nachlaufen, und zwar in sich selbst. Denn es ist ganz und gar innen, nicht außen, völlig innen. Und weil er dessen bewußt war, sagte er: ‚Ich bin gewiß, daß weder Tod noch irgendein Leid mich scheiden kann von Dem, Den ich in mir weiß!‘

Wenn der Mensch solchermaßen Gott erfahren will, muß er in ein Vergessen und Nichtwissen seiner selbst kommen. Atemlose Stille muß sein und Schweigen, wo Gott reden soll. Du kannst Dich Gott mit nichts besser nähern als mit Stillesein und Schweigen. In diesem Schweigen und Nichtwissen Deiner selbst offenbart sich Dir Gottes Wort und Du verstehst es recht.

Also: je leerer Deiner selbst, je abgezogener von der Außenwelt, je tiefer in Dir, desto näher kommst Du Gott. Die Stimme der Ewigkeit ertönt, wo der Mensch seiner selbst und aller Mannigfaltigkeit entleert ist.“

XVIII.

Ein anderer Weiser auf dem Wege nach innen, der hier schon zu uns sprach, Sebastian *Franck*, lehrt dem Sinne nach das Gleiche:

„Wer nicht um die Nähe Gottes weiß, der schläft noch und weiß gar nichts. Wer Gott nicht hat, hat gar nichts.

Wer nicht in Gott lebt, der ist lebendig tot, das heißt: er ist vor Gott tot, mag er auch außer Gott im Fleische leben. Es ist darum doch nur ein Vegetieren. Gott läßt ihn unter leerem Schall, Reichtum, Klugheit und Erfolg wie Armut, Dummheit und Not die Zeit hinbringen; aber der Kern, das Wesentliche, das wirkliche Leben bleibt ihm verschlossen, weil er nicht um die Gegenwart Gottes in ihm weiß, der alles in allem ist: das Leben, das Wesen und der Kern.

Anders die zu Gott Erwachten, die in Gott leben und Gott in sich wissen: sie mögen äußerlich wenig besitzen und an nichts hängen und sind doch die wahren Besitzer der Fülle des Lebens. Sie mögen äußerlich wenig wissen und sind doch Eigner der Fülle der Weisheit. Sie mögen äußerlich der Unrast und Ungeborgenheit der Zeit verhaftet scheinen, innerlich sind sie im Frieden und in der Glückseligkeit des Ewigen geborgen, weil sie in Gott sind und Gott in ihnen.

Um das zu erkennen, müssen wir die Dinge nicht von außen ansehen, sondern von innen. Man muß das Licht im Licht, muß Gott im Innern suchen und erkennen, wenn man zu Ihm finden will. Nur so wird man zum Träger und Ausdruck Gottes.

Es gilt zu der Wahrheit zu erwachen, daß wir Gottes fähig sind: *wir sind göttlicher Art.* Das innere Licht leuchtet uns; wir müssen es nur gewahr werden. Und dazu müssen wir in uns selbst einkehren. Denn das Licht und das Wort Gottes ist in uns.

Je mehr Du aller äußeren Bilder frei und ledig bist, je mehr nach innen gewendet, desto empfänglicher bist Du für das Licht und das Wort Gottes in Dir. Und so Gott Dir innewohnt, in Dir wirkt und Dich mit seinem

Geiste erfüllt, fällt Dir alles übrige von selber zu, folgt alles Gute von selbst."

XIX.

Und wiederum auf den gleichen Weg nach innen weist uns der Görlitzer Gottseher Jacob *Boehme:*

„Es ist ein groß Elend, daß der Mensch so tief schläft und so blind ist, daß er nicht zu erkennen vermag, was und wo Gott ist, obwohl er doch in Gott lebt und Gott in ihm.

Weil wir aber, als Erwachende, wissen, was wir sind, so wollen wir zusehen und das Gute aus uns entfalten. Denn wir haben das Zentrum der Natur in uns. Wir können darum alles sein, was wir wollen, wenn wir nur uns selber suchen und finden und erkennen, daß wir Ein Geist sind mit Gott und daß Gott in uns ist.

Gott ist im Menschen der Mittelpunkt, und wenn der Mensch bewußt ein Geist mit Gott wird und sich Ihm völlig hingibt, so offenbart sich Gott im Menschen.

Wir wollen nie von Gott denken, daß Er ein fremdes und uns fernes Wesen sei. Nur dem Gottlosen ist Er ein fremdes Wesen. Gott ist wohl in ihm, aber nicht offenbar und darum nichts nütze. Und selbst wenn er wüßte, daß Gott ihm nahe ist, kann er Ihn doch nicht ergreifen, da er sich selber feind ist und darum außer Gott bleibt, obwohl Gott in ihm ist.

Es heißt mit Recht: ‚Ihr müßt von neuem geboren werden, sonst werdet ihr das Reich Gottes nicht sehen.‘ Diese Wandlung und Erneuerung muß in Dir geschehen. Der Sohn Gottes muß in Dir geboren werden. Alsdann ist Christus Dein getreuer Hirte und Helfer, und Du bist in Ihm und Er in Dir, und alles, was sein Vater hat, ist auch Dein.

Gottes Reich muß in uns gefunden werden und Sein Wille in uns geschehen. So dienen wir Ihm recht, wenn wir Ihn lieben von ganzem Herzen, Seele und von allen Kräften, und unseren Nächsten wie uns selbst. Das ist der ganze Gottesdienst. Handeln wir so, dann sind wir selber Götter in Gott; und was wir dann wirken, das wirkt Gott in uns und durch uns." —

Es ist der gleiche eine Weg nach innen, zur Vollendung, den die Gottsucher und Gottfinder aller Religionen, Völker und Zeiten suchten und wiesen:

„Soll ich mein letztes End' und ersten Anfang finden,
So muß ich mich in Gott und Gott in mir ergründen,
Und werden das, was Er: ich muß ein Schein im Schein,
Ich muß ein Wort im Wort, ein Gott im Gotte sein!"

Es ist der Weg des Erwachens zur Wirklichkeit, den die ‚Stillen im Lande' kündeten und gingen. Einer der Ihren, Valentin *Weigel,* möge uns als Letzter davon sprechen:

„Das Paradies, Christus oder das Reich Gottes ist nicht außerhalb unser, sondern in uns. Darum dürfen wir den Himmel nicht hier oder dort suchen. Wenn wir ihn nicht in uns finden, fühlen und schauen, so suchen wir ihn vergebens und finden ihn nimmermehr.

Gott ist nicht außer uns, sondern uns innewohnend: im inwendigen Grunde der Seele. Nur hier begegnen wir Gott von Angesicht zu Angesicht."

XX.

Gerade der Zweifelnde und Verzweifelnde ist der Gewißheit des Einsseins mit dem Ewigen am nächsten.

Je schmerzvoller das Gefühl des Verlassenseins, der Gott-Ferne ihn bedrängt, desto näher ist er dem Ewigen. Er muß sich nur von den Alpträumen der Lebensangst, Einsamkeit und Verlorenheit, der Fremdheit und Ferne Gottes weg und nach innen wenden — zum innersten Kern seines Wesens, wo allein das erlösende Erwachen zur Wirklichkeit und die Einswerdung mit dem Göttlichen statthat.

Der Gottfinder hat das tiefste Verständnis für die dumpfe Hilflosigkeit des Existentialisten, des gottunbewußten Alltagsmenschen, für sein Gefühl hoffnungslosen Hineingeworfenseins in die Finsternis des Nichts, weil er auf seinem Wege einwärts vor dem Einssein durch ein gleiches Stadium schritt: den *mystischen Tod*. Aber gerade er weiß auch — aus eigener Wirklichkeits-Erfahrung —, daß hinter diesem letzten Schleier, der das Ewige den sehnsüchtigen Blicken verhüllt, die *Einswerdung* wartet: die endgültige Heimkehr in die innere Heimat ewiger Gottgeborgenheit.

Solange wir diesen letzten und feinsten Schleier nicht zerrissen haben, gilt Meister Eckeharts Wort: „Gott ist uns nahe, aber wir sind Ihm fern; Gott ist drinnen, aber wir sind, mit unserem Bewußtsein, draußen; Gott ist bei uns heimisch, wir aber sind uns selbst Fremde" — solange wir nicht gelernt haben, in uns selbst heimzukehren und zu uns selbst zu erwachen...

Um zu diesem höchsten Erwachen zu gelangen, brauchen wir nur dem hier gezeigten Weg zur Vollendung zu folgen und dem, der diesen Weg nach innen bis ans Ende ging und ihn ebenfalls in allen Teilen aufgewiesen hat: *Meister Eckehart*. Der von ihm gezeigte Weg ist

dem abendländischen Denken und Wesen wie dem
Geist des Christentums am gemäßesten; und wenn nicht
alle Zeichen trügen, ist die Zeit gekommen, wo die frohe
Botschaft Meister Eckeharts und seine Wegweisung zum
Ewigen ihre Wiedergeburt erleben und den Menschen
des Abendlandes zu einer völligen Erneuerung von innen her verhelfen werden.

Der Weg zur Vollendung führt — in der Sicht Meister
Eckeharts — über die folgenden zehn Stufen schrittwei-
sen Erwachens:

Die erste Stufe ist die rechter Lebenseinstellung, die
uns Ja sagen lehrt zu allem, was kommt. Ihr folgt als
zweite die Stufe rechter Verinnerlichung, auf der wir
die Blickwendung nach innen lernen, ohne die wir nie
der Nähe des Ewigen gewiß werden. Die dritte Stufe ist
die rechter Sammlung oder Konzentration, auf der wir
lernen, alle Kräfte des Ich dem Willen des Innern zu
unterstellen. Als vierte Stufe folgt die rechter Betrachtung oder Meditation, als fünfte die rechter Versenkung
oder Kontemplation, an die sich die sechste Stufe rechter
Hingabe anschließt, deren Frucht wiederum die siebente
Stufe rechter Erleuchtung bildet, gefolgt von der achten
Stufe rechter Gottschau, der neunten rechter Einswerdung und der zehnten und letzten Stufe rechter Gott-
heits-Unmittelbarkeit.

Dies ist der Weg nach innen — der Weg zu Gott, der
Weg aus Schlaf und Traum zum wachen Leben, von dem
der Gotterwachte spricht, wenn er uns mahnt:

„Dein Leib, er lebt so lang, als sich Dein Herz bewegt.
Du aber lebest erst, wenn Gott sich in Dir regt!"

XXI.

Schon die erste bewußte Blickwendung nach innen führt zur Berührung mit den höheren Bewußtseinsdimensionen und hat zur Folge, daß der Wahrheitssucher den Geschmack an den flüchtigen Freuden der Außenwelt verliert.

Noch wird er hin- und hergerissen, aber er spürt bereits ein höheres Ziel, seines Strebens würdiger als alle äußeren Ziele. Er ahnt eine neue Welt, die sich ihm auftun will. Sein bisheriges Nur-nach-außen-Gerichtetsein, alles Gieren und Streben nach äußeren Beglückungen, Vorteilen und Freuden erscheint ihm nun oberflächlich, unwesentlich und schal.

Vorher — als er noch schlief — waren ihm diese Traumbilder willkommen ... Aber nun er im Erwachen steht, beginnt er den Trug der Sinnenwelt zu durchschauen und von ihr abgestoßen und enttäuscht zu werden. Und je tiefer er sich nach innen öffnet, desto mehr verschließt er sich dem Außen; je fester sein inneres Auge auf den hellen Glanz des Unendlichen gerichtet ist, desto trüber erscheinen ihm die vorher so verlockenden Lichter des Endlichen.

Dieser Vorgang der Reinigung und Läuterung, den jeder, der den Weg nach innen geht, durchschreitet, ist ein zweifacher: seine negative Seite ist die schrittweise Abwendung und Loslösung von den vergänglichen, hemmenden, unwirklichen Dingen der Außenwelt, die bisher die Kräfte des Ichs fesselten und zerstreuten. Seine positive Seite ist die schrittweise Einwärtswendung und Hingabe an die wirkenden Kräfte der Innenwelt. Damit wird die erste Forderung des Mystikers erfüllt:

„Wenn Du begehrst, Gottes Licht in Deiner Seele zu schauen und von Gott erleuchtet und geführt zu werden, so ist dies der kurze Weg, den Du nehmen mußt: das Auge Deines Geistes von allem Äußeren, Vergänglichen abzuwenden und es in völliger Hingabe auf das Licht Gottes in Dir zu richten, bis das Licht Dir aus allem entgegenstrahlt."

XXII.

Der Weg nach innen bleibt auch weiterhin ein Pfad stufenweisen Erwachens zu immer umfassenderer Wirklichkeits-Erkenntnis:

Das Blickfeld des Bewußtseins weitet sich mit jedem neuen Schritt nach innen und umfaßt immer höhere Bewußtseins-Dimensionen — bis hinauf zum Kosmischen Bewußtsein.

Drei Maßstäbe gibt es für die Schnelligkeit unseres inneren Fortschreitens von der Ichheit zur Allheit und von der Allheit zur Gottheit:

Das erste ist die spürbare Zunahme unserer Fähigkeit und Geneigtheit zur Sammlung, Meditation und Kontemplation: unser ganzes Wesen richtet sich gleich einer Magnetnadel immer eindeutiger auf die innere Wirklichkeit — das göttliche Zentrum unseres Wesens. Im gleichen Maße erfüllt und beglückt uns der Friede, die Ruhe und Gelassenheit des Ewigen.

Das zweite ist das sichtbare Wachstum aller Kräfte unseres Geistes: das zunehmende innere Wachsein be-

wirkt nicht nur erhöhte Lebensfreude und Leistungskraft, sondern auch einen stärkeren Aufstrom der Kräfte
der Intuition und Wahrheitsschau.

Das dritte und wesentlichste aber ist das Größerwer-
den unserer Liebe und Güte: je tiefer wir nach innen
schreiten, desto umfassender wird unsere liebevolle Hinneigung zu allem Lebendigen, unsere Hingabe und Hilfs-
bereitschaft, und desto bedeutungsloser jedes ‚ich‘ und
‚mein‘.

Je mehr unser ganzes Wesen zu lauter Liebe und
Güte wird, desto näher sind wir dem Ewigen. Das meint
der Mystiker Johannes Fernando *Finck*, wenn er sagt:

„Mein Gott ist mir so nah, als ich Ihm nahe stehe;
So weit steigt Er herab, als ich entgegengehe.“

XXIII.

Dieses ‚Herabsteigen Gottes‘ — als Antwort auf das
‚Hinaufsteigen des Ich‘ — wird uns auf unserem Pfade
nach innen zumeist unerwartet als beglückende *Erleuchtung* bewußt.

Diese Erleuchtung, die anzeigt, daß wir bereits in den
unmittelbaren Strahlungs- und Wirkungsbereich des
Ewigen gelangt sind, ist durchaus buchstäblich zu verstehen: wir sehen uns plötzlich im Lichte einer geistigen
Sonne, die von innen her uns und alle Dinge und Wesen
durchstrahlt, so daß wir in Tiefen des Seins hinabzu-
blicken vermögen, von deren Dasein wir vorher nichts
ahnten. Es ist ein inneres Hell- und Lichtwerden — ein
Innewerden der göttlichen Lichtwelt — ein Durchströmt-
und Durchstrahltwerden von einem höheren Glanz, ei-

nem geistigen Lichtmeer, von dem alles äußere Licht nur schwacher Widerschein ist.

Mit dieser Erleuchtung, mit dem Öffnen unseres inneren Auges geht das Wachwerden des inneren Hörsinns einher: zuerst schwach und leise, dann stärker und eindringlicher vernehmen wir die Stimme der Stille, das Wort Gottes in uns. Und wie von selbst folgen wir nun den inneren Weisungen, die uns auf unserem weiteren Wege Führung und Richtschnur werden.

Und wiederum erweitert sich der Umfang unseres Bewußtseinsfeldes: wir gewahren, daß das ganze Universum vom Geist des Ewigen durchdrungen und erfüllt ist, daß Gott uns aus allem entgegenblickt, daß jedes Ding und jedes Wesen uns seine Gottestiefen offenbaren will.

Selbst im Geringsten gewahren wir die Schönheit Gottes. Das Herz der Dinge öffnet sich unseren wachen Sinnen; neue Daseinsebenen, größer als die Sinnenwelt, dehnen sich vor unseren Blicken; und hinter dem unablässigen Werden in allen Welten spüren wir ein unwandelbares Sein, in dessen Mittelpunkt der Ewige waltet, dessen Nähe uns beseligt und zugleich gelassen macht und stark.

Dem, der eine Vielzahl von Pflichten im Alltag zu erfüllen hat, von denen er sich, um anderer willen, noch nicht lösen möchte, mag die Erreichung dieser Stufe auf dem Wege nach innen genügen. Denn er weiß, daß Gott ihm nahe ist. Er spürt die Gegenwart des Ewigen, vernimmt in stillen Stunden oder in schicksalsentscheidenden Augenblicken seines Daseins die Stimme Gottes und folgt ihr ohne Besinnen.

XXIV.

Es ist jener Zustand teilweisen Wachseins, den *Salomo* meinte mit seinem Wort: „Ich schlafe, aber mein Herz ist wach". So sind die von der Nähe des Ewigen Angerührten und vom inneren Licht Erfüllten mit ihrem Sinnen-Bewußtsein noch zum Teil den Aufgaben des Alltags zugewandt, indes ihr geistiges Bewußtsein nach innen gerichtet ist und aus den heimlichen Berührungen mit dem Ewigen Kraft schöpft und Weisung für die Meisterung des Lebens.

Es ist jene Vorstufe des Kosmischen Bewußtseins, auf der das Ich seiner Harmonie mit allem Lebendigen bewußt wird und erkennt, daß jedes Wesen eine Verkörperung Gottes ist, daß alles gut ist, weil alles von Gott, dem Geist des Guten, gewollt und gewirkt ist, und daß alles Lebendige — im Lichte des Ewigen — seiner Selbst-Verwirklichung und Harmonie mit dem Unendlichen entgegenschreitet . . .

In der Tat ist schon dies lebendige Bewußtsein der Nähe Gottes so unendlich beglückend, daß es begreiflich ist, wenn die meisten Wanderer auf dem Wege nach innen sich an diesem Gewißsein genügen lassen und auf jener Stufe stehen bleiben, statt dem Weg nach innen weiter zu folgen — bis zum höchsten Ziel der Gottvereinung.

Der einmal ausgelöste Prozeß inneren Wachstums bedingt, daß wir entweder, im Bewußtsein unserer größeren Macht und Überlegenheit, uns wiederum nach außen wenden und irgendwann den Lockungen der Sinnenwelt erneut verfallen, oder, dem stärkeren Sehnen unseres Herzens folgend, nach der Einswerdung mit dem

Ewigen verlangen, dem wir uns nahe wissen, und noch entschiedener als vorher einwärtsschreiten.

Die Entscheidung für den zweiten Weg wird uns leichter, wenn wir uns gewöhnen, auf die hier gezeigte Weise täglich in die Stille zu gehen und uns in Meditation und Kontemplation den Gottestiefen unseres Wesens hinzugeben.

Denn je tiefer wir uns in Stille und schweigender Hingabe einwärts wenden, desto mächtiger wird das Verlangen nach letzter Einung. Es genügt uns bald nicht mehr, nur der Nähe des Ewigen bewußt zu sein; unser Herz verlangt danach, Ihn zu schauen, Ihn zu fühlen, sich Ihm hinzugeben und *mit Ihm eins zu werden*.

An dieser entscheidenden Stelle des Weges nach innen ist es gut, wenn wir uns von den Gottfindern aller Zeiten, den Mystikern und Weltenlehrern, die uns auf diesem Wege vorangegangen sind, helfen und führen lassen, ihren Worten lauschen und, ihrer Weisung folgend, Körper und Sinne immer aufs neue zum Schweigen bringen und beharrlich weiter dem Pfad nach innen folgen ...

> *»... Und nicht den Körper nur, den Geist laß*
> *stillesteh'n,*
> *Soll Gottes Licht darin gar herrlich aufergeh'n!*
>
> *Lehr' den Gedankenstrom das atemlose Schweigen:*
> *Im Spiegel, glatt und rein, wird sich die Gottheit*
> *zeigen!*
>
> *Ruht so der Sinne Welt, erwacht der Gottes-Sinn:*
> *Es ist darin dir Gott als Gegenwart Gewinn!«*

XXV.

Die Gewöhnung an Stille und Schweigen, Meditation und Kontemplation ist gerade auf dieser entscheidenden Stufe des inneren Wachstums doppelt notwendig und hilfreich, weil das Ich nach der ersten Erleuchtung und vor der völligen Einswerdung eine Periode scheinbaren Stillstandes durchschreitet, die nur durch beharrliche Hinwendung zum Ewigen überwunden wird.

... Zum letzten Mal schlägt das Pendel des Daseinsdurstes mit größter Heftigkeit nach der Seite der Schlaf- und Traum-Umfangenheit aus, bevor es gänzlich zum Gott-Erwachen hinüberschwingt, um dort zum Stillstand zu kommen. Dieser stärkere Pendelrückschwung, dieser erneute Abstieg in ein Zwischental, das den Höhenwanderer vom letzten Steilpfad zum Gipfel der Gotteinheit trennt, dient nicht nur der Prüfung unserer Kraft und Willensrichtung auf das Ewige, sondern will uns zugleich zum letzten Aufschwung ins Reich des Überseins verhelfen.

Während wir dieses Zwischental durchschreiten, um auf der anderen Seite erneut emporzusteigen ins Reich des ewigen Lichts, mag es uns scheinen, als wäre eine neue Mauer zwischen Gott und uns errichtet, als sei Gott uns in diesem Augenblick ferner denn je, als habe Er sich ganz von uns zurückgezogen.

... Aber wenn wir wissen, daß wir dieses Vorstadium des „Mystischen Todes' durchschreiten müssen, um allem Vergänglichen für immer zu entwerden und für die letzte Einung reif zu sein, dann werden wir — im Gegensatz zum Existentialisten, der in diesem Trug-Traum letzter Einsamkeit und Gottverlassenheit, des

Verlorenseins und Daseinsüberdrusses verharrt — in dieser Not den Herold der nahen Einswerdung sehen und in immerwährender Neubesinnung auf die Gegenwart des Ewigen über die Schwelle des Mystischen Todes hinweg- und weiterschreiten zur Vollendung und Gottvereinigung.

Indem wir solchermaßen den letzten Schleier zerreißen, zur Wirklichkeit durchstoßen und das Letzte, was uns noch dem Vergänglichen verhaftet, sterben lassen, bewirken wir, daß der neue Mensch in uns geboren wird — der Gott-Geeinte.

Aus der endgültigen Vernichtung der Ichheit gelangen wir jenseits der Todesnacht in den Morgen strahlenden Gotteinsseins — beglückt erkennend, daß der Mittelpunkt unseres Wesens nun nicht mehr ,ich' heißt, sondern Gott, daß also wiederum der Mystiker recht hatte mit seiner Meinung:

„Ist's tot und kalt um dich — laß es dich nicht verdrießen,
Im Schweigen aus dir selbst und in die Gottheit fließen!

Ein Schleier ist der Tod — dein schlafend Aug' erwacht
Und sieht, wie weit du's nun zur Nähe Gott's gebracht!"

XXVI.

Im Anfang mußten wir uns auf dem Wege zur Vollendung noch bewußt und willentlich der Stille hingeben, mußten störende Gedanken abwehren, unsere Sinne immer wieder von der Außenwelt abziehen und uns nach innen sammeln.

Allmählich aber wird uns das Stillesein und Schweigen zu einer kraftspendenden Gewohnheit — und schließlich werden wir selbst zur Stille. Wir sind nun ganz Hingabe und Empfangsbereitschaft. Unser Bewußtsein und Sein ist nun nur noch von einem erfüllt: von Gott.

Sind wir so weit, dann kann es zu jeder Stunde geschehen, daß unsere Hingabe an Gott beantwortet wird mit der Hingabe Gottes an uns, daß der Innenkehr die *Einswerdung* folgt — in einem Augenblick, wo wir sie vielleicht am wenigsten erwarten, wo wir aber gelassen und hingegeben, spannungs- und wunschlos sind, völlig zur Ruhe, zum Frieden selbst geworden.

In dieser Einswerdung erfüllt sich die Forderung aller Weisen: ‚Werde, der Du bist!‘, denn in dieser letzten Wandlung, Verklärung und Durchgottung erwachen wir zur Höchst-Erkenntnis, daß Gott unser wahres Selbst ist, daß wir das Göttliche selbst, das göttliche Selbst sind. Gott wird zum Menschen, und der Mensch wird zu Gott in Gott.

Damit ist das ‚magnum opus‘, das ‚Große Werk‘ der geistigen Alchymie, vollendet: der ‚Lapis philosophorum‘, der ‚Stein der Weisen‘, der Gott in uns, ist gefunden und hat die niederen ‚Metalle‘ des Menschenwesens im Schmelztiegel der Einswerdung gänzlich in das ‚Gold‘ vollendeten Gottmenschentums umgewandelt.

Diese Einswerdung war Sinn und Kern der ‚chymischen Hochzeit‘ der Rosenkreuzer des Mittelalters, wenn wir — als moderne Rosenkreuzer — ihre Lehren der damaligen zeitgebundenen Symbolisierungen entkleiden. Sie wußten und wir wissen — auf Grund innerer Erfahrung —, daß der Stein der Weisen im Schmelztiegel rechter Wandlung und Erneuerung seine Goldheit den niederen Metallen mitteilt, daß also nicht nur der innere Mensch, sondern auch der äußere, der körperliche Mensch in dieser Wandlung durchgoldet und durchgottet, erneuert und verklärt wird.

Von nun an ist der Mensch auch mitten im Alltag Träger der göttlichen Ruhe, da er, voll-erwacht, vom göttlichen Zentrum des Seins aus sein Dasein schöpferisch und tatfreudig lebt und meistert: Sein Denken ist nun in höchstem Maße schöpferisch, weil es aus den Weisheitstiefen Gottes schöpft; sein Wollen ist, weil wesenseins mit dem Willen des Ewigen, wirkende Liebe; und der einstige Zwiespalt und quälende Widerstreit zwischen Innenwelt und Außenwelt ist — mit einem Wort des Mystikers Johannes Fernando Finck — überwunden und zu Ende:

„Wer nach außen und mit allem Außen veredelt und versöhnt ist, und nach innen und mit allem Innen vergeistigt und versöhnt, der geht entgegen dem Triumph der Weisheit und Kunst des Lebens, die erreichbar ist in diesem Dasein.

Wer in sich trägt die Außenwelt und davon erfüllt ist, und aus sich trägt die Innenwelt und alles davon erfüllt, der ist vervollkommnet, da er nicht mehr scheidet Außen und Innen — Gott und Welt — Seele und Leib — und nicht mehr kennt ein zweifach Bewußtsein: von Ich und Nichtich."

Warum? Weil an die Stelle des Ich-Selbst das Gott-Selbst getreten ist: *Ich lebe — doch nun nicht ich, sondern Gott lebt in mir!"*

Vorher waren wir *Gottesfreunde* in dem Sinne, wie es die Gottsucher und Erleuchteten aller Völker und

Zeitalter waren, die die Gewißheit der Nähe des Ewigen beseligte ...

Nun aber sind wir *Gottessöhne* in dem Sinne, wie Christus und die Gottfinder aller Zeiten und Zonen Gottes Söhne und ‚mit dem Vater eins' waren: wir sind heimgekehrt ins Reich Gottes, sind Erben und Träger der Ewigkeit geworden:

„Hast du die Mensch-Natur in Gott-Natur verwandelt,
Alsdann bist du's nicht mehr; Gott ist's, der aus dir
handelt!"

XXVII.

Diese Einswerdung bedeutet in keiner Weise eine Vernichtung des Selbst. Der zu Gott Erwachte und Gottgeeinte bleibt auch nachher er selbst, wenn auch sein Bewußtsein nun die ganze Wirklichkeit umspannt und in sich faßt. Hierauf weist *Seuse*, wenn er von der Seligkeit der Einswerdung kündet: „Da bleibt wohl des Menschen Wesen, aber in einer anderen Form, in einer anderen Glorie und in einem anderen Vermögen. Und diese andere Form ist eben die göttliche Natur und das göttliche Wesen, in das die Seele einströmt und das in die Seele einströmt."

Von diesem Augenblick der Einswerdung an ist das Selbst mitten in der Zeitlichkeit des Daseins Teilhaber der Wirklichkeit des ewigen Lebens und ein Mitarbeiter der Gottheit, der hinfort nicht mehr nur passiv am spiraligen Aufstieg aller Wesen zu den Gipfeln der Vollendung teilnimmt, sondern diese Entwicklung nun, des Vollendungszieles bewußt, aktiv vorantreibt, indem er

den anderen hilft, gleich ihm zur Gott-Gewißheit zu
erwachen.

XXVIII.

Die Lebensbahn dessen, der auf dem Wege nach innen bis zur Vollendung und Einswerdung gelangte, verläuft von nun an nicht mehr im berechenbaren Gleichmaß des Alltagsschicksals, sondern weist in kühnen Kur-
ven steil nach oben. Sie führt scheinbar von Abenteuer
zu Abenteuer — und ist doch im Grunde nur Ausdruck
völligen Von-innen-her-geleitet-seins und bis ins Letzte
Verwirklichung des Willens Gottes.

Dennoch ist der Gottfinder in keiner Weise ein besonders Begnadeter, sondern ein Mensch, der kraft der größeren Stärke seiner Sehnsucht nach dem Unendlichen
und des höheren Maßes seiner inneren Wachheit auf
dem Wege nach innen weiter und rascher vorangelangte
als die große Mehrheit. Eben darum aber sind seine
Worte richtungweisend für alle, die gleich ihm zur Freiheit finden und zur Wirklichkeit erwachen wollen.

Wir im Erwachen Stehenden sehen im gottgeeinten
Weltenlehrer den auf unser aller Weltenwanderweg weit
vorangeschrittenen Pionier der Menschheit, der den noch
vom Schlaf und Traum Umfangenen den Weg zum
Vollerwachen weist, zum Kosmischen Bewußtsein, zum
Einssein mit dem Ewigen: Er ist den Vielen entwick-
lungsmäßig voraus als Träger einer Bewußtseinsform,
die die Meisten erst später erreichen, die aber — und das
ist das Wesentliche seines Erdenlebens, seiner Mission
und seiner Kündung — von *allen* Menschen auf dem
Wege ihres Fortschreitens zu höheren Bewußtseins-Dimensionen erreicht werden wird . . .

298

... Er ist, so gesehen, ein Mensch der Zukunft und damit zugleich der Künder einer beglückenden Zukunft der Menschheit, in der jeder einzelne seiner Gotteinheit lebendig bewußt sein wird.

Mag unsere Weltenwanderfahrt auch noch so lange währen — am Ende leuchtet jedem von uns das Ziel der Gotteinung. Und niemand braucht angesichts der vermeintlichen Länge des Weges zu verzagen. Denn wenn wir wahrhaft wollen, können wir das Ziel der Gottvereinung schon in diesem Leben, ja in diesem Augenblick erreichen!

Denn was dem Alltagsbewußtsein als ein unendlich langer und mühevoller Weg erscheint, enthüllt sich dem Einwärtsschreitenden als ein unendlich kurzer Pfad, zu dessen Bewältigung es keines einzigen Schrittes bedarf, sondern nur der völligen Wendung des Blicks von außen nach innen und des Wachwerdens für die innere Wirklichkeit.

Gehen muß diesen Weg zur Vollendung aber jeder selbst. Wer es tut, hat damit in jedem Falle eine Entwicklung eingeleitet, die ihn mit unfehlbarer Sicherheit früher oder später — und oft viel früher, als er ahnt — zum Erleben der Nähe des Ewigen und schließlich zum kosmischen Bewußtsein des All-Einsseins führt.

KOSMISCHES BEWUSSTSEIN

*„Unaussprechlich ist die Vereinigung Gottes mit
der Menschenseele. Der einfachste Mensch, der in
seiner Reinheit Gott verehrt, wird selbst Gott;
doch stets ist das Einströmen oder Erwachen dieses besseren und umfassenderen Selbst neu und
unerforschlich. Es ist die Verdoppelung des Herzens selbst, ja noch mehr, die unendliche Ausdeh-
nung des Herzens mittels einer Kraft, nach allen
Seiten hin in immer neue Unendlichkeiten hinauszuwachsen. Ein Schauer durchströmt den Menschen bei diesem Erleben, ein untrügliches Vertrauen erströmt unmittelbar aus diesem sich voll-
ziehenden Bewußtsein der göttlichen All-Gegen-
wart.*   Emerson

Kosmisches Bewußtsein: — ein unzureichendes Wort,
um das Höchste, Letzte, das absolute Geist- und Gott-
Bewußtsein, zu dem der Mensch zu erwachen vermag, in
eine Form zu kleiden, den beseligenden Zustand des
Einsseins mit dem Höchsten, dieses wahrhaft nirwanische All-Bewußtsein in ein sinnenhaft greifbares Bild
zu wandeln.

Ganz plötzlich — an einem Tage, da Deine Seele wach
und aufgeschlossen ist — bricht dieses höchste Erleben
herein, quillt aus dem Erdreich Deiner Seele, dort, wo
das Gestein des Niederen in Dir am schwächsten, wo
die inneren Gewalten am mächtigsten lodern, wie ein
Strom feuerflüssiger Lava das Kosmische Bewußtsein
aus Dir hervor, das überwältigende innere Lichtwerden
und Innewerden Deiner Einheit mit dem Einen.

Höchste Seligkeit der All-Einheit, Erleuchtung, Seins-Bewußtseins-Seligkeit — unzureichend sind alle Worte angesichts dieses Erlebens. Nicht mehr bloßes Eins-Sein ist Dein Verbundensein mit der im All pulsierenden Kraft des Weltengeistes, nicht nur Erleben der Wesens-Einheit, sondern völliges Dasselbe-Sein, — ein Sein, das sich über das ganze All erstreckt, das im gleichen Augenblick eins ist mit dem Bewußtsein aller Menschen, mit all ihrem Leid und ihrer Freude, ihrem Hoffen und ihrer Liebe, ihrer Gott-Sehnsucht und ihrem göttlichen Sein; ein Kreis, der sich über Raum und Zeit hinausdehnt, dessen Mittelpunkt und Umfang Gott ist, das Ende alles Wissens, Endziel aller Philosophie, Religion und Mystik.

Nichts Erlebbares kann diesem All-Bewußt-Sein — das nicht Gefühl, nicht Zustand, sondern ein göttliches Bewußt-Sein ist — verglichen werden; die größten Wonnen, die ein Menschenherz zu ersinnen vermag, sind ein Nichts gegenüber diesem Bewußtsein des Geeinten. Wenn Millionen Volt Deinen Körper durchpeitschen und jede Zelle mit den Schwingungen eines Höheren Seins durchzittern und erfüllen könnten, schwach wäre dieses Erleben im Vergleich zum Bewußtsein des Völlig-Erwachten.

Augenblicke nur, die dem Erlebenden zeitlos erscheinen, pulst dieses Sein in dem noch in sterblicher Hülle Lebenden. Aber niemals erlischt es wieder ganz. Was es in seinem Innern zurückläßt und was in ihm immer mächtiger wird, ist Erleuchtung, Erhebung, Verklärung, Vergottung.

Erleuchtung —: von nun an glutet in seiner Seele das flammende Licht des Göttlichen, sein Herzzentrum durchstrahlend und mit der Gegenwart des Göttlichen anfüllend; immer sonnengleicher erhebt sich in ihm das Innere Licht.

Erhebung —: immer mehr schwingt sich der Erwachte aus dem engen Bewußtsein der Körperwelt empor; immer weiter dehnt sich der Kreis des geistigen Schauens, immer weiter hinauf in die All-Bewußtheit kosmischen Seins.

Verklärung —: immer strahlender beginnt das Auge seiner Seele zu leuchten im Erkennen des Sinns und Ziels der Welt, der Unvergänglichkeit der in allen Lebensformen wirkenden Gott-Funken, der Notwendigkeit ihrer Wanderung aufwärts zum Weltengeist. Nichts schaut er um sich als Leben, loderndes Leben, strebend gleich ihm zu dem Einen, zum letzten Ziel alles Gewordenen, zu Gott.

Vergottung —: in immer abgründigere Tiefen dringt sein mit Gott geeinter Geist, immer mehr wird sein Alltags-Leben Verwirklichen seiner inneren Göttlichkeit, immer mächtiger wachsen in ihm die Kräfte der Liebe und des Mitgefühls, unendlicher Güte und Hingabe an das Göttliche in allen seinen Brüdern.

Dieses aus dem Erleben des „Ich und der Vater sind eins!" erfließende Sein ist ein unablässiges Schreiten von Wandlung zu Wandlung, von Erwachen zu Erwachen, vom alten, schicksalsverhafteten Erdenmenschen zum neuen, wahrhaft freien, seine göttliche Natur und Bestimmung immer schöpferischer verwirklichenden Gottmenschen; aus der Enge des Ich-Bewußtseins zur Unendlichkeit des All-Bewußtseins, — bis die Seele, aller Hüllen ledig, sich emporschwingt und eins wird mit der Hierarchie der Erwachten.

„IHR SEID ALLZUMAL GÖTTER!"

„Der Geist erforscht alle Dinge, selbst die Tiefen der Gottheit."

Paulus

Also ist die höchste Erkenntnis und die frohe Verkündung aller Weisen, die je über die Erde gingen:

Jede Seele — auch die Deine — gelangt in ihrer Entwicklung und fortschreitenden Selbstverwirklichung an einen Punkt, wo aus Sehnen Erwachen wird, aus Leben Erleben und schöpferisches Sein, Erleben des Einsseins mit Gott, wo die „Ausgießung des Heiligen Geistes" anhebt.

Jeder erlebt das „All im Ich" anders, aber allen, die je durch dies Erleben schritten, eignet eine neue schöpferische Aktivität der Welt gegenüber und das Streben nach Verwirklichung des Erlebten auch nach außen, in der Welt. Alle Kulturen, alle Religionen, die schöpferische Kunst aller Zeiten, alles himmelstürmende Denken, alle Großtaten der Liebe sind aus diesem Erleben erflossen; nichts wahrhaft Unvergängliches ward und wird ohne dasselbe, keine Erhebung und keine Erlösung.

Christliche Mystiker und Sufis, Taoisten und Brahmanen, Theosophen wie Zenisten, Raja-Yogis wie Chassidisten, Tempelpriester Alt-Ägyptens wie Griechenlands kannten dies Wunder des Eingehens in das All, dies nirwanische Einssein mit dem Absoluten, als das höchste Geheimnis und befreiendste Erleben und Bewußt-Sein. Und sie lehrten jeweils wenige Auserlesene den Weg zur Vollendung, den Weg nach Innen.

Heute, da der Rhythmus eines neuen Zeitalters die

Tiefen der Seelen aller nach innen aufgeschlossenen Menschen, Ahnen des Kommenden in ihnen weckend, durchzittert, da die Menschheit bis in die tiefsten Tiefen ihres Seins aufgewühlt und zerrissen ist, ertönt eine neue Kündung:

Nicht mehr soll Gott euch ein Geheimnis sein; in jedem von euch will Er sein Licht entzünden, jeder von euch soll zu Ihm erwachen.

Nicht mehr sollen einige wenige Eigner der Fülle sein, während die Menschheit sehnenden Auges vor den Toren des Tempels zurückbleibt; nein: Ihr seid allzumal Götter! Jeder von euch ist ein Auserlesener, ein Kind Gottes, Tempel Seines Geistes, und Eigner der Kraft, auch in sich zum Erleben des Einsseins mit dem Einen zu gelangen!

Jesus, der Christus, erlebte sein Einssein mit dem Vater bei seiner Taufe im Jordan durch seinen Jünger Johannes. Er „sah den Himmel offen und sein Angesicht wurde verklärt", und seliges Erkennen loderte durch seine Seele, daß „das Reich Gottes nicht mit äußerlichen Gebärden kommt. Man wird auch nicht sagen, siehe, hier oder da ist es. Nein, das Reich Gottes ist inwendig in Euch!" —

Gautama, der Buddha, ging unter dem Bodhi-Baum nach jahrelanger Kontemplation in diese Höchste Einheit ein, in das Einssein mit den nirwanischen Reichen. Diesem Sein sich einend, ward er frei von Leid, ledig aller Fesseln, entbunden allem Drang nach Wiederkehr in niederes Da-Sein, Eigner des Ewigen Lebens. Das gleiche Kosmische Bewußtsein entbrannte vor ihm in den Sehern Alt-Indiens als Seligkeit des Einsseins mit dem

Göttlichen, als ‚sat-chit-ananda‘, als Seins-Bewußtseins-Seligkeit.

Laotse erlebte es als Tao, als das All-Gemeinsame Eine und den Weg zu Ihm, als das hinter allem Schein stehende Sein und die Bahn des Seins zu sich Selbst.

Patanjali weist in seinen Sutras den alten Yoga-Pfad zu diesem mystischen Einssein, zum schöpferischen Erleben des Tat twam asi, des ‚Das‘, die Gottheit, ‚bist Du‘, Deinem inneren Wesen nach selbst!

Shankara nannte das absolute Sein, das in ihm sich gebar, den ‚inwendigen Atman‘, der ein Strahl ist des Absoluten, des Parabrahmans, der überseienden Weltengottheit.

Mohammed gelangte in wieder anderer Weise aus seinen Meditationen heraus zum Erleben dieser Einheit. Und er wurde nicht müde, es zu preisen als das „wahre Leben“. Die Sufis, die islamischen Mystiker, nennen das gleiche volle Sein Fanâ. Sie meinen damit dasselbe, was wir bei den Kabbalisten als Erleben des En-Soph, des Absoluten, finden.

Sokrates nannte das, wozu er erwachte, sein „Daimonion“, die innere Stimme, die Stimme Gottes. Anders wieder gelangte *Plato* zur Visio Dei, zur Gottschau, aber nur wenig wissen wir darüber.

Paulus — um weiter in die Gegenwart hinaufzuschreiten — ergriff diese mystische Einheit als Christus-Bewußtsein, Christus-Werdung, in der in ihm die spirituellen Kräfte „der Liebe, der Freude, der Geduld, der Freundlichkeit und Mutigkeit, des Glaubens, der Sanftmut und der Reinheit“ nach Verwirklichung stürmen. Paulinisch auch ist das unsterbliche: „Ich lebe, doch nicht ich, sondern Christus lebt in mir!" In ähnlicher Weise erlebte *Johannes* diese unio mystica.

Auch in *Plotin* erwachte die „Sehkraft des inneren Auges". Dreimal erlebte er seinen eigenen Worten zufolge das Kosmische Bewußtsein des „Eins-Seins mit dem Einen".

Augustin nennt diese innere Wandlung und Neuwerdung „Deificatio" — Gott-Werdung, während Jakob *Boehme* dieses Innere Wach- und Verwandelt-Sein in seinem Leben sogar zweimal erlebte: „Das Tor zum Zentrum der Natur ward mir geöffnet und in einer Viertelstunde schaute und erkannte ich mehr, als alle Bücherweisheit der Erde mich zu lehren imstande gewesen wäre".

Meister *Eckehart* erlebte dieses Eins-Sein von Seelengrund und Weltengrund als das „ewige Leben", das „Überseiende Nicht-Sein". Von dieser Geburt Gottes in den Tiefen der Seele jubelt er, daß „Gott sich mit solcher Fülle des Lichts in die Seele ergießt, daß dessen so viel wird, daß es überströmt und hineinströmt in die Seelenkräfte und selbst in den stofflichen Körper".

Schier unübersehbar ist die Zahl der Erwachten, die den Weg zur Vollendung bis an sein Sonnen-Ende gingen, die den Tempel des Schweigens betraten und in ihm zum Eissein fanden.

Auf verschiedenen Pfaden gelangten Nicolaus Cusanus, Giordano Bruno und Franz von Assisi zu diesem in seiner ganzen Fülle unbeschreiblichen Erleben des Einen; als den „mystischen Tod", in dem das Niedere stirbt und die ewige Geburt anhebt, verkündet es Madame de Guyon; „Erleben des einwohnenden Gottes" nennt es Weigel; das „Innere Licht" heißt es bei Hans

Denck wie bei George Fox, dem Begründer der tatchristlichen Gemeinschaft der Quäker.

Carpenter's „Erwachen des Licht-Sinns", Schillers „Erleben des göttlichen Weltgrundes in uns", des „Gottes, der Dir im Busen gebeut", — was an die Lobpreisung des „Meisters im Innern der Geschöpfe" in der Bhagavad-Gita gemahnt, — Fichtes Erkennen der „absoluten Einheit des menschlichen Daseins mit dem Göttlichen", Novalis' „Erwachen des Gottes-Keims", aus dem das Gottes-Kind, ja Gott wird, Mulfords „Einssein mit der Kraft von Oben, dem Unendlichen Geiste des Guten" — alles das sind nur verschiedene Worte Erwachter für das gleiche erlösende, beseligende letzte Erleben.

Diese alle und zahllose Ungenannte sind es, die uns zurufen:

Ihr seid allzumal Götter! Tief in euch allen schlummert, nur der Erweckung harrend, das gleiche eine unendliche Bewußtsein eures Einsseins mit dem Göttlichen. Jeder von euch vermag, zu ihm zu erwachen, Eigner der unerschöpflichen Fülle göttlichen Lichts und göttlicher Kraft zu werden, eins zu sein mit dem Herrn des Alls! Am Ende des Weges zur Vollendung erwartet jeden dieses Kosmische Bewußtsein!

DEM EWIGEN ENTGEGEN

„Auf hohem Berge da wohnest Du,
Ich wand're empor immerzu, immerzu . . .
Millionen Jahre wand're ich schon
Und schau noch immer nicht Deinen Thron . . .

. . . Einst rauchen die Höhen wunderbar,
Da stehe ich oben, Sonne im Haar,
Wir schauen uns an und lächeln uns zu,
Denn Du bist ich und ich bin Du . . ."

Jakobowski

Also tönt — den Ohren des Geistes vernehmbar — der Rhythmus der neuen, heute anhebenden Zeit:

Was in früheren Jahrhunderten und Jahrtausenden immer nur einzelnen unter Millionen gegeben war, soll und wird in wachsendem Maße Gut der ganzen Menschheit werden. Nicht nur Christi Gottessohnschaft ist es, die der Einzelne erkennen soll, sondern seine eigene: das selige Aufglühen und Emporflammen des Erlebens des Christus, des göttlichen Funkens im Innern der Menschenseele ist es, zu dem immer mehr erwachen werden.

Aber — Morgenstern hat es in Worte gekleidet —: „nur wer sich selbst verbrennt, wird den Menschen ewig wandernde Flamme". So verstehe es, wenn Dir hier, frei von allen Verhüllungen, der Pfad zur Vollendung, zum Erleben der Unvergänglichkeit Deines inneren Wesenskernes, Deiner Inneren Einheit mit Gott, der Weg zum Kosmischen Buwußtsein gewiesen ward, der Weg, der auch Dein Weg zum Licht ist.

Und noch ein letztes sei hier gesagt:

Nicht ist das Kosmische Bewußtsein allerletzte Wonne,

Ende alles Seins; jenseits dieses Bewußtseins harren des Erwachten auf seinem Sonnen-Pfade dem Ewigen entgegen weitere, umfassendere Bewußt-Werdungen und Gott-Verwirklichungen, bis er, jenseits aller Körperlichkeit und Gestalt, zum Einen wird, zum Herrn aller Welten und Überwelten, zu Dem, Der ohne Zweites ist.

≈

Jeder ein Erwachender, ein werdender Gott, jedes Leben ausgerüstet mit allen Kräften, Eigner zu werden der Unendlichkeit göttlichen Seins! das ist die befreiende Kündung des neuen Zeitalters. Einst werden diesen Pfad alle gehen; heute wandern ihn schon all jene, in deren Herzen der Rhythmus des neuen, schöpferischen „Wassermann"-Äons lebendig zu schwingen beginnt, deren Seelen — Echo den prophetischen Worten Virgils — schon die kommende Zeit schauen und herbeiführen helfen wollen:

Es naht ein neues, von den Sybillen verkündetes
Zeitalter —
Eine neue Ordnung der Dinge.
Die Jungfrau kehrt, es kehrt ein saturnisch Reich
zurück,
Ein neues Geschlecht steigt vom Himmel hernieder!
Da wächst und gedeiht alles von selber, nicht der
Pflege bedürftig,
Der Efeu neben der wohlriechenden Narde.
Blumen schmücken herrlich die Wiesen,
Die Herden fürchten den Löwen nicht mehr,
Die Schlange wird sterben und jedes giftige Kraut!"

AUFGANG DES INNEN-LICHTS

Der hoch im Nord den Sieg des Lichts
        Baldur's Herz-Ostern, kündete —
Der einst am Kreuz sich opferte,
        Der Lieb' Erlöserkraft erwies —
Der Weisheit fand am Bodhi-Baum,
        Den Pfad der Leid-Vernichtung ging —
Der auf des Ostens Bergen saß,
        Das Leben schaute und den Sinn —

Sie all' und viel' Erwachte mehr
        Sind Boten gleichen Innen-Lichts,
Das auch in Dir entflammen will,
        Auch Deines Seelen-Frühlings harrt!
Erwache! Schlaf-Umfangener,
        Auf daß Dein Herz-Aug' wissend werd'! —
Die Vielen seh'n das Licht der Welt —
        Du aber schau die Welt des Lichts!

Armselig ist das Erdensein,
        Wenn es des innern Lichts entbehrt.
Doch wer des Herzens Feu'r entfacht,
        Den fliehn Armut und Finsternis.
. . . Ob morgen Du des Tages Licht
        Noch sehen wirst? Du weißt es nicht . . .
Was kümmerts Dich! Ewiglich flammt
        In Deiner Seel' das innere Licht.

Nicht hält Dich das Vergängliche!
        Du hältst es, klammerst Dich daran.
Hier ist die Quelle Deiner Not.
        Wenn Du Dich löst, erlöst Du Dich!

Sieh ab von allem, was Du scheinst,
    Besinn Dich auf Dein wahres Selbst,
Laß allen Wahn, Sorge und Hang!
    Wer Gott kennt, kennt nichts anderes mehr!

Dein Innen-Licht entzünde Du,
    Damit Dein Leben heller werd'!
Nicht kümmre Dich, was außen ist —
    Es ist des Innern Spiegel nur.
Vom Glanz des innern Lichts durchhaucht,
    Erhält die Welt ein neu Gesicht:
Nichts siehst Du mehr in fremdem Schein —
    Alles erstrahlt im eignen Licht.

Aus jedem Wesen grüßt Dich Gott,
    Aus jeder Pflanze, Tier und Stein.
Alles sehnt sich nach Deiner Lieb',
    Denn all's, was lebt — Du bist es selbst!
Ist jedes Leben Teil von Dir,
    Dann weißt Du ohne Wort: es scheut
Wie Du das Leid und flieht den Tod!
    Nach Lieb' suchst Du dann, nicht nach Macht!

Wer an'dern hilft und sie beschützt,
    Der stellt sich unter höchsten Schutz:
Nicht mehr erreicht die Bosheit ihn,
    Kein fremder Haß schmälert sein Glück.
Gott ist in ihm und ist mit ihm
    Kein Wesen kann ihm wehe tun.
Nur wenn er selbst sich schutzlos wähnt,
    Versenkt er sich in Höllen-Not . . .

Wer wach wird, eh' das Leid ihn weckt,
    Und seines Lebens Sinn erspäht,

Durch Guttun alle Schuld entläßt,
　　　Der geht ins Unbetretene . . .
Wenn Herz und Seel' gereinigt sind
　　　Von Erden-Lust und Erden-Furcht,
Dann flammt der Gottesfunke auf,
　　　Des Leides Finsternis vergeht.

Wer seine äußern Augen schließt,
　　　Die ihm die Wirklichkeit verhüll'n,
Der schaut die Welt mit Gottes Aug',
　　　Erkennt das Reich des innern Lichts . . .
Wer dieses Reich betritt, empfängt
　　　Beim ersten Schritt schon, was er braucht.
Wenn ihm noch irgendetwas fehlt,
　　　Tat er noch nicht den ersten Schritt!

Wer selbst im Leiden Gott erschaut,
　　　In Not sich Gott verbündet weiß,
Sein niederes Ich durch Gott ersetzt,
　　　Gelassen der dem Übel wehrt!
Bedürfnislosigkeit ist Macht!
　　　Vom Neiden frei sein: Sicherheit!
Guttun: der Freude Unterpfand!
　　　Ohn' Leidenschaft: Glückseligkeit!

Wer selbst zum Schatz der Gottheit ward,
　　　Bedarf der irdschen Schätze nicht.
Was wird und stirbt — was kümmert's ihn,
　　　Der Fülle Quell, der nie versiegt!
Wer allen Reichtum in sich weiß,
　　　Ihn aus sich selbst lebendig macht,

Der findet Fülle, wo er steht,
       Und Paradiese, wo er geht . . .

. . . Was ist das Leben? Was der Leib?
       Dem Blinden: sinnlos Gaukelspiel.
Dem Selbst-Erwachten: Hülle nur —
       Zerbricht sie, tritt das Licht hervor.
Vergeblich kreist der um die Welt
       Der, unerwacht, nach Lüsten giert.
Vergeblich kreist um den die Welt,
       Der um das inn're Lichtreich weiß . . .

. . . Bis abermals ein Schleier fällt
       Und der Lichttrunkene gewahrt,
Daß auch der Innen-Sonne Glanz
       Vom Ur-Licht nur ein Abglanz ist,
Daß diese Klarwelt innern Lichts
       Nur Dämm'rung ist, ja Finsternis,
Verglichen mit der Überwelt,
       In der der Geist der Gottheit west.

Wenn Zeit, Sucht und Vergänglichkeit
       Für Dich zu nichts entworden sind,
Dann regt der Geist des Lebens sich,
       Und zu Dir spricht die Ewigkeit:
Der Gott, nach dem Du bang Dich sehnst,
       Ist in Dir, Herz, nicht außer Dir!
Gib Dich Ihm hin — und Du wirst Er,
       Wirst Licht, wirst Glut — der Gottheit Feu'r.

Der Himmel, Sucher, bist Du selbst.
       Du bist der Thron der Gottheit auch.

Du bist der Gottheit heil'ger Geist
      Und mehr noch: Bruder, sieh es selbst!
Zwei nur aus tausend Welten sind
      Die Sinnenwelt, die Welt des Lichts,
Durch all der Welten Wahn und Glück
      Führt Dein Weg zum Entwordensein.

. . . Ist Leid und Freud', Leben und Tod
      Und Ich und Du Dir gleich und eins,
Gelassener, nur Teil von Gott —
      Dein Aug wird Gottes Auge selbst!
Von Dasein, Nicht-Dasein erlöst,
      Zum Geist des Lebens voll erwacht,
Wirst Du zum Wesen Gottes selbst:
      Bist Seins-Bewußtsein-Seligkeit!

Der ist fürwahr von Schmerzen frei,
      Der von Gott nichts als Gott verlangt.
Doch ganz dem Leid enthoben ist,
      Wer Gott und sich als eins erkannt.
Nicht mehr Gott-Sucher, sieht er ein,
      Daß er ein Gott-Gesuchter war.
. . . Als Gott ihn fand, fand er sich selbst
      Im Schweigen des Entwordenseins . . .

Wer vom Begehren Abschied nimmt,
      Ist auf der Wanderschaft zu Gott.
Wer gänzlich seiner selbst vergißt,
      Ist gleichen Augenblicks Gott-Selbst.
Er hält nichts mehr und steht nicht still,
      Weil rein nur fließend Wasser bleibt:
So wird zum Strom sein Lebensbach,
      Zum Meer der Welten-Gottheit selbst.

INHALTSÜBERSICHT

Macht der Mütter – Wege zu ihrer Verwirklichung
124 Seiten, kartoniert

Mehr Macht über Leib und Leben – Wegweiser zu geistiger Selbsthilfe
128 Seiten, kartoniert

Meister Eckeharts Weg zum kosmischen Bewußtsein – Ein Brevier praktischer
Mystik, 204 Seiten, Efalin gebunden

Selbsterkenntnis durch Yogapraxis – Patanjali und die Yoga-Sutras
160 Seiten, kartoniert

Seneca – Der Lebensmeister
120 Seiten, kartoniert

So heilt der Geist – Wesen und Dynamik des geistigen Heilens
288 Seiten, kartoniert

Tao Teh King – Wegweisung zur Wirklichkeit
224 Seiten, Efalin gebunden

Thomas-Evangelium – Geheime Herren – Worte frühchristlicher Hand-
schriften, 240 Seiten, Efalin gebunden

Universale Religion nach Vivekananda – Werden, Wesen, Wollen und Verwirklichung, 88 Seiten, kartoniert

Vorgeburtliche Erziehung – Kleinkind-Erziehung, Ehegestaltung
196 Seiten, kartoniert

Was ist Theosophie? – Wesen und Mystik der Theosophie, Ein Franz-
Hartmann-Brevier, 136 Seiten, kartoniert

Wege zum Glück – Magie im Alltag
96 Seiten, kartoniert

Der Weg zur Vollendung durch Konzentration und Kontemplation
316 Seiten, Efalin gebunden

Wie konzentriere ich mich? – Konzentration leicht gemacht
124 Seiten kartoniert

Weihestunden der Seele – Herzgedanken für jeden Tag des Jahres, von J. F.
Finck, Fra Tiberianus, J. C. Lavater und K. O. Schmidt, 384 Seiten, Efalin
gebunden

Wunder der Willenskraft – Eine Willensschule für jedermann
232 Seiten, kartoniert

DREI EICHEN VERLAG
Etzstr. 43 a, D-8300 Ergolding